本书是国家社科基金项目“我国新高考招生制度改革跟踪与评价研究”
（项目编号：16CGL059）最终成果

新高考

综合试点改革跟踪与评价

刘希伟◎著

科学出版社
北　京

内 容 简 介

本书在扼要梳理中国近当代高校招生改革本土经验的基础上，深入调查了本轮新高考综合试点改革进程中一线高中校长、高中教师以及高中生的体验与认知，跟踪了新高考综合试点改革过程中网络舆情的发生、发展与消退过程，以及高校的反馈意见。同时，从结构-功能与政策学的视角剖析了新高考招生制度的结构性变革、政策执行的结构要素与执行过程。最后，针对“两依据，一参考”基本框架进行了理论层面的反思，从分值设置与考试次数、选考保障机制等角度提出了政策建议。

本书适合高等院校及教育管理部门从事考试招生评价研究、管理的专业人员，以及一线中学校长、教师等参阅。

图书在版编目（CIP）数据

新高考综合试点改革跟踪与评价 / 刘希伟著. —北京：科学出版社，2023.11

ISBN 978-7-03-076939-8

Ⅰ. ①新… Ⅱ. ①刘… Ⅲ. ①高考–教育改革–研究–中国 Ⅳ. ①G632.474

中国国家版本馆 CIP 数据核字（2023）第 215660 号

责任编辑：朱丽娜 冯雅萌 / 责任校对：何艳萍
责任印制：徐晓晨 / 封面设计：润一文化

科 学 出 版 社 出版
北京东黄城根北街 16 号
邮政编码：100717
http:// www.sciencep.com
北京建宏印刷有限公司 印刷
科学出版社发行 各地新华书店经销
*
2023 年 11 月第 一 版 开本：720×1000 1/16
2023 年 11 月第一次印刷 印张：14 1/2
字数：240 000

定价：98.00 元

（如有印装质量问题，我社负责调换）

序

作为经济发达、基础教育水平较高的沿海省份，上海、浙江往往成为考试改革的先行先试地区。20 世纪 80 年代中期，全国教育界开展了一次有关高考改革的大讨论。当时，国家采取了通过实施会考推进高考改革的基本思路，浙江与上海先后成为先行改革省份。2014 年，新高考综合试点改革正式启动，国家再次首先选取上海与浙江两地进行试点。两地新高考综合试点改革方案，均以《国务院关于深化考试招生制度改革的实施意见》为指导性框架，其中既包括“3+3”科目改革的共性，又存在若干差异性。2017 年，第二批试点包括北京、天津、山东、海南四省市进入新高考综合试点改革行列。其后，采用“3+1+2”科目改革的第三批、第四批、第五批省份陆续启动。至 2022 年，全国已有 29 个省份实施了新高考综合试点改革。[①]

今年是新高考综合试点改革启动的第十年，十年来的改革显然值得认真、深入研究。尤其是浙江与上海作为首批试点省市，为全国新高考综合试点改革的后续推进提供了十分重要的启示与参考。研究两地新高考综合试点改革，不仅具有重要的理论意义，而且有着明显的实践意义。例如，20 世纪 90 年代以后，有不少人建议要打破“一考定终身”的办法，允许考生一年有

① 全国 29 个省份已启动高考综合改革，前三批已平稳落地[EB/OL].[2023-11-15]. http://www.moe.gov.cn/fbh/live/2022/54835/mtbd/202209/t20220915_661458.html.

多次参加高考的机会，甚至有很著名的高水平校长公开声称中国应借鉴美国，一年举行 7 次高考。为此，我曾在《高等教育研究》1997 年第 5 期发表《高考并非“一试定终身”》一文，认为增加高考次数，改为一年两次或多次，并无多大必要，因为增加考试次数可能增加考生的学习负担，这是由常模参照考试的竞争性和选拔性的性质及特点所决定的。为了考出最佳成绩，只要其他同学不止一次参加考试，考生一般也不会只考一次，而且多次考会增加高校招生考试的难度和工作量，两次或多次高考的成绩等值和换算并不容易，即使采用标准分也会有许多问题。

浙江省新高考综合试点改革勇于尝试，为考生提供参加两次选考科目考试的机会，挑战和压力都很大，通过具体实践让其他省份明白此一改革的艰巨性和复杂性，因此没有其他省份跟进采用此办法，至今只有浙江省仍然实行“一年两考”。不过，浙江省敢于“吃螃蟹”，坚持“一年两考”也有其积极意义，可以让人们对一年两考或多次考试的利弊得失看得更清楚，通过实践、比较和鉴别，知道在中国采用一年多考是多么不简单。我认为浙江的新高考综合试点改革复杂性要高出上海一倍。上海和浙江的新高考综合试点改革为后来者积累了经验和教训，做出了巨大的努力和贡献，使后来者可以不断改进，择善而从。

新高考综合试点改革很需要跟踪与评价。《新高考综合试点改革跟踪与评价》作者刘希伟跟我攻读博士学位期间，主要研究中国科举考试史，兼及高考研究；博士毕业后，科举考试与高考研究并重。近年来，他对新高考综合试点改革关注颇多，用力甚勤。特别值得一提的是，2016 年前后，我曾带他参加国家教育咨询委员会和国家教育考试指导委员会联合调研组，多次赴浙江、上海两地调研新高考综合试点改革，听取两地教育厅（教委）、教育考试院以及市县教育局、高校和高中校关于新高考综合试点改革实践的反馈。他还分别针对浙江、上海 2014 级高中生进行了问卷调查，这些调研为该书提供了十分扎实的基础。该书在挖掘浙江和上海新高考综合试点改革本土经验的基础上，深入调查一线高中校长、高中教师以及高中生的体验与认知，紧密追踪新高考综合试点改革网络舆情的发生、发展与消退过程，以及高校的反馈意见，从结构-功能与政策学的视角剖析新高考招生制度的结构性变革及政策执行过程，围绕“两依据，一参考”基本框架进行了理论反思，并提出了若干政策建议。

该书的前期成果，包括发表在《中国教育学刊》《教育发展研究》《全球教育展望》等学术刊物的 8 篇学术论文。希伟还撰写过一份关于浙江省新高考综合试点改革政策建议的咨询报告，获得了浙江省分管高教的副省长批示，为 2017 年《浙江省人民政府关于进一步深化高考综合改革试点的若干意见》的出台提供了重要的决策参考。这些前期成果支撑该书成为一本高质量、高水准著作。

学贵专精，持之以恒。希伟教授与我类似，从古代科举到当今高考，多年在考试研究领域耕耘，不断向纵深推进。该书是希伟教授出版的第二部高考改革研究个人专著，不仅有重要的学术价值，可为完善新高考综合试点改革提供参考，而且思路清晰、结构合理、论证严谨、文字通畅。作为考试研究的“专业户”，乐见该书的出版，故为序。

刘海峰

2023 年 11 月 16 日

目　　录

第一章

新高考综合试点改革的本土经验

高考作为一种教育考试，同时还具有文化性与政治性。高考改革，学习、借鉴国外经验固然重要，但更须注重中国国情。“橘生淮南则为橘，生于淮北则为枳。”（《晏子春秋》）在国外行之有效的经验，不见得适合于中国国情。不具有可行性的考试制度，其科学性与公平性自然无从谈起，只有可行的考试制度才是有效的。同样，研究与评价新高考综合试点改革，以一种中国本土性经验进行切入，应该说不仅是必要的，而且也是有益的。

本章从历史视角出发，发掘新高考综合试点改革的本土经验，包括近代高校招生考试与高中会考合并举行的呼吁与试验、20 世纪 80—90 年代基于高中会考改革高考的尝试，以及 21 世纪初为增加科目选择性而进行的“3+X”高考改革。其中，江苏“2008 高考方案”与当前国家新高考综合试点改革基本思路具有很强的类似性，在一定意义上也是一种“两依据，一参考”（“两依据”指高考成绩和高中学业水平考试成绩，“一参考”指学生综合素质评价）的招考模式，故本章辟出第四节对其进行专门探讨。

第一节 近代高校招生考试与高中会考合并举行的呼吁与试验

新高考综合试点改革的一个基本要点在于将高中学业水平考试成绩纳入高校招生评价体系，即所谓变“一依据”为“两依据”。高中学业水平考试的前身为高中毕业会考。大约在20世纪40年代，教育界出现了将高校招生考试与高中毕业会考“毕其功于一役”的设想与呼吁，并由江西、贵州、甘肃三省于1943年进行了试点。本节尝试在简要介绍中国近代高中毕业会考制度创立及其所引发的相关争论的基础上，重点探讨当时教育界所出现的将高校招生考试与高中毕业会考合并举行的讨论与试验，最后扼要剖析之后停止此种改革的原因。

一、近代高中会考制度的创立及相关争论

（一）近代高中会考制度的创立

中国近代教育会考制度，以国家层面言之，正式创立于1932年。其历史渊源可以追溯至传统科举考试，直接前身则为清末新式学堂中的毕业考试。①

民国初期，学校毕业考试系由学校自行负责，即所谓“校考”。由各校自行负责的毕业考试，往往流于形式，造成毕业生质量参差不齐、差异悬殊的问题。私立学校，尤其是专门以营利为目的的“野鸡学校”“学店”，其教育质量更是无法保证。

“……并且眼看中国的教育，已日益贵族化与商业化了，大学固然办得很多，中学犹如比栉的商店似的，你办一片，我办一片，一条马路上可以找出好几片，一般办学的，除了私树势力以外，便假着这幌子，从中牟利，学费及其他费

① 刘希伟. 近代中国高中会考制度及其现实观照价值[J]. 课程·教材·教法，2017（7）：119-124.

用，昂贵绝顶，鹄的既如此卑污，内容自然不堪闻问。”[①]“……不得已而思其次，再拣名誉较次的学堂，前往投考。而名誉较次的学堂，也较容易，于是照样请托他人，代为设法，万一目的再不达如何，只有把子女往一般野鸡式学堂里去送，好在这种野鸡式的学店，非常之多，犹如马路上的烟纸店，可说条条马路多有，他们的宗旨，原是韩信将兵，多多益善。其惟一的好处，就只认票不认人，只要你学费遵章缴纳，你们来读书也可，你们不来读书更可。”[②]

民国时期，很多私立学校的举办者被讥讽为“学店老板”。这些办学者，名在“兴学”，实际却志在“营利”。对于此类学校而言，只要有生源便可获利。生源越是充足，获利越是丰厚，生源意味着一切。于是，不同学校之间对于生源的抢夺十分激烈。而为了招收到更多的学生，各校也是挖空心思、使尽解数。当时“野鸡学校”的招生策略，包括“广告宣传”“跑街兜揽”“减低学费”等。在此背景下，通过某种统一的毕业考试保证乃至提高教育质量，成为教育主管部门的一种必然选择。

在近代教育会考制度的出台过程中，不得不提到一位关键人物，即吴有容。在1930年全国教育会议上，吴有容提出“主张废除毕业校考改行会考”的建议。在提议中，吴有容列举了由学校自行负责毕业考试的种种弊病，指出必须实行毕业会考才能消除这些弊端。[③]在江苏、福建等地一些中小学毕业会考实践的基础上，南京国民政府教育部于1932年正式出台《中小学学生毕业会考暂行规程》，由此拉开了近代高中毕业会考的序幕。

（二）关于近代高中会考制度的争论

近代高中会考制度对当时高中阶段的教育教学产生了直接而重要的积极影响。但与此同时，作为一把锋利的“双刃剑”，其也引发了多重社会争论。

其一，会考与考试负担、学生身心健康问题。如同当代高考背景下的学生“减负”话题，近代高中会考制度下也存在学生学业负担、考试负担的问题，并且后者更为直接。在近代高中会考制度批判语境中，学生身心健康首当其冲。在

① 文炳. 从中国现教育谈到举办民众图书馆[N]. 申报，1932-09-17，第19版.
② 佛. 考学堂[N]. 申报，1932-08-18，第19版.
③ 吴有容. 主张废除毕业校考改行会考[J]. 河南教育，1930（19-20）：165-167.

近代高中会考制度批判中，不少人直指其造成学生“开夜车”，甚至造成学生自杀，由此形成“杀人的会考”的语境。

其二，会考与应试主义。南京国民政府教育部实施高中会考制度的目的在于以考促学，借由考试保证基本教育教学质量。然而，在实践层面，由于考试的“指挥棒”功能，近代高中会考制度在一定程度上造成了一种应试主义弊病。除影响学生身心健康外，应试主义成为会考批判语境的又一重要方面。会考制度开启后，一系列的考辅产业应运而生，在当时的各大报刊上均可以看到有关会考辅导用书之类的广告。

二、近代高校招生考试与高中会考合并举行的呼吁

高中会考实施后，高中毕业生需要依次参加学校毕业考试、会考以及之后的高校入学考试。此外，尚有学校自行组织的各类模拟考试。1935 年，鉴于毕业生考试过于频繁，且学校毕业考试与会考时间逼近、科目相同，故政府规定取消作为毕业考试的校考。然而，学生的考试压力并不会因此得到根本性缓解。另外，民国时期仅在 1938—1940 年实行过高校统一招生考试，其余多为自主招考，充其量只是少数高校联合招考。考生为增加录取机会往往要赶赴多地参加多次入学考试，由此，无论是其经济负担还是其身心压力都非常大。尽管高中会考本为一种达标性考试，高校招生考试为一种选拔性考试，但在批判与改革会考制度的声音中出现了一种将二者合并举行的意见。

例如，1940 年，朱师逖曾指出了高中会考实践存在的弊端，建议高中会考应当全国实行统一标准。“过去会考规程所规定‘以学校各科毕业成绩占之十分之四，会考各科成绩占十分之六’的合并计算法，曾因许多学校取巧暗中将学校各科成绩提高以致在平均计算时发生不公平的结果，即在现行的‘变更办法’采用‘会考各科成绩与非会考各科成绩之和除以会考科目与非会考科目数之和’计算法下，也曾有某些学校故意将非会考学科成绩提高用作‘平衡’分数的法（砝）码。至于各校因顾全体面起见，将成绩较差的学生‘扣考’更是司空见惯的事。”①鉴于此，朱师逖认为，若实行会考应当坚持全国统一标准。至于高校招生

① 朱师逖. 大学统一招生能代替中学毕业会考吗[J]. 教与学，1940（4）：1-3.

考试与高中会考合并举行方面，朱氏指出统考代替会考的要件包括：以大学入学资格代替中学毕业资格；统考应包括所有公、私立专科以上学校；统考录取须以适当的低限成绩为基准，不完全受学校容量的限制；统考委员会须尽量邀请中学教育专家和实际从业者参加。其中，在“统考录取须以适当的低限成绩为基准，不完全受学校容量的限制”方面，朱氏进一步指出，“在以统考兼代会考之后，录取人数的大量增加是必然的趋势。如果以学校容量来限制名额，难免类似削足适履，不能适应中学毕业资格原有的需求”①。

又如，1942 年，沈灌群在讨论中等教育与高等教育的联系时指出，“由中等学校自己办理的毕业考试中学毕业会考，不足以代替大学入学考试，但为依据客观的中学毕业标准由中央统筹的升学考试，则有代替毕业考试的理由”②。

再如，1943 年，袁伯樵提出高校招生考试与高中会考合并举行有四大好处：“免除学生之困难”“提高会考之地位”“节省费用”“高等教育之机会均等”。其所谓“免除学生之困难”，是指减少高中毕业之年过多、过于频繁的考试。“高中学生每届毕业之年，实为其生活最苦之时。由学校之毕业考试，而会考，而入学考试，少则三次，多则因入学考试之不止一校，而可至六七次，以暑假二月之炎热时间，而受此层层压榨，其痛苦不仅为经济之浪费，更有甚者，则为身体之疲乏。今会考与入学考试合并举行，则每一高中毕业生所参加仅为会考一次，可达到毕业与升学之二个目的。”“提高会考之地位”，乃是在于将其纳入高校招生评价中，师生对之更加重视。在“节省费用”方面，袁氏指出，“过去分别举行，学生与学校均须化（花）巨大之费用。学生若每人以一千五百元计，则全国设有五万人参与会考及入学考试，则其总数为七千五百万元；今只参加一次考试，设其费用为五百元，则每年在学生身上可节省五千万元……数目之巨大，实可惊人”。所谓“高等教育之机会均等”，主要是就贫寒子弟而言，二者合并举行，学生只需参加一次考试即可报考多所学校，而不必多地赶考。袁伯樵看到了高中毕业生考试次数过多的弊端，认为高中会考与高校招生考试合并举行，“在教育史上定有重要之地位”，但同时认为，此事“言之易而行之难”，并从考试主持、命题方式、志愿选择、私立院校招生、公立院校应否准许第二次招生等方面，详细

① 朱师逖. 大学统一招生能代替中学毕业会考吗[J]. 教与学，1940（4）：1-3.

② 沈灌群. 论中等教育与高等教育的联系[J]. 高等教育季刊，1942（4）：20-27.

阐发了两种考试合并举行应当予以重视的若干方面。[①]

以上三人均认为高校招生考试与高中毕业会考合并举行具有多重好处，但同时他们也看到了合并考试的困难。总体来说，在1940年前后，这种将高校招生考试与高中会考合并举行的声音时常见于当时的各类报刊上，兹不赘述。

三、近代高校招生考试与高中会考合并举行的试验

在教育界不少人士呼吁将高校招生考试与高中会考合并举行的背景下，南京国民政府教育部决定进行此种试验。1943 年，南京国民政府教育部选取江西、贵州、甘肃三个省份，利用高中毕业生夏令营机会举行会考与升学联合考试。

（一）教育部有关高中生毕业与升学联考的基本规定

1943 年，教育部制定了《三十二年暑期赣黔甘三省就高中毕业生夏令营试办会考与专科以上学校入学考试联合举行办法》[②]，决定选取江西、贵州、甘肃三省，利用高中毕业生夏令营机会，尝试将高校招生考试与高中会考合并举行。根据当时教育部的规定，三省内公、私立专科以上学校不再专门举行单独招生考试。如果高校通过联合考试所招新生人数不足，可以申请在省内或其他地点补招一次。三省当年暑期毕业高中生及三省内公、私立专科以上学校当年暑期招考新生，均须参加各省高中毕业生夏令营，并于受训期间参加高校招生考试与高中会考的合并考试，方能取得毕业及升学资格。至于非当年暑期毕业的高中毕业生及其他中等学校毕业而志愿于本年暑期在赣、黔、甘三省升学学生，也参加各省举行的联合考试，但无需入夏令营受训。

赣、黔、甘三省联合考试科目分为甲、乙两组。甲组包括公民、国文、英文（法文或德文）、数学（高等代数、解析几何、三角）、物理化学、中外史地、生物学。乙组包括公民、国文、英文（法文或德文）、数学（高等代数、平面几何、三角）、中外史地、物理化学、生物学。报考理（地理系、生物系除外）工

① 袁伯樵. 中学会考与大学入学考试合并举行之检讨[J]. 教育通讯（汉口），1943（18）：6-7. 9.

② 三十二年暑期赣黔甘三省就高中毕业生夏令营试办会考与专科以上学校入学考试联合举行办法[R]. 教育部公报，1943（6）：8-12.

专科以上学校及师范学院理组（包括师范专科，但博物系除外）学生，参加甲组科目考试。报考文法（商管理系包括在内）医药农理学院之地理系、生物系，暨教育或师范学院文组（包括师范专科）及博物系考生，参加乙组科目考试。

在志愿填报方面，考生可以填报四个，但须遵守如下规定：①志愿之学校以在各该省内之公、私立专科以上学校为限，但其志愿之科系在该省内专科以上学校未设置者，可以以临近省内设有该科系之专科以上学校为志愿。但考生考试成绩必须在考试前 25%以内始予分发，否则，仍分发该省内性质相近之专科以上学校。②四个志愿中，以同一学校为志愿者不得超过两个。例如，以甲校为第一、第二志愿，则不能再以甲校为第三或第四志愿。③四个志愿中必须有一个志愿为公、私立专科学校。但省内并无专科学校者，不受此限制。凡未严格遵守前项规定者，其所填志愿为无效。再者，为顾全考生投考省外志愿学校起见，在四个志愿外再加填一个省外志愿。如志愿学校人数过多，以联合考试成绩在前列 10%以内者，优先参照其志愿分发。如志愿学校分发额满，则仍需指派相当学校肄业。

再者，需要指出的是，赣、黔、甘三省当年的应届高中毕业生，其毕业成绩之标准仍照修正高中毕业会考规程之规定办理，即平时成绩也被加入其中。至于升学录取与否，则完全以联合考试成绩为依据，其中，国文、英文、数学三科目占 50%，其他各科目占 50%。

（二）贵州省试点经验及建议

1943 年，贵州省参加联合考试实考人数总计 1676 人，其中，会考升学者 650 人，占 38.8%；升学者 1026 人，占 61.2%。高中毕业生 1323 人，占 78.8%[①]；同等学力学生 241 人，占 14.4%；大学试读生 112 人，占 6.8%。在统计的 1511 人（为实际全部完卷出场者）中，分数在 60 分以上者为 94 人，占 6.2%。此次联考分数总平均在 40 分以上者为 930 人。相关录取标准包括三项：成绩总平均在 40 分以上；各科均无零分；国文成绩及格。[②]

根据贵州省联考委员会所撰《贵州省办理三十二年暑期高中毕业生会考升

① 该百分比实为 78.9%，但此处仍尊重原文的表述，下同。

② 欧元怀，梁瓯第. 贵州试办中学生毕业升学联考制度之检讨[J]. 东方杂志，1944（6）：21-34.

学联合考试报告书》[1]，当年高中生毕业与升学合并举行的弊端与问题包括如下方面。

第一，根据相关规定，学生在夏令营受训期间，不能请假出营参加省外学校在黔招生考试。

第二，根据《三十二年暑期赣黔甘三省就高中毕业生夏令营试办会考与专科以上学校入学考试联合举行办法》，公、私立专科以上学校不再举行单独考试，但事实上并非如此。这些高校在通过夏令营联考招生的同时，还另外采取了免试升学、选送升学、成绩审查等招生办法，结果造成联考招生名额被挤压。与此同时，以免试升学、成绩审查等办法录取的学生又多是参加联考考生。这样，不仅造成重复录取，而且直接影响到学生对于联考的认同。当时甚至出现了“某大学不承认联考录取学生”“某大学减低联考录取名额”等传言。

第三，在命题方面及评卷方面，贵州省联考委员会称，“联考试题之难易，阅卷给分之真确，颇难有客观之判断”[2]。尤其重要的是，联考规定考试科目分为甲、乙两组，但当年在具体命题时仅有数学一科有所区别，其余化学、物理、国文、外国语均相同。这显然不合理。因为按照当时教育部所颁布的高中课程标准，高中课程自第二学年分为甲、乙两组，甲组第二学年每周算学 5 小时，化学、物理各为 5 小时，国文 4 小时，外国语第二学年 5 小时、第三学年 6 小时；乙组第二、第三学年每周算学 3 小时，化学、物理各 4 小时，国文 6 小时，外国语第二学年 6 小时、第三学年 7 小时。在这种课程标准下，化学、物理、国文、外国语四科联考命题没有体现差异，确实不够合理。

针对以上问题，贵州省联考委员会提出若干建议。第一，延长受训时间，并函请省外专科以上学校委托贵州省联考委员会或自行到夏令营举行招生考试。第二，由教育部分配录取学生名额。“……今后如举行联考，关于各校录取学生名额，拟请由教育部预为分配，俾便事先公布，以供学生填写志愿书时之参考，同时成绩审查办法，不宜适用于举行联考之省内，以重联考精神，而免录取之重复。”[3]第三，由教育部来统一组织命题，并确定标准答案及评分标准。

此外，方惇颐在《高中毕业与升学联考平议》中提到，当时曾有不少人批评

① 贵州省办理三十二年暑期高中毕业生会考升学联合考试报告书[J]. 贵州教育，1943（7-8）：39-42.
② 贵州省办理三十二年暑期高中毕业生会考升学联合考试报告书[J]. 贵州教育，1943（7-8）：39-42.
③ 贵州省办理三十二年暑期高中毕业生会考升学联合考试报告书[J]. 贵州教育，1943（7-8）：39-42.

贵州联考试题难度太低。有鉴于此，方惇颐建议：以抽考代替毕业会考；将联考升格为统考，不愿升学高中毕业生不必参加此项考试；私立专科以上应一并纳入统考；统考由教育部统一命题，分区进行考试。[①]

（三）甘肃省试点经验及建议

1943 年甘肃省的联合考试，其应届考生即“会考升学组”，报名 340 人，集中在夏令营地举行；非应届考生即“升学组”，报名 128 人，集中在省立兰州工业学校举行考试。最后，“会考升学组”录取了 297 名，“升学组”录取了 83 名。[②]在试验联合考试之后，该省认为联合考试可以统一高中毕业考试与专科以上学校新生考试录取标准，可以鼓励各校提高学生水平，可以为今后中等学校各科教学改进提供参考，可以减少毕业会考与升学考试分别举行的双重负担。但同时，联合考试在学生众多的省份办理困难，而在无专科以上学校之省份则无法办理。

在此次试验基础上，甘肃省提出了三条改进意见：第一，联合考试应由教育部统一命题，以划一全国各区录取标准。第二，联合考试分发省外各大学之学生，由联考委员会决定分发学校后，教育部不宜改分他校。第三，甘、青、宁三省联合考试可以合并举行。[③]

赣、黔、甘三省经过 1943 年的试验之后，发现联合考试确实存在一些优点，但同时也存在诸多难以克服的困难，尤其是在落后的边远省份困难更多。在此之后，当时的教育部不仅没有推广此种联合考试，而且这三个试点省份也停止了再试验。

四、结语

抗日战争期间，部分省份因战争影响无法开展高中会考，其余省份则仍在举办这种考试。当然，反对高中会考的声音一直不断。1945 年夏，因抗战复员关

---

① 方惇颐. 高中毕业与升学联考平议[J]. 贵州教育，1943（7-8）：19-22.

② 费震球. 甘肃省卅二年夏季高中毕业会考升学联合考试经过[J]. 甘肃教育半月刊，1944（1-2）：10-14.

③ 费震球. 甘肃省卅二年夏季高中毕业会考升学联合考试经过[J]. 甘肃教育半月刊，1944（1-2）：10-14.

系，毕业会考暂停举行。之后，政府试图恢复这种制度，但遭到部分学生的反对。与此同时，将高校招生考试与高中会考合并举行的声音则一直存在。

1947 年，南京国民政府教育部制定了高中毕业会考与大学入学考试联合举行的办法。基本内容如下：①各省市 1946 年度第二学期高中毕业会考，与公、私立大学（包括独立学院及专科学校）1947 年度第一学期新生入学考试联合举行。②各省市会考，由省市教育厅局与各大学组织委员会办理。③命题、阅卷、监试、试务、计分等事宜，由以上委员会主持。④考生应于考试前由原校填报毕业后升学或就业志愿，如愿升学，并应填明第一、二、三、四、五等所愿升入之学校院系，但以参加会考的大学院系为限。⑤考试科目以国文、外国语、算术、理化（生物）、史地五科为限。⑥命题范围遵照部颁课程标准。⑦愿升学学生，其成绩符合各大学录取标准者，由各大学依其志愿分别录取。⑧凡高中普通科毕业生参加考试，成绩合于各大学录取标准者，即为中学毕业会考及格；其未经各大学录取而合于会考及格标准者，亦计入中学毕业成绩。[①]不过，以上高中毕业会考与大学入学考试联合举行的办法，由于学生反对恢复会考等原因，后来未能进入实践层面。

1943 年，赣、黔、甘三省所进行的高校招生考试与高中毕业会考合并举行的试验，受到多重限制，既包括客观条件的限制，也包括主观认识上的限制。客观限制条件包括当时交通困难、考生个人旅费限制等。主观认识上，不足之一在于将夏令营训练与考试一并举行。全省学生尤其是距离省会较远者，很多是徒步赶路，他们达到省会后本已身心疲惫，更何况，其间还要接受德、体训练。不仅如此，学生在夏令营受训期间还不允许复习备考。所有这些，都会直接影响考生临场发挥，进而对考试评价的科学性造成影响。此外，联考科学性还受到其他各方面的影响。

赣、黔、甘三省 1943 年所试验高中毕业与升学联考，已经过去了 80 年。时至今日，教育测量与评价技术较之当年已经有了长足的发展。在当前国家新高考综合改革的试点省份之一的浙江省，其新高考综合试点改革方案中将高中学考与高考选考进行了“合卷”设计的尝试。此种“合卷”设计，实际上与 1943 年赣、

① 高中毕业会考 大学入学考试 教部订颁联合举行办法[N]. 申报，1947-05-11，第 5 版.

黔、甘通过一次联考同时实现毕业基本达标与高校选拔招生两大目的具有很大的相似性。浙江省在将高中学考与高考选考进行“合卷”尝试的实践中遇到了难以克服的矛盾，并且该做法引发了诸多的质疑与反对。

国内外教育测量界的很多学者认为，在分数解释方面应告别标准参照测验与常模参照测验的简单二元划分，同时不应将标准参照测验与常模参照测验视为两种测验类型。但在笔者看来，问题的关键在于，从教育测量与评价的角度来说，尽管可以为高中学考成绩提供基于标准参照与基于常模参照的分数解释，但只要是毕业考试，就必须保证绝大多数考生都必须容易通过考试，而只要是升学考试，就必须保持一定的难度与区分度。上海高中学业水平考试分为合格性考试与等级性考试，不仅为2017年浙江新高考综合试点改革深化与完善方案所借鉴，而且成为第二、三批试点省份效仿与移植的基本制度设计。新高考综合试点改革实践再次证明了高中毕业考试与升学考试应当分开举行，学业水平的鉴定功能与选拔功能应当通过“两张卷”而分别实现。

第二节　20世纪80—90年代：基于高中会考改革高考的尝试

1977年，高考制度在中断10年之后得以重新恢复。其后不久，关于如何改进高考的讨论开始出现，尤其是到了1984年和1985年，这种讨论达到了高潮。在有关高考改革的讨论中，增加科目的选择性是一个重要方面。当时，国家先是选择了上海作为试点，尝试在实行高考会考的基础上改革高考制度；20世纪90年代之后，又选取湖南、云南、海南三个省份试点“三南方案”。但其余省份并未在三省试点基础上采行“三南方案”，而是普遍采取了“3+2”文理分科模式。重新发掘20世纪80—90年代所出现的有关增加科目选择性的讨论及试点改革，显然既具有必要性又具有十分重要的参考价值。

一、20 世纪 80 年代：一场关于高考改革的大讨论

1977 年高考大体上延续了之前的文理分科模式，但在具体科目设置上做了调整，文科考试科目为政治、语文、数学、史地，理科考试科目为政治、语文、数学、理化；另外，报考外语专业者需要加试外语。[①]之后，外语和生物先后成为文、理科统考科目与理科考试科目。至 1981 年，高考文科科目包括语文、数学、外语、政治、历史、地理 6 门，理科科目为语文、数学、外语、物理、化学、生物、政治 7 门，即“文六理七”模式。[②]由于高考的高利害性、高竞争性，中学阶段很快出现了“片追”行为，甚至出现文科生不学物理、化学、生物，理科生不学历史、地理的极端现象。如此极端的“片追”行为，势必造成高中毕业生知识结构残缺不全。以浙江为例，1983 年，该省教育厅对首批办好的八所重点中学高三学生进行毕业统考，考试科目包括政治、语文、数学、物理、化学、外语、生物、历史等课程，由于平时学校教学的“偏科”行为，其中五所中学共 9 门课程缺考。还有另外一所中学，文科班 30 人，其中物理考试 29 人不及格，平均成绩只有 7.3 分；化学 29 人不及格，平均成绩仅为 20.8 分。同时，该中学理科班 64 人参加考试，历史一科竟无一人及格，平均成绩仅为 15.1 分。[③]当时的应试现象，由此可见一斑。为纠正这种严重的“片追”行为、缓解高考压力，教育界开展了一场关于如何进行高考改革的大讨论。

1984 年，《人民教育》杂志在第 1—7 期开设了一个“高考讨论”专栏，专门讨论高考分类、科目设置和计分比例问题。栏目开设之后引起了热烈的反响，先后收到来自全国 26 个省份的高考改革意见与建议。参与讨论者多为中学校长、教导主任、教师，也包括教育行政部门工作人员、高校教师、教研室和教育科研单位人员等社会各界人士。

当时，有关高考科目的分类设想有很多。比如，梁鸿在《现在的高考科目设置必须改进》中提出三种方案。第一种方案为：高考不分文理，所有考生均须参加语文、数学、外语、政治、历史、地理、物理、化学、生物 9 门科目考试，但

---

① 杨学为. 高考文献（下）：1977—1999[M]. 北京：高等教育出版社，2003：71.

② 吴根洲，李灵琴. 高考科目设置变革述论——基于统考科目与非统考科目的维度[J]. 河北师范大学学报（教育科学版），2013（9）：40-44.

③ 叶朝阳. 结合普通中学教学的实际改革高考科目的设置[J]. 人民教育，1984（3）：16.

文史类的数学、物理、化学和生物试题难度适当降低，计分比例可以适当降低；理工类的历史和地理难度适当降低，计分比例略低。尤其是，计分比例低的科目可以适当合并为一张考卷。第二种方案为：将高考预选考试改为全国或全省（自治区、直辖市）的统一考试（初试），考试科目为9门，考生达到一定成绩后可参加国家统一组织的第二次考试即复试。复试分文、理两类，文史类考政治、语文、外语、历史、地理，理工类考数学、物理、化学、生物、外语。第三种方案为：将高考预选考试改为全国统一的考试即初试，考生达到一定成绩后可参加国家统一组织的第二次考试即复试。复试可按专业分为若干类别，如文史类、财经类、政法类、地理类、建筑类、医药类等，其必考科目为语文、外语和政治，选考科目为数学、物理、化学、生物、历史、地理中的任意 1 门。①这种制度设想体现出专业分化性与选择性，既可增加学生的选择权，同时也可增加高校的选择空间。

常湛在《试谈高考分类及科目设置的改革》中，针对高中教育教学中存在的“学文科的不学物理、化学和生物，学理科的不学历史、地理”问题，提出高考改革的长远目标是变“一次考试”为“两次考试”，即第一次实行毕业会考（一种统一考试），第二次为高考。但同时认为，当时的条件尚无法实行毕业会考，短期内只能实行全国统一高考。为正确引导中学教学，高考科目应当“全”，考文科的应同时考物理、化学、生物，考理科的应同时考历史、地理；同时应当“简”，如文科考生考理化生、理科考生考史地政应当考察常识性知识，并应进行必要合并。②张令魁、谭以奉在《改革高考分类、科目设置与计分比例的建议》中提出，首先实行高中毕业资格考试即毕业统考，在此基础上改革统一高考，其具体制度设计为：①高考分为理工、文理政法文艺、医农体、财经贸易、外语、师范等六类。②考试科目包括必考科目与选考科目，其中必考科目及其分值分别为语文 120 分、数学 120 分、外语 100 分、政治 60 分；选考科目由高校根据具体专业特点，从物理、化学、生物、历史、地理 5 门中选择 2 门，各占 100 分。③这一模式可以概括为“必考+选考”的“4+2”模式。不难发现，这种方案不仅通过科目设置增加了高等院校的招生自主权，而且考生也具有较大的选择权与选择空

① 梁鸿. 现在的高考科目设置必须改进[J]. 人民教育，1984（1）：26-27.
② 常湛. 试谈高考分类及科目设置的改革[J]. 人民教育，1984（1）：24-25.
③ 张令魁，谭以奉. 改革高考分类、科目设置与计分比例的建议[J]. 人民教育，1984（3）：15.

间，选择性是贯穿其中的一个重要理念。

山东省招生办公室高考研究小组在对中学教师及大学教师进行调查的基础上提出三种分类方案。

第一种：分文史、理工医农两类，前者考试科目为政治、语文、数学、历史、地理、外语及自然常识（包括物理、化学、生物），后者考试科目包括政治、语文、数学、物理、化学、生物、外语及社会常识（包括历史、地理），既全面考察又有所侧重。这一模式可以概括为文科为“6+综合”模式，理科为“7+综合”模式。计分方面，文科除语文、自然常识以120分计外，其余均以100分计；理科除语文、数学以120分计外，其余均以100分计。

第二种：分文史（包括外语、艺术）、理工、医农（包括体育）三类，各类必考科目为政治、语文、数学、外语；分类必考科目中，文史类考历史、地理，理工类考物理、化学，医农类考生物、化学；分类选考科目中，文史类从物理、化学、生物中选考1门，理工类从历史、地理、生物中选考1门，医农类从物理、历史、地理中选考1门。计分方法上，语文以120分计，理工类的数学以120分计。政治、外语各以100分计；分类必考科目和分类选考科目均以100分计。这一模式可以概括为“4+2+1”模式。

第三种方案十分复杂，可以简单概括为“一次考试，两类题目，分别计分，择优录取”。①

王野平的《关于改革高考分类及科目设置的几点设想》提出高考改革的基本设想：统考科目为语文、数学、外语、文综、理综，每科100分，所有考生都必须参加5门统考科目考试，另外再加1门专业相关科目。这也就是一种“必考+选考”的“5+1”模式。其中，数学、文综和理综分不同难度命题，报考文理不同专业的考生可以选择不同难度的试题。至于专业相关的选考科目，又包括两种设想：一种设想是根据考生所报第一志愿，从语文、政治、历史、地理、数学、物理、化学、生物8门科目中指定1门为专业相关课；另一种设想是按文、理、工、农、医5个门类各选定一个科目，或进一步细化，如文科分为文史、政法、财经，工科分为机械、电子、轻工、化工等门类。相关选考科目的选择，既要照顾大学招生专业的特点，又要考虑中学的教学计划。②南朝政的《关于高考分类

① 山东省招生办公室高考研究小组. 我们设想的三种高考分类方法[J]. 人民教育，1984（2）：41-42.

② 王野平. 关于改革高考分类及科目设置的几点设想[J]. 人民教育，1984（4）：31-32.

及科目设置的一点看法》认为，高考分类可以更加细化，如根据大学专业设置的需要可分为文史、财经、政法、农林、医药、建筑等若干大类，每类除须参加政治、语文、数学、外语 4 门科目的考试外，再结合专业特点从物理、化学、生物、历史、地理中选考 1 门，总计参加 5 门的考试。①这一模式可以概括为“必考+选考”的“4+1”模式。

当时，大多数意见认为高考科目设置导致中学教学的偏科问题，并因此造成学生知识结构不合理；高考科目设置过“粗”，分值设置不合理，不能适应不同科类高等学校、系、专业的要求等问题。当时关于高考改革的意见与建议，集中体现为两种方案。第一种方案为：在已有高考分类的基础上，文、理类分别增加“物理、化学、生物综合知识”和“历史、地理综合知识”。第二种方案为：先实行高中毕业会考，在此基础上实行统一高考，其科目分类“宜细不宜粗”。至于统一高考科目的具体分类，一种意见主张分为七八类或十四五类，每一类考试不同科目；另一种意见主张根据不同高校、系、专业特点设置 20—30 个考试科目，即使同一科目也可设置不同类型的试卷。②增加高考科目的类别，实际上也就是增加科目的选择性，增加考生及高校的选择权与选择空间。

在《人民教育》开设“高考讨论”专栏之后，教育部还委托了北京、上海、陕西、湖北、四川、吉林六省份分别会同北京师范大学、华东师范大学、陕西师范大学、华中师范学院③、西南师范学院④、东北师范大学共同研究这一课题。这些单位纷纷成立研究小组，在广泛征求大学、中学、教育行政部门及相关科研单位意见的基础上形成了研究报告。后来，教育部学生管理司选出其中的四份以摘要形式发表在《人民教育》上，分别为西南师范学院、陕西省招生办及陕西师范大学、华东师范大学、湖北省招生办及华中师范学院所提交的研究报告，在此作一简要介绍。

1）西南师范学院所提方案：高考不分文理，所有考生考试科目为语文、数学、外语、综合 1、综合 2，总共 5 科，每科分值 100 分。其中，综合 1 为物理、

① 南朝政. 关于高考分类及科目设置的一点看法[J]. 人民教育，1984（4）：32.

② 教育部学生管理司，本刊编辑部.《改革高考分类、科目设置与计分比例讨论》结束语[J]. 人民教育，1984（7）：34.

③ 现更名为华中师范大学。

④ 现更名为西南大学。

化学、生物的综合卷，综合 2 为政治、历史、地理的综合卷。①

2）陕西省招生办及陕西师范大学所提三份改革方案：第一份，高考科目分为 5 类，即理工、医农、地理、文史、财经，每类考 4 门，分值均为 100 分；第二份，高考科目分为理工、化学化工、农医等 9 类，每类考 3 门，总分为 300 分或 320 分；第三份，高考科目分为 6 组，每组都是由语文、数学、外语再加物理、化学、生物、政治、历史、地理中的 1 门。②

3）华东师范大学所提方案：高中毕业考试从“校考”改为“省市统考”，高考科目分类“宜粗不宜细”“宜少不宜多”，短期内的高考科目文科为语文、数学、外语、综合 1（政治、历史合卷，分值各 50 分）4 门，每门 100 分；理科为语文、数学、外语、综合2（物理、化学合卷，分值各50分）4门，每门100分。毕业统考（即会考）成绩，以一定比例（如 10%）加入高考总分。③

4）湖北省招生办及华中师范学院所提方案：实行全省统一的会考，会考考试成绩以 10%的比例计入高考总成绩。高考科目包括 4 个组类，即文史类、理工类、医农类以及财经政法类，具体考试科目分别为“语文、数学、外语+历史”“语文、数学、外语+物理”“语文、数学、外语+化学”“语文、数学、外语+政治”，每门分值均为 100 分。④

西南师范学院所提方案，简单来说也就是一种“3+文综+理综”模式，与 1999 年之后的“3+文综/理综”模式具有一定类似之处，差别主要在于是否分文、理科。陕西省招生办及陕西师范大学所提第三份方案，实际上就是后来上海所实行的“3+1”模式，第一份方案则与 20 世纪 90 年代初的“三南方案”具有较多类似之处。华东师范大学与湖北省招生办及华中师范学院所提方案的一致之处在于，均主张将会考纳入高校招生评价。湖北省招生办及华中师范学院所提“3+1”高考模式，与陕西省招生办及陕西师范大学提出的第三种方案比较类似，区别主要在于组别数不同。从选择性的视角来看，陕西省招生办与陕西师范大学所提三种方案，以及湖北省招生办与华中师范学院所提方案，都是着眼于增加科目的类别，以及增加学生及高校的选择权与选择空间。

---

① 西南师范学院高考改革研究小组. 高考不分类 文理可兼报[J]. 人民教育，1985（Z1）：69-71.

② 陕西省招生办公室，陕西师范大学调查研究组. 两种类型的方案[J]. 人民教育，1985（Z1）：72-74.

③ 华东师范大学高考改革科研小组. 高考分类宜粗不宜细[J]. 人民教育，1985（Z1）：76-77.

④ 湖北省招生办公室高考改革科研小组，华中师范学院. 按性质相近的专业分类[J]. 人民教育，1985（Z1）：74-75.

从高考变迁史来看，20 世纪 80 年代中期的高考科目改革大讨论，主要意义在于使增加科目设置类别及选择性的改革思路成为一种普遍共识。在此基础上，国家采取了利用高中毕业会考来探索高考科目设置的改革思路，但当时并未急于在全国推行相关改革，而仅是选取了上海进行试点（详见本章第三节）。

二、20 世纪 90 年代：国家教委关于高考科目的改革意见及“三南方案”、“3+2”方案

如上所述，在高中毕业会考基础上进行高考改革成为 20 世纪 80 年代中期的一种基本教育共识。那么，究竟应如何在会考基础上改革高考？当时的国家教育委员会（以下简称国家教委）曾广泛征集意见，并于 1989 年出台《国家教委关于改革普通高等学校招生考试及录取新生办法的意见》（以下简称《改革意见》）。[①] 根据这一意见，高考必考科目为语文、数学 2 门，选考科目为政治、外语、物理、化学、生物、历史、地理。具体来说，先由高校根据专业特点提出 1—2 门选考科目建议，再由国家教委在综合各校建议的基础上将高考科目编排为若干组，考生根据所报考学校的要求参加指定科目组的考试。《改革意见》在选考科目上为高校与学生赋予了一定选择权与选择空间，本来计划自 1994 年开始全国各地区都实行新的高考科目模式，但在 1990 年国家教委又出台了一份新征求意见通知，即《国家教委高校学生司关于征求在会考的基础上改革高考科目设置及录取新生办法意见的通知》（以下简称《征求意见通知》）。

根据《征求意见通知》，高考科目设置应当注重基础科目，同时侧重考生性向能力的考查，通过考试将在某一科目方面具有特长和发展潜力的学生选拔出来；科目组别不宜过多，以便考生复习和选择应考科目组，并尽量降低高校招生录取工作的复杂性等。所谓加强考生性向能力的考查，加强具有某科目特长及发展潜力学生的选拔，实际上也就意味着增加高考科目的类别及选择性。当时，《征求意见通知》列出了两种方案征询意见。第一种方案将高考科目分为四个组别：①政治、语文、历史、外语；②数学、语文、物理、外语；③化学、语文、

① 杨学为. 高考文献（下）：1977—1999[M]. 北京：高等教育出版社，2003：424-425.

生物、外语；④数学、语文、地理、外语。第二种方案将高考科目分为五个组别：①政治、语文、数学、外语；②物理、语文、数学、外语；③化学、语文、生物、外语；④历史、语文、数学、外语；⑤地理、语文、数学、外语。[①]两方案共同的特点是每组均含语文、外语两科，一半以上组别包括数学。1990 年 10 月 18 日，《国家教委关于改革高考科目设置的通知》正式发布。[②]根据该通知所附的《关于改革高考科目设置及录取新生办法的意见（试行）》（以下简称《改革高考科目意见》），高考科目分为四组：第一组为政治、语文、历史、外语；第二组为数学、语文、物理、外语；第三组为数学、化学、生物、外语；第四组为数学、语文、地理、外语。高考科目分为四个类别，较之当时各省份正在采用的“文六理七”二元分科模式，无疑增加了科目的选择性。高校及系科、专业根据高考科目组的设置情况及各自特点，选择一组作为考生的应考科目；考生则根据高校及系科、专业所要求的考试科目组以及本人的志向与兴趣选择一组参加考试。就文本内容而言，无论是《征求意见通知》还是《改革高考科目意见》，都与 1989 年的《改革意见》明显不同，即都未将语文、数学列为共同必考科目，等于否定了后者关于将语文、数学列为必考科目的意见。《改革高考科目意见》基本上是采用了《征求意见通知》中的第一种方案，只是将第三组科目作了微调，将其中的“语文”调整为了“数学”。之后，1991 年，湖南、云南和海南三省试点这种改革办法，即所谓的“三南方案”。

作为《改革高考科目意见》具体试点，“三南方案”是 1977 年高考制度恢复之后的一次重大改革尝试，同时也是中华人民共和国成立之后高考制度的一次重大改革尝试。国家教委在 1991 年 11 月发布的《关于湖南、云南、海南三省一九九二年继续试行高考科目设置改革及有关问题的通知》中称，“初步的实践证明，湖南、云南、海南三省改革高考科目设置的试行方案是基本可行的”。但实际上，当年随即又决定终止这种方案，主要原因在于语文、数学都非必考科目，同时还存在命题难度过低、缺乏区分度等问题。比如，当年湖南第一批录取的重点院校最低录取控制线，与第二批一般院校最低录取控制分数线仅相差 1 分，几乎可以说是没有任何区分度。[③]在当时，原本设想的语文、数学、外语科目可以

① 杨学为. 高考文献（下）：1977—1999[M]. 北京：高等教育出版社，2003：439-440.
② 杨学为. 高考文献（下）：1977—1999[M]. 北京：高等教育出版社，2003：457-459.
③ 杨学为. 中国高考史述论：1949—1999[M]. 武汉：湖北人民出版社，2007：341.

参考考生会考成绩，但未能获得高校的认同。简言之，《改革高考科目意见》所设计方案，通过一年试点即被放弃了。

《改革高考科目意见》试点之后，全国各省份普遍实行了“3+2”方案。这一方案正式开始实施的时间为 1993 年。所谓“3+2”，即高考分文、理两大类，语文、数学、外语为共同必考科目，在此基础上文科类加考政治、历史，理科类加考物理、化学。与之前的高考相比，也就是说，文科类删除了地理，理科类删除了生物。仅就取消生物和地理两科目而言，高考“3+2”方案与20世纪80年代中期华东师范大学所提出的高考改革建议高度一致。这样一种调整，客观上为生物、地理两大科目带来了一种灾难性的影响。以生物学为例，高考取消生物一科直接造成中学生物课地位下降，生物教师大量流失，高校生物专业招生及毕业分配困难，以及高校生物学专业教师和国家生物学领域科技人才后继乏人等问题。[①]地理学也同样受到十分负面的影响。由此，“3+2”方案势必引发来自生物、地理两大科目的强烈反对。1996年，中国科学院的71位院士联名致信党中央、国务院，呼吁必须重视生命科学教育，撤销高考免考生物的决定，恢复高考生物科目。[②]取消生物和地理两科的严重后果，决定了“3+2”必然为新的方案所取代。

20 世纪 90 年代初的高考科目改革，是 1977 年高考制度恢复以来国家在科目方面所进行的第一次重大改革。当时所针对的主要问题包括由文理分科模式与应试主义教育所造成的中学生知识结构不完整、考试负担过重等。所以，《改革高考科目意见》的一个基本思路就是试图通过实行会考，保证中学生基础知识与基本技能的全面性、完整性，通过减少考试科目减轻学生的考试压力。同时，会考与高考分别为水平考试和选拔考试，二者应当各司其职，成为当时教育学界的一种基本共识。基于此，《改革高考科目意见》明确提出，高校招生原则上以高考成绩作为录取的基本依据，只有当考生高考成绩及德智体各方面基本情况相同时，再适当参考会考成绩。《改革高考科目意见》另一改革方向是在高考科目方面增加学生及高校的选择权与选择空间。然而，作为增加科目选择性的一种尝试的“三南方案”，经过一年试点后就暴露出了很多内在缺陷，《改革高考科目意见》自此而被完全搁置。之后，除上海之外，全国其他各省份普遍开始采用

---

① 杨世德. 高考科目“3+2”设置改革浅议[J]. 四川师范学院学报（哲学社会科学版），1994（6）：114-116.

② 71 位中国科学院院士联名呼吁 务必十分重视生命科学 恢复理科高考生物[J]. 生物学教学，1996（10）：49-50.

“3+2”方案。

“3+2”高考方案最明显的弊端在于直接给生物和地理两大领域造成了灾难性影响，而这也从根本上决定了后续改革的必要性与紧迫性。尤其是中国科学院 71 名院士联名上书党中央、国务院一事，在一定意义上加快了“3+X”高考科目改革的启动时间与推进节奏。

第三节 21 世纪初：增加科目选择性的“3+X”高考改革

在宏观层面上，1977 年之后国家所进行的第二次高考科目大改革，以 1999 年《教育部关于进一步深化普通高等学校招生考试制度改革的意见》（以下简称《深化改革意见》）的发布为重要标志。《深化改革意见》由教育部学生司、基础教育司和考试中心经过为期一年的联合调研而形成，强调高考改革的基本指导思想为“三个有助于”，即有助于高等学校选拔人才、有助于中学实施素质教育、有助于高等学校扩大办学自主权。在高考科目方面，《深化改革意见》提出用三年左右时间推行“3+X”科目设置方案。“3”指语文、数学、外语为每个考生必考科目，英语逐步增加听力测试，数学不再分文、理科；“X”指由高等学校根据本校层次、特点，从物理、化学、生物、政治、历史、地理六个科目或综合科目中自行确定一门或几门考试科目；考生根据所报志愿参加高等学校（专业）所确定科目的考试。[①]可以看到，增加科目的选择性是“3+X”改革的基本目标之一。就制度设计而言，较之 1990 年的《改革高考科目意见》，《深化改革意见》通过“X”科目赋予了学生和高校更多的选择权与选择空间。

“3+X”模式无疑是高考制度史上一次重要的改革尝试，且与当前全国新高考综合试点改革的基本精神十分类似。在当时，广东、江苏、广西几个省份的科目改革比较值得关注，通过“X”科目设置不仅赋予了高校一定的选择权，而且也

① 杨学为. 高考文献（下）：1977—1999[M]. 北京：高等教育出版社，2003：627-629.

增加了学生的选择权。其中，较之其余省份，江苏在 2008 年开始实施的高考方案，与当前国家新一轮“3+3”必考加选考的“两依据，一参考”基本模式具有诸多相似性。有鉴于此，本书专辟第四节论述江苏“2008 高考方案”的实践经验。本节简要梳理广东、广西两个地区的“3+X”以及上海高考科目改革轨迹。

一、广东：从“3+1”“3+文理综合+1”“3+文科基础/理科基础+X”到“3+文综/理综”

1999 年，广东省最先开始试点“3+X”高考科目方案，其中“3”为语文、数学、外语必考科目，“X”是由高校从物理、化学、生物、政治、历史、地理 6 个科目或综合科目中选择确定一门或几门。当时高校普遍将“X”确定为“1”，因此，所谓“3+X”基本上等于是“3+1”了。在这一模式下，学生基于高考利益最大化，大多只重视高考科目而忽视了其他科目，结果造成普遍的偏科问题。为解决这一问题，2000 年，广东省又增加了由政治、历史、地理、物理、化学、生物综合而成的“文理综合”科目，2001 年又直接确定为“3+文理综合+1”。至 2007 年，广东省重新回到了文理分科模式，实行“3+文科基础/理科基础+X”：“3”为语文、数学、外语；指定选考科目，文科基础为政治、历史、地理，理科基础为物理、化学、生物；“X”为专业选考科目，包括物理、化学、生物、政治、历史、地理、音乐、美术、体育 9 门科目。考试科目组合分为文科类、理科类、体育类、艺术类四大类别，高等学校根据专业类别公布每个专业招生考试的指定选考科目，并根据专业培养目标确定一门为专业选考科目（X 科），考生则根据自身兴趣、特长和报考专业意向选择考试科目组。同时，在 2007 年，广东省终止了标准分制度，重新回到原始分制度。“3+文科基础/理科基础+X”经过试点三年而停止，2010 年广东省高考模式最终调整为“3+文综/理综”。[①]

---

① 李木洲. 高考改革的历史反思——基于制度变迁的视角[M]. 武汉：华中师范大学出版社，2014：155-157.

二、广西：从“3+2”（本科）、“3+1”（专科）再到“3+文综/理综”

广西在 2002 年开始试点“3+X”模式，其中“3”为语文、数学、外语必考科目，“X”则为政治、历史、地理、物理、化学、生物以及综合能力测试（6 门综合）、技能。报考本科院校及专业的考生需要从“X”中选考 2 门，报考专科院校或专业的考生需要从“X”中选考 1 门。理论上，本科院校与专业招生的“X”组合达 20 种之多。过多的选择意味着过多的差异，必然会带来诸如高中教学组织困难、高考分数不易比较等问题。2004 年，广西减少了“X”科目组合，但仍无法有效减少更无法消除这些弊端。至 2005 年，广西重新回到了“3+文综/理综”模式。

作为国家第二次高考科目大改革的指导文件，《深化改革意见》指明了高考科目改革的基本方向，一是强调增加综合科目，二是强调增加科目的选择性，增加高校与学生的选择权。文综、理综作为高考综合科目，基本实现了“3+X”模式增设综合科目的初衷与目的。然而，从高校与学生的选择权与选择空间来看，文综、理综所能提供的选择十分有限，仅能提供或文或理两种选择。广东、广西等省份都进行了增加科目选择性的尝试，且中间不断进行调整，但几个省份最终都不约而同地取消了学生可以自由选择某 1 门或 2 门单科科目的制度设计。《深化改革意见》在增加科目选择性、增加高校及学生选择权与选择空间、彰显二者主体性方面所遇到的困境，在当时显然是无法克服的。这是一个十分值得反思的重要问题。今天看来，考生自由选择 1 门或 2 门选考科目，直接造成高中阶段教学组织困难、不同科目分数难以直接比较以及大量考生为了高考收益最大化而选考文科科目，从而使物理等科目受到损害等问题，与当前全国新高考综合试点改革所遭遇的理论与实践困境可以说具有高度类似性。

三、上海传统高考模式：“3+1”与“3+1+X”方案

上海是当代最早尝试将会考纳入高校招生评价体系的省份之一。早在 1987

年，上海高校曾将高考与会考成绩按 1∶1 比例进行整合录取，其中高考科目为语文、数学、外语 3 门，会考科目为政治、历史、地理、物理、化学、生物 6 门。具体说来，高考语文 120 分、数学 120 分、外语 100 分，按 100%比例计入，三门共计 340 分；政治会考成绩（满分 100 分）按 70%比例计入。其余几科，若是报考理工类专业，物理和化学按 70%比例、历史和地理按 30%比例、生物按 50%比例计入总分；若是报考文史类专业，历史、地理按 70%比例计入总分，物理、化学、生物按 30%比例计入总分。这样，理工类考生满分为 660 分，文史类考生满分为 640 分。与此同时，高校招生还将中学所提供的学生选修课成绩、所参加各种兴趣小组及竞赛项目表现和能力等作为录取参考因素。[①]

1988 年，上海高考开始实行“3+1”模式，“3”为语文、数学、外语必考科目，“1”为政治、历史、地理、物理、化学、生物 6 门中的任意 1 门。实际上，在此之前，上海曾计划将高考科目控制在 3 门之内。1986 年 11 月，上海市人民政府教育卫生办公室上报国家教委，“从 1988 年起，在高中九门学科（语文、数学、外语、政治、物理、化学、生物、历史、地理）全面会考的基础上，高校入学考试只考相关科目，各类入学考试的门数最多不超过三门”，并获得同意；之后，1987 年 4 月又提出“在中学实行全面会考后，高校招生考试只考相关科目，原则上不超过三门”，“三门学科的设置分成十组”，“高等学校根据本科专业的教学要求，从上述十个学科组中选择一组，并对考生的有关学科（一至两门）会考成绩等第提出要求”。[②]但该模式最终因科目组合太多、录取操作难度过大而被放弃。

上海高考“3+1”模式后来曾经过调整，但其基本形式一直实行至 2000 年。这一模式具有两大优点：一是增加了学生的选择权；二是在一定程度上减轻了学生的学业负担与考试压力。但其弊端也比较明显，包括考生基于高考收益最大化的应试主义问题，以及由此而造成的考生知识结构相对单一、狭窄等问题。

为纠正“3+1”模式所造成的考生知识结构不全问题，同时也为了回应教育部 1999 年《深化改革意见》关于增加高考综合科目的指导意见，上海自 2001 年

① 李立峰. 富有上海特色的高校招生考试制度的探索[A]//中共上海市委党史研究室. 上海改革开放实录（下）（1978—1992）[C]. 上海：上海书店出版社，2014：539-555.

② 李立峰. 富有上海特色的高校招生考试制度的探索[A]//中共上海市委党史研究室. 上海改革开放实录（下）（1978—1992）[C]. 上海：上海书店出版社，2014：539-555.

开始采用“3+1+X”模式——“3”是指语文、数学、外语，“1”指政治、历史、地理、物理、化学、生物中的1门科目，“X”则是指政治、历史、地理、化学、物理、生物 6 门科目的大综合。大综合科目分为偏文综和偏理综，偏文综的文科知识占 2/3，偏理综的理科知识占 2/3。“X”科目在很大意义上沦为一种达标测试，缺乏区分度，因此，至 2012 年被取消了。这一年，上海重新实施“3+1”科目组合，除了语文、数学、外语为必考科目以外，文科生在历史、政治、地理中任选1门，理科生在物理、化学、生物中任选1门。重新启用的上海“3+1”高考模式实施至2016年，其后被新一轮高考“3+3”模式所取代。

四、结语

在《深化改革意见》“3+X”高考改革背景下，全国多数省份采用“3+文综/理综”模式，少数省份实行“3+文理综合”或“3+文理综合+1”模式。但至2005年，多数试行“3+文理综合”或“3+文理综合+1”模式的省份，纷纷调整为“3+文综/理综”模式。个别省份，如江苏，最终固然没有选择“3+文综/理综”模式，但实际上也是直接取消了高考科目的选择性——高考科目仅包括语文、数学、外语3门统考科目。

全面梳理“3+X”改革历程可以发现，高考科目的类别设置越多样，学生的选择越多，选择越多意味着异质性越强，异质性越强则意味着相互比较的复杂性，乃至某种不可比性、不可行性。在分数是否具有可比性之外，同时又存在考生选考的功利性及由此而造成“弃理选文”问题。广东、广西在试行“3+X”模式过程中，无一例外地都遭遇过这种困境。广东高考虽曾实行了很长时间的标准分制度，但也无济于事，因为标准分制度并非完美无缺，也存在因功利性选择造成物理等科目人数减少、分数计算复杂且成绩出错难以调整等内在弊端。

全国新一轮高考实行必考加选考的“3+3”模式，同样是着眼于增加考试科目的选择性，其目前所遇到的一些问题与过去“3+X”改革所曾出现的问题十分类似，基本上可以说是同类问题。如果说上海与浙江可以通过增加财政投入解决因走班教学而造成的硬件设施不足，以及由学生选科偏好造成的结构性师资短缺问题，那么考生选考的文理“倒挂”问题，尤其是“弃选物理”，则是目前尚难以找到有效解决方案的重大难题。如何探讨并有效纠正考生选考的功利主义倾向，特别是“弃选物理”问题，是上海与浙江两先行试点省份当前所必须首先解决的一大问题。

第四节 江苏“2008高考方案”：一个珍贵样本及其相关经验

2008 年，江苏省开始启用“3+学业水平测试+综合素质评价”高考方案（以下简称“江苏‘2008 高考方案’”）。作为一种“两依据，一参考”的招生评价模式，江苏“2008 高考方案”从某种意义上可以说是当前国家“两依据，一参考”高考改革的一个先行样本。十余年来，江苏“2008 高考方案”对于高中教育教学、高校人才培养的影响是深刻、清晰的，且在某些方面较之当前正在进行的上海、浙江试点效应更为显著。在全国新一轮“两依据，一参考”高考改革背景下，江苏“2008高考方案”的样本价值更加得以凸显。系统总结江苏“2008高考方案”十余年的经验，其学术意义与实践价值不言而喻。

一、江苏“2008 高考方案”的基本设计

在“3+X”改革背景下，江苏省于 2000 年开始实行“3+文综/理综”的分科模式，文综包括政治、历史、地理，理综包括物理、化学、生物。其后，为加强文理交叉与融通，江苏省在2002年开始实行“3+文理综合”模式。但这种“文理综合”模式造成考生备考压力过大，且高校在选拔人才时难以区分学生的特长，因而又于 2003 年调整为“3+1+1”模式。这一模式与 2000 年之前的“3+2”模式不同，“+1+1”包括两部分：考生根据高校要求并结合自身的兴趣、特长，从物理、化学、生物、政治、历史、地理 6 门中选择 2 门。理论上，“+1+1”总共有 15 种组合。然而，实践证明“3+1+1”模式同样存在难以调和的矛盾，如造成高

中教学组织困难、考生避难趋易的选科倾向造成物理等科目选考人数减少等。在实施了5年之后，这一模式又为2008年的“3+学业水平测试+综合素质评价”模式即“2008高考方案”所取代。①

江苏“2008高考方案”，其中“3”为统考科目语文、数学、外语，“学业水平测试”科目为政治、历史、地理、物理、化学、生物、技术（含通用技术和信息技术）7门。普通类考生选修测试科目为2门，必修测试科目为5门。选修测试科目由考生在历史、物理中选择1门，在政治、地理、化学、生物4门中选择1门。7门学业水平测试科目中，考生选定的2门选修测试科目之外的5门为必修测试科目。2门选修科目测试在高三下学期（每年6月）举行，每科考试时间为100分钟；学生在校学习期间可报考一次。5门必修科目测试在高二下学期、高三下学期（每年4月）举行，每科考试时间为75分钟；学生在校学习期间可报考两次。

在分值设定上，江苏“2008高考方案”规定语文160分、数学160分、外语120分，3门合计440分。另外，语文、数学附加题各设40分。②在此基本分值设计之外，还存在一种加分政策，即如果考生能够在6门学业水平测试科目上都获得A，则可在总分上加10分；其余情况均不加分。2009年加分政策修改为“1个A加1分，4个A加5分”。③

学业水平测试实行等级计分，具体分为A、B、C、D四个等级。选修测试科目，按考生成绩分布划出等级：A级为前20%（含20%）的考生，其中前5%（含5%）的考生为A+；B级为前20%—50%（含50%）的考生，其中前20%—30%（含30%）的考生为B+；C级为前50%—90%（含90%）的考生；D级为90%以后的考生。④必修测试科目等级划分规定为：90—100分为A级，75—89分为B级，60—74分为C级，59分及以下为D级。对于必修测试科目，考生可以参加

① 江苏省2008年普通高考方案[EB/OL].[2020-05-20]. https://www.jseea.cn/webfile/highschool_ptgk_files/2007-05-24/2284.html.

② 江苏省2008年普通高考方案作四项重要调整[EB/OL].[2020-05-20]. https://www.jseea.cn/webfile/highschool_ptgk_files/2007-05-24/2285.html.

③ 江苏高考为何8年4改?[EB/OL].[2020-05-20]. http://www.cb.com.cn/index/show/jj/cv/cv1152207373/p/2.html.

④ 江苏省2008年普通高考方案作四项重要调整[EB/OL].[2020-05-20]. https://www.jseea.cn/webfile/highschool_ptgk_files/2007-05-24/2285.html.

两次考试，取其中较高一次等级计算成绩。

“综合素质评价”包括道德品质、公民素养、学习能力、交流与合作、运动与健康、审美与表现等六个方面。在道德品质、公民素养、交流与合作三方面的评定上，凡符合标准者评为合格。学习能力、运动与健康、审美与表现三方面评定等第分为 A、B、C、D 四级。学业水平测试成绩主要用以作为志愿填报准入门槛，不计入总成绩（除加分外）。

二、江苏“2008 高考方案”的改革理想

江苏“2008 高考方案”的改革初衷与基本理想包括：赋予考生与高校选择权，彰显“选择性”教育理念；学考纳入高校招生，改变高考“一考定终身”；综合素质评价纳入高校招生，破除“唯分数论”；学考实行等级评价，淡化“分分计较”观念；减少高考科目，减轻考试压力；考试成绩统一由语文、数学、外语构成，保障分数等值性等。

（一）赋予考生与高校选择权，彰显“选择性”教育理念

选择性的教育与考试理念，倡导“学其所好”“考其所长”，在课程设置、课程评价上强调赋予、增加考生的选择权与选择机会。1999 年，教育部开启的“3+X”科目改革，一个基本价值取向即增加高考的选择性。在这一基本背景下，增加高考的选择性同样成为江苏省高考改革的一个基本方向。比如，其 2003 年“3+1+1”模式规定，考生在物理、化学、生物、政治、历史、地理 6 门中任意选择 2 门。江苏“2008 高考方案”则规定，选修测试科目由考生在历史、物理中选择 1 门，在政治、地理、化学、生物 4 门中选择另外 1 门。也就是说，考生必须在物理、历史中选考 1 门。较之 2003 年高考方案，这一方案在科目选择性方面有所收紧，但这恰恰是为纠正前者带来的考生功利主义选科弊端而做出的一种调整。再者，江苏“2008 高考方案”后来也分文、理科划线录取，但较之大多省份实行的“3+文综/理综”模式，其考生无疑具有更大的选择空间与选择权。

（二）学考纳入高校招生，改变高考“一考定终身”

“一考定终身”的说法本身包含了多种含义。其中一层含义为“一次考试具有偶然性”，仅凭高考一次考试无法保证可以有效选拔真才。基于此，在 21 世纪初高中新课改背景下，学考纳入高校招生评价体系成为一种基本改革方向。江苏“2008 高考方案”与高中课程教学安排相匹配，除将语文、数学、外语作为高考统考科目外，其他科目都是作为必修或选修测试科目分两次考试进行，考试成绩与高校录取挂钩。这实际上使高考由“一次性”考试变为“多样化”考试。江苏“2008 高考方案”规定，普通类考生如填报本科院校志愿，选修科目测试等级均需达到 B 级及以上等级。这样，学考可以说被实质性地纳入了高校招生评价体系，以往以高考成绩作为高校招生唯一依据（自主招生等特殊情形除外）的局面发生了根本性的改变——高考与学考成绩二者共同成为高校招生的依据，即一种“两依据”。

（三）综合素质评价纳入高校招生，破除“唯分数论”

在江苏“2008 高考方案”中，除学考外，高中生综合素质也一同被纳入高校招生评价体系。该方案明确规定，考生综合素质考核评价是高校择优录取的基础。其主要目的在于充分利用评价的导向功能，引导、推动中学全面实施素质教育。实际上，这也正是21世纪高中课程改革注重发展素质教育、强调综合评价的重要体现。江苏“2008 高考方案”通过“合格加等级”的指标体系，将高中生综合素质评价同高考录取进行挂钩设计。其中，道德品质、公民素养、交流与合作三方面的评定主要看是否合格，学习能力、运动与健康、审美与表现三方面的评定等第分为 A、B、C、D 四级。在录取环节中，考生学习能力、运动与健康、审美与表现单项达到 A 级且其他三项均为合格的，高校在同等条件下可以优先录取；均为D级的，高校可以不录取。从这一方面来看，江苏“2008 高考方案”与当前国家新一轮“两依据，一参考”的高考综合改革设计高度类似。二者另一共同的价值取向与基本举措在于，借助综合素质评价纳入高校招生，破除高校招生录取中的“唯分数论”弊端。

（四）学考实行等级评价，淡化“分分计较”观念

统一高考招生以考生考试分数为基本依据，因而被部分人视为一种“唯分数主义”的录取方式，并产生“分分计较”观念。如何淡化应试观念，淡化“分分计较”观念，一直是教育改革的一个目标所在。江苏“2008 高考方案”一方面突出、强化统考科目地位，另一方面在学考科目上实行等级评价。这一制度设计的初衷之一在于借助等级评价而淡化“分分计较”的观念。根据其基本方案，学考必修科目的等级按原始分数段转换，体现了目标参照考试的性质；同时，通过调整命题难度系数的办法调控区分度。学考选修科目等级按学生测试成绩分布的一定比例——参照历年来高考录取不同批次的人数比例确定——进行转换。根据江苏省当初的基本设想，学考选修科目的等级评定方法既可以较好地体现区分度，又可以较好地避免科目之间、多次考试之间可能出现的分数不等值问题。除此之外，科目之间与多次考试之间的分数等值问题，还可以通过逐步建立题库的办法来解决。

（五）减少高考科目，减轻考试压力

考生课业负担与考试压力过大是统一高考多年以来所面临的一个问题。在江苏“2008 高考方案”中，高考科目仅有语文、数学、外语 3 门，考生最后的总成绩也由这 3 门构成（学考加分除外）。这一设计的基本初衷与设想在于，将语文、数学、外语作为统考科目实行统一考试，统考成绩作为划线、投档和录取的主要依据，既可以保证加强基础、突出重点，又有利于减轻学生高考负担。

与此同时，艺术、体育、研究性学习等列入综合素质评价，而不再列入学业水平测试科目，因此，学业水平测试只设置 7 个科目。这种设计也体现出减少考试科目、减轻考试压力的改革精神。

（六）考试成绩统一由语文、数学、外语构成，保障分数等值性

一般说来，若是考试科目相同，那么考生相对容易接受原始分数直接相加的

计分方式。若是考试科目不同，那么一方面不能直接将原始分数直接相加求和，另一方面，考生对于各种相对分数转换制度，包括标准分、等级赋分、百分位数等存在一个认可度与接受度方面的难题。所以，在增加科目选择性的同时，如何尽可能科学、有效地保障不同科目的分数等值性，增加不同科目分数的可比性，一直是高考改革的关键与难点所在。江苏“2008 高考方案”实施后，由于所有考生的高考统考科目相同，因而相对可以保障分数等值性与可比性。此亦为江苏实施“2008 高考方案”的另一初衷所在。

三、江苏“2008 高考方案”的实践困境

在江苏“2008 高考方案”征集社会意见的过程中，有不少人肯定了该方案的基本设计，但同样也不乏尖锐的质疑之声。比如，中国科学院院士江元生认为，“物理化学是我们的科学基础……一旦最后高考不考物理与化学，其结果是严重的……所以我负责任地说，如果实行此种高考草案，那么是对立国之本的科学技术正面挑战的一种方案，我坚决反对……”而在中国科学院院士陈懿看来，“这样的高考模式会导致现有的中学集中精力关注语、数、外……会使一代人偏离科技教育，让人担忧我们的教育又回到‘八股文’与‘雕虫小技’的模式里”。再如，中国科学院院士胡宏纹同样认为，将物理、化学这两个科目拒之高考大门之外，不仅不科学且没有创新，是一种不负责的做法。[①]江苏“2008 高考方案”在向社会正式公布并生效后，其各种效应很快得以显现。在此，笔者从以下五个方面分析其具体实践困境。

（一）“弃理选文”的功利主义选科问题

趋利避害是人的一个本性。在高竞争、高利害的高考中，人的这一本性表现得十分典型。在科目设置方面，增加科目的选择性，往往带来考生功利主义选科问题。从文理视角来看，在自由选择考试科目的制度设计下，“弃理选文”

① 高考只考语数外惹争议 院士痛陈不重视理化弊端[EB/OL].[2020-05-20]. http://news.enorth.com.cn/system/2006/09/21/001417167.shtml.

成为一种常见乃至必然现象。江苏“2008 高考方案”之所以将物理、历史作为必考科目之一，一个重要目的即在于纠正 2003 年“3+1+1”模式造成的考生选科过于功利的问题。这种制度调整意味着报考理科专业的考生必须选择物理，而报考文科的考生必须选择历史。然而，问题在于，实践表明江苏“2008 高考方案”仍未能有效消除考生的功利主义选科问题，“弃理选文”现象仍然相当明显。

据 2008 年的一份调查，江苏省的某些高中校，10 个班中仅有 20 人选考物理。当时，南京除了几所水准较高的高中校以外，其他中学文理倒挂的现象普遍比较严重，甚至在有的学校，文理生的比例达到了 2∶1。①2009 年 1 月，江苏省教育厅厅长沈健批评部分地区、中学急功近利，片面追求上线率的选科导向，造成文理生源结构不合理。比如，2010 年，由于考生“弃理选文”过于严重，尽管较之往年临时增加了文科计划，但文科考生的录取率仍远远低于理科考生。按照公布的数据计算，当年“本一”批次的理科录取率是文科的 3 倍，“本二”批次的理科录取率是文科的 2 倍。②这还是增加文科计划后的比例差异，若不临时增加，文科录取率将更低。文理科考生人数倒挂问题，由此可见一斑。

江苏“2008 高考方案”对物理科目采取保护机制，将其列为必考的选修测试科目之一，但与此同时，化学科目受到严重损害。在高考收益最大化心态的驱使下，大量考生采取“田忌赛马”的策略，纷纷避开难度较大的化学，选考政治、地理等科目，结果造成化学选考人数不断减少。比如，2008 年，江苏全省选考物理、化学组合的考生占 33.7%，至 2017 年这一比例下降到 24.9%。以被誉为南京“四大名校”的中华中学为例，其选考“物化组合”的考生在 2008 年占 46%，但其 2017 年选考这一组合的考生仅占 6%，下降幅度达 86%之多。再如，徐州高级中学在 2012 年和 2013 年选考“物化组合”的人分别为 2 人、0 人。③化学被弃的困境，可谓触目惊心。这样一种结果，直接带来了高中化学教研的困难，以及教师队伍断层的严重问题。

---

① 李润文，吴琼. 江苏高考改革逆水行舟[N]. 中国青年报，2008-11-29，第 2 版.

② 李润文. 江苏高考陷入文理比例失调困境[N]. 中国青年报，2010-07-22，第 6 版.

③ 2017 年 9 月 2 日，在华东师范大学“新高考改革研讨会”上，江苏省教育考试院院长鞠勤做了关于“如何在增强选择性的同时提高学生的科学素养”报告。此处资料均来自该报告。

（二）高考成绩计算方式造成的“分分计较”与区分度问题

若不考虑学考等级加分，江苏“2008 高考方案”考生成绩满分为 480 分。这样一种分值设置，较之之前2003 年“3+1+1”模式满分750分的分值，减少了270分。其必然的一个结果是：考生分数分布较之一般省份更加密集化、扁平化，由此造成区分度严重不足的问题。南京市民盟调研组调查了 2012 年和 2013 年的江苏高考成绩后发现：2012 年高考最密集分数段 1 分有 2000 多人；2013 年“本二”批次录取线之上的理科生，每个分数段聚集了近万人。①在 2017 年 9 月 2 日华东师范大学“新高考改革研讨会”上，江苏省教育厅副厅长苏春海指出，江苏“2008 高考方案”规定的高考仅计算考生的语文、数学、外语成绩造成了分数“扁平化”问题，使一个分数档上聚集了大量考生，区分度严重不足，并因此导致高校招生录取困境。与此同时，考生成绩过度密集化、扁平化，意味着加强了分数的重要性，因而又强化了“分分计较”的观念。②

从选修测试科目的等级设置来看，很多高校特别是高水平大学认为其缺乏有效的区分度。江苏“2008 高考方案”选修测试科目成绩评定最初计划分为 A、B、C、D 四个等级，后为增加区分度而增加了 A+、B+两个等级。然而，即便如此，也还是存在区分度不足的问题。“A+的等级还不够细，不足以满足他们选拔优秀人才的需要，因为全省前 5%考生大约有两万多人，而他们的目标群则是全省前 1 万名以内的学生，所以选修测试成绩的参考价值仍不能充分体现。”③高水平大学的这一担忧，最终也为实践所证实。

再者，江苏“2008 高考方案”的实践表明，考生及家长更倾向于认可原始分制度。其原因在于：在所有科目实行原始分制度的设计下，假如语文、数学、外语等某科目成绩不够理想的话，那么考生还可以通过其他科目来弥补；但选修科目实行等级制度，等于是消除了这种弥补效应。当然，这实际上是一个社会认同度与接受度的问题。

---

① 江苏高考 10 年 4 次改革：文理不分科的艰难尝试[EB/OL]. [2020-05-20]. http://news.sina.com.cn/c/2014-09-19/093030882391.shtml.

② 2017 年 9 月 2 日，“新高考改革研讨会”在上海华东师范大学召开。此处观点出自时任江苏省教育厅副厅长苏春海当时所做的报告。

③ 茹希佳. 江苏高考改革：“倒退”还是“前瞻”[N]. 中国妇女报，2007-02-07，第 A04 版.

（三）"高分低等"考生的录取难题

江苏"2008 高考方案"规定，普通类考生填报本科院校志愿，选修科目测试等级均需达到 B 级及以上等级。但高水平大学往往规定，考生 2 门选修科目测试等级都需达到 A+等级，否则没有填报资格。换言之，考生报考高水平大学就需要满足两方面条件：一为考试分数；二为 2 门选修科目测试等级都需达到 A+等级。这样，一个不可避免的矛盾现象随之产生，即考生的考试分数达到要求，但 2 门选修科目测试等级不符合相关要求。比如，2008 年南京市文科第一名考生，因政治一科等级为B+而无法报考北京大学，甚至因此无法通过一般通道报考南京大学，最后不得已通过该校选择性计划而被破格录取。又如，同年江苏省理科第一名考生，同样因选修科目测试等级不满足相关要求而无法获得清华大学的投档资格。[①]再如，2020 年江苏省文科第一名考生也因选修科目测试等级不符合相关要求而无缘北京大学、清华大学。[②]"高分低等"考生的录取难题，成为人们质疑江苏"2008 高考方案"的一个重要方面。

（四）学生科学素养下降与高校人才培养难题

江苏"2008 高考方案"自由选科的制度设计，不可避免地造成了学生科学素养下降以及高校人才培养的困境。如前文所言，在高考收益最大化的功利主义心态下，大量考生纷纷"弃理选文"，考生的科学素养因此成为一个严重问题。而高校出于招生需要，特别是招收高分生源的考量，普遍减少选考科目限制，甚至对物理、化学要求较高的化工、医药类等专业，也在选考科目限制方面不作要求，结果为高校培养工作埋下隐患。考生进入高校后再补习化学、生物，成为常见现象。近年来，江苏考生在北京大学等高校的学业表现下滑已是不争事实，由此引发顶尖大学在江苏投放名额减少的问题。一方面，大量学生"弃理选文"；另一方面，物理、化学以等级成绩计入高考总评价体系，降低了这类科目在高考中的地位和作用，导致中学教学要求降低，考试难度下降。二者最终削弱了学生的科学素养，并因此造成高校人才培养困境。

① 李润文，吴琼. 江苏高考改革逆水行舟[N]. 中国青年报，2008-11-29，第 2 版.

② 江苏文科第一名无缘清北："最惨状元"之说跑偏了[EB/OL].［2021-09-12］. https://baijiahao.baidu.com/s?id=1673803126142610773&wfr=spider&for=pc.

（五）考生考试压力问题及综合素质评价方面困境

江苏“2008 高考方案”的一个改革理想在于将高考科目删减为语文、数学、外语三科，试图通过减少考试科目来减轻学生的课业负担与考试压力。但实践表明，这一方案设计收效甚微。高二学年进行的必修测试科目考试结果，直接影响着考生填报志愿的资格，并且成为学考科目加分的重要依据。在这样一种制度设计下，学考的属性已经发生变化——名义上仍是学考，但实际上却具有了高考的选拔属性。因而，其得到考生的高度重视，以至于被形象比喻为“小高考”。成绩过度密集化、扁平化的分布形态，更进一步加剧了考生对于“小高考”的重视程度，结果必然导致其考试压力增大。问题的棘手之处在于：若学考只分为合格与不合格，那么确实可以有效减轻学生的课业负担与考试压力，但同时也必然会降低学考科目的地位，尤其是将更进一步加剧学生科学素养下降的问题。而若将学考纳入高校招生评价体系，哪怕像江苏“2008 高考方案”那样将其以等级形式挂钩，也必然会加重学生的课业负担与考试压力。所以，纵向分散性制度设计，无论是高考科目还是学考科目，只要其与高校招生实质挂钩，就不能有效减轻学生的课业负担与考试压力。

此外，江苏省在高中生综合素质评价方面投入了大量的人力、物力、财力，但与之不相称的是高校在招生录取中的参考与使用范围十分有限，难以有效利用高中综合素质评价信息。此外，一方面，由于综合素质评价本身固有的难度，综合素质评价的科学性与客观性尚须加大保障力度，且城乡之间、不同层次高中校之间存在认同度、支持度上的差异；另一方面，高校在参考使用学生综合素质评价方面还受制于专业评价人员缺乏，以及招录时间紧迫而难以细致评阅综合素质评价材料的困境。

四、反思

江苏“2008 高考方案”本身是 2003 年“3+1+1”高考方案深化与完善的产物，因而在某些方面相对更加科学、合理。但高考本身是一个复杂的系统，从某一角度看，一项改革举措可以有效纠正某一弊端；但从另一角度看，其可能又会滋生出新的问题。比如，增加科目的选择性，从以生为本、尊重学生兴趣的角度说是科学的，甚至是必要的，但往往会不可避免地导致考生“弃理选文”的功利性选科问题。再如，将高考科目删减至仅剩语文、数学、外语三科，固然可以直接绕开不同科目分数可比性的难题，但与此同时也因为压缩了总分值而造成区分度不足以及强化“分分计较”观念等问题。“一法立，一弊生”的矛盾现象，在高考改革中十分常见。

纵观江苏“2008 高考方案”十余年实践，同时参酌其他省份相关改革，可以发现高考综合改革中若干近乎规律性的现象：增加科目的选择性，往往造成“弃理选文”的功利主义选科问题；为防止物理选考人数大幅下滑，应当建立相关保障机制；“分散性”制度设计，只要前后不同次考试均与高校招生实质挂钩，那么便难以有效减轻考生的考试负担与考试压力；学考只要与高校招生录取实质挂钩，其属性便发生变化——具有类似高考的选拔属性，结果引起学生的高度重视，因而也难以通过学考的等级评价制度淡化“分分计较”观念；等等。

江苏“2008 高考方案”与当前国家新高考综合试点改革的基本思路类似，可以说也是一种“两依据，一参考”的招生评价模式。除考试科目的基本规定外，二者差异还在于：江苏“2008 高考方案”是将学考以等级评价方式作为高校招生录取的准入门槛；而当前国家新高考综合试点改革则是将学考以等级成绩形式直接与语文、数学、外语必考科目（对于八省份而言，再加上物理/历史原始成绩）成绩相加，将合成成绩作为分数依据。正因为如此，新高考“3+3”科目设计可以有效避免江苏“2008 高考方案”存在的“高分低等”录取困境，并且相对具有更优的区分度。在浙江、上海两个首批试点省份的 2014 年高考方案中，由于均未设置物理等科目的选考保障机制，功利主义心态驱使大量考生纷纷弃选物理。在此背景下，浙江、上海先后于 2017 年 11 月、2018 年 4 月公布设置物理等科目选考保障机制。如前面所言，江苏“2008 高考方案”将物理列为“二选一”的选修科目之一，其目的在于解决 2003 年“3+1+1”完全自由选科模式下物理选考人数大幅下滑的问题，实际上也是建立了一种选考保障机制。就此而言，对于北京、天津、山东、海南四省份而言，在“3+3”模式下应当考虑建立物理选考保障机制；否则，未来恐怕也要调整为“3+1+2”模式，将物理、历史列为“二选一”科目。问题的关键还在于，在物理科目得到选考保障的背景下，江苏的化学科目也遭遇到了类似的弃选困境。从这一意义上说，第三批进入高考改革的八省份新高考综合试点改革方案届时是否也会出现弃选化学的类似困境，值得引起重视。

总之，新高考综合试点改革中的学生功利主义选科问题、科目专业录取要求与考生知识基础匹配问题、选考科目的区分度问题等，以及综合素质评价纳入高校招生的困境，在江苏“2008 高考方案”十余年实践中都曾以相似乃至相同的形式出现。从这一意义上说，江苏“2008 高考方案”不仅可以为浙江、上海新高考综合试点改革提供一定借鉴与参考，同时也可以为广东等八省份高考改革的后续跟进提供一定经验与启示。

第二章

新高考综合试点改革：高中校长访谈

在高中教育一端，对于新高考综合试点改革了解最为全面、最为系统的一个群体是校长。新高考综合试点改革实践中，校长在教育行政部门与学校之间起到一种承上启下的作用，一方面需要传达上级教育行政部门的基本改革精神，落实基本改革举措；另一方面需要根据上级的基本文件制定本校的具体实施方案，并需要及时向上级反馈学校诸如各类软硬件配套状况、走班教学状况、师资配备状况、教学管理状况等改革动态。研究新高考综合试点改革背景下高中校的教育教学实践，访谈高中校长无疑是一条高效、便捷的路径。

2015 年 12 月、2016 年 10 月下旬及 2017 年 8 月底与 9 月初，笔者先后三次跟随国家教育咨询委员会和国家教育考试指导委员会联合调研组，分别赴浙江、上海对两地新高考综合试点改革进行全面、系统的调研。本章内容介绍的是浙江、上海两省份高中校长[①]对于新高考综合试点改革的基本认识、态度、意见与建议。

---

① 部分访谈对象为高中副校长、地方教育局负责人。这些地方教育局负责人中，又有不少人担任过高中校长，而且在新高考综合试点改革启动之后还曾任职校长。另外，个别校长委托其他教师代为汇报。

第一节 浙江高中校长访谈调查

浙江2014年新高考综合改革方案，积极试点《国务院关于深化考试招生制度改革的实施意见》中有关“创造条件为有需要的学生提供同一科目参加两次考试的机会”改革理想。具体言之，其不仅在每门学考科目上提供两次考试机会，而且在高考选考科目上也同样为考生提供两次考试机会。在考试时间安排上，考生可以在高二上下学期、高三上下学期选择参加考试，即考生不仅可以在每门学考、选考上参加两次考试，而且可以在“四个考试安排节点”中自主选择“两次考试机会”。在具体月份上，浙江省的学考、选考考试时间分别安排在每年4月和10月。这样，原来的一个学期变为两个学段，学段制成为一种新的制度安排。随着第二批试点学生即2015级学生进入高二学年，高二、高三学生共同考试现象开始出现。关于这一方面，浙江省实行不同年级考生共同考试、共同赋分，跨级赋分成为一种新现象。此外，浙江省实行学考与选考“合卷”制度设计，某一科目的选考试卷是在70分学考“必考题”的基础上增加30分“加试题”，同一次同一科目的学考与选考有70%的试题完全相同。

本节主要从新高考综合试点改革的积极意义、学生自由选科的功利性倾向问题、自由选科造成的结构性师资问题、“并开科目限制”内在矛盾问题、学生课业负担与考试压力问题、学考与选考考试时间及次数问题、不同年级学生跨级赋分问题、综合素质纳入高校招生评价问题、城乡差异及公平性问题、专业选考科目规定问题等10个方面介绍有关浙江高中校长的访谈调查。

一、新高考综合试点改革的积极意义

新高考综合试点改革，基本指向是从根本上消除以往高考“一次考试具有偶然性”“高度统一而无选择性”“唯分数主义录取”“高三负担过重”等四大弊端，因此，多数受访高中校长认为这一改革具有积极意义。

比如，杭州市某“浙江省一级普通高中特色示范学校”校长在访谈中指出：

> 取消文理分科，增加学生的选择权，对学生自主意识的养成是有积极意义的。学生在科目选择上的变化对教师自身素养的提升起到促进作用。科目选考增加技术科目，信息技术和通用技术进入高考视野，既体现课程改革与时俱进的特点，又使得高考改革融入生活化元素，更接地气，而与之配套的教学设施可以得到更新和升级，这本身也是具有积极意义的。

温州市某“浙江省一级普通高中特色示范学校”校长认为，新高考方案的优点在于可以使学生“扬长避短”，选择自己感兴趣、擅长的考试科目。同时，选考科目实行等级赋分对弱势群体有利，可以进一步促进社会流动。

> 学生选科总体能做到趋利避害，虽然有时学生不能完全做到选择自己最擅长的科目，但至少可以选择避开自己最不喜欢的科目。这是最突出的优点之一。此外，选考赋分制不存在原始分那样尖锐的差异，对于相对弱势的群体是有利的，缩小了他们与优质学生之间的差距，有利于增加社会阶层的流动性。本校录取结果证实了这一点。原来每年可以被浙江大学录取7—8人，2017 年录取人数达到 30 多人。等级赋分是惠及普罗大众的一件好事，既公正公平又有尊严，比其他降分照顾政策好很多。这是新高考最根本的好处，希望能坚持下去，其他要做的是细节上的逐步完善。

乐清市某中学校长表示，高考科目改革从原来纯文、纯理两种固定搭配变成了35种自主自由组合，极大地增加了学生的选择权，学生可以根据自己的兴趣特长和就业方向选择适合自己的科目，对于激发学习兴趣、提高学习效率有着积极意义。

二、学生自由选科的功利性倾向问题

在新高考自由选科模式下，出现了学生选科的功利性现象，其中的典型表现为物理选考人数的减少和技术选考人数的增加。其中，物理一科，除了极少数顶尖高中校的选考人数没有减少或没有明显减少外，其余中等及薄弱高中校的选考人数均呈现明显减少趋势。技术一科的选考人数则呈现明显增加趋势。

金华市某“浙江省一级普通高中特色示范学校”校长指出，物理科目学习难度相对更大，在等级赋分制下势必出现考生弃选物理问题，因而，应当出台物理选考保障机制。但同时，该校长又认为对于物理一科的保障不能“过度”。

> 目前来说，七门课的赋分方法是一样的，最后是看学生选择了“当分子”还是“当分母”。我们都是搞教育的，这样一种人才培养方式合理不合理？我可以讲，我们有很多学校的校长是盲目指导或指导错误。比方说物理，他（学校）有五个物理老师，然后动员学生选择物理。再举我一个台州朋友的例子，他（学校）的生源很差，但他居然命令学生选物理……这个问题，最后可能变成一个政治问题、社会问题。你心里想不要让物理老师“饿死”，要让他们“有饭吃”，有一两节课上上，这样是不对的。在自由选择下，物理肯定没人选，因为选物理的都是高手，高校里对专业要求比较严的专业，第一个就是物理。所以，我在想，我们在制定政策的时候应对一定科目进行保护。比如在考浙江大学时，专业要求的是物理、历史，那么能不能把物理这个分数的权重提高？但也不能使其权重太高。我们考生人数这么多，也没必要都选物理。优秀的高校就是要让优秀的孩子去读，差一点儿的高校没必要让孩子选物理，反正他们以后大多是产业从业人员，懂技术比懂物理要紧。

宁波市镇海区某高中校长在受访时表示，在传统文理分科模式下，该校选考理科学生占总人数的2/3左右，文科学生占1/3左右。新高考综合试点改革后，选择物理的人数大幅减少。从该校统计数据看，2017届选考物理的人数为378人，占全校总人数（888人）的42.57%；2018届选择物理的人数为249人，占全校总人数（835人）的29.82%；2019届选择物理的人数只有154人，占全校总人数（847人）的18.18%。该校长坦陈：

> 我们最担心的是，因为目前大学的录取主要还是以分数的高低论英雄。（表面上）看起来有选科要求，实际上这种选科所能发挥的作用极其有限。学生和家长，以及部分学校的老师，都会根据自己的判断选择能够得高分的

科目作为学生的选考科目，而不是让学生依据自己的爱好、兴趣和特长进行选择。各学校所做的职业生涯教育，也因此变成一种摆设。这种不敢选物理的恐慌还会蔓延，形成一种“驱赶效应”，即本来优秀生“扎堆”物理学科，将大量的考生从物理学科驱赶出去，由此引起恐慌心理，造成连锁反应，结果使选考的人越来越少。

浙江省兰溪市某“浙江省一级普通高中特色示范学校”校长反映，虽然很多学生会根据自己的特长、兴趣、爱好等进行选科，但功利性的选科成分是客观存在的，因赋分规则的缺陷造成物理选考考生的断崖式的减少现象令人担忧。例如，该校 2014 级考生中选考物理的有 238 人，而 2015 级考生中选考物理的人数减少为 110 人，2016 级选考物理的考生仅为 41 人。与此同时，该市农村高中校选考物理的人数大多接近 0。尽管学校一再强调物理的重要性和高校录取的优势，但因平时物理成绩优秀学生的实际赋分不如选报偏文考生的赋分高，所以实际动员效果十分不理想。

三、自由选科造成的结构性师资问题

在自由选科制度设计下，学生纷纷弃选物理、选考技术科目的行为，直接造成高中教师“剩余”与“不足”同时并存的结构性问题。具体言之，物理等科目因为选考学生减少，供大于求，教师形成“相对剩余”；技术、地理、历史等科目因为选考人数迅速增加，供不应求，结果出现“相对不足”。弃选物理现象在薄弱及中等水平高中校更加明显，因而，物理教师“相对剩余”问题在这些高中校尤其突出。相对而言，在优质高中校，物理选考人数减少现象相对不如中等及薄弱高中校明显，甚至有的顶尖高中校几乎没有出现选考人数减少问题，故此类高中校对于物理教师的需求相对比较稳定。不过，通过访谈高中校长发现，即使是在顶尖高中校也出现了选考技术科目人数快速增加的现象，因而，这些学校对于技术科目师资的需求也同样是呈增加趋势。

例如，杭州市江干区某“浙江省一级普通高中特色示范学校”校长表示，学生自由选科对学校教师结构产生了很大的影响：一方面，因为技术科目进入选考，课时的增加需要增加技术科目教师；另一方面，传统文综、理综教师因为学生选课而发生需求变化，有些科目（如物理、化学）的教师明显过剩，有些科目（如地理、历史）的教师明显欠缺。对于物理、化学科目教师相对过剩问题，该校采取的解决办法包括减小选考班班额、开展学生特长发展教学、参与学校教育教学管理等；而对于地理、历史科目师资不足的问题，则只能通过增加教师或增加部分教师工作量等方式进行解决。

金华市婺城区某“浙江省一级普通高中特色示范学校”校长反映新高考综合试点改革背景下，师资需求还受到了“二孩”生育政策的影响。

第一个最大的问题就是师资问题，并且又与“二孩”政策撞在一起。我校女教师比例超过 35%，35 岁以下的都想生两个（孩子）。因为在校的老师有“生得起，养得起，教得起”的优势，且学校里 1/3 的老师周课时量超过 16 节课。现在，学校能做的就是调整方案，准备 11 月底、12 月初召开教代会进行调整。通过增加编制来解决师资问题基本不现实。前任校长和我都跑过“编办”，结果编制数不但没有增加，反而减少了。

杭州市临安区某“浙江省二级普通高中特色示范学校”校长指出了该校师资需求的结构性变化：

我们学校第一届（即 2014 级）学生的选科情况，与传统的文理分科时相差不大，只是选择地理的学生急剧增加。从第二届（即 2015 级）开始，选择物理、化学、生物的学生明显减少，尤其是物理相当明显，而选择政治、历史、地理的学生明显增加。选择技术的同学，从第三届（即 2016 级）开始逐步多起来。由此带来了师资需求的“潮汐现象”，政治、历史、地理教师严重短缺，（因为短期内）招不到教师，现有的教师都是超负荷工作。作为学校，我们一方面尊重学生的选择，另一方面积极把学校师资等实际情况告知学生和家长，对学生进行科学、理性的指导。但效果不是很明显，前一届学生的考试成绩对学生选科的影响远远大于其他因素。

确实，浙江省由于实行“学段制”，在师资问题上还存在一种“潮汐性”变化的问题。杭州市西湖区某“浙江省一级普通高中特色示范学校”校长表示：

在“老高考”（指新高考综合试点改革前）背景下，各校文理科班级数相对稳定。而在新高考“7 选 3”背景下，大多数学生的选考科目有文有理，导致文科老师紧缺，理科老师富余[①]。因为编制名额少，不能马上补充紧缺师资，教师工作量差异很大。另外，由于考试时间放在4月与10月，出现教师工作量的“潮汐”现象，尤其是高三下学期4月选考后，“7选3”科目的老师基本没有工作，而语文、数学、外语老师的工作量加大。

杭州市余杭区某“浙江省一级普通高中特色示范学校”校长反映，由于生源水平的特点，该校选考科目与原来纯文纯理相比有很大的变化：总体上是政治、历史、地理、技术选考人数增加，物理、化学、生物选考人数减少。选考人数最多的是地理，2015级选考人数达500多人（总人数为760人），是原来“老高考”时的2倍。选考人数最少的是物理，并且逐年减少，2016级选考人数只有130多人（总人数为760人）。技术科目选考人数则逐年递增。学生选考科目的变化影响到教师结构：地理科目教师短缺；物理科目教师富余“过半”，一部分转至技术科目或教辅岗位。但技术科目教师大部分为原物理科目教师，不得已只能让其边接受培训边上岗。

乐清市某中学校长称，学生自由选择选考科目，出现了不同科目选考人数不均衡的问题。像他们这类学生学习基础和学习能力相对薄弱的学校，绝大多数学生会放弃物理、化学、地理等科目，而主要选择技术、生物、历史等科目。学生选科的不均衡导致学校原有的教师结构受到影响：一些科目教师富余，而另一些科目教师奇缺、工作量很大。该校解决办法主要包括：①对于区域较近的各校存在的教师“潮汐”现象，尝试请求市教育局牵头协调各校之间的不平衡；②尝试让部分物理教师兼上技术课，解决了部分科目教师不平衡问题；③对学生进行选科指导和引导，避免盲目跟风。

兰溪市某中学校长也表示，学生选课的不确定性，导致该校师资结构性存在“盈”“缺”现象。该校在2014年前理科与文科的班级比例是5∶1，即540名考生中有450名是学物理、化学、生物的，有90名考生是学政治、历史、地理的。而2014级（2017年的毕业生）考生中选择政治的人数迅速增加到290人，导致政治、历史、地理老师奇缺，而物理、化学、生物老师大量盈余，甚至出现了7个物理老师教1个物理选考班的罕见现象。结果，该校大部分物理老师只能转岗

① 此句意思是，以往在“老高考”背景下，文、理科学生大约三七开，即文科生占三成，理科生占七成，所以文科老师相对较少，理科老师相对较多；新高考后，学生不分文、理，报考理工类专业的学生大多也选了文科选考科目，因此导致文科老师紧缺，理科老师富余。

至技术科目。政治、历史、地理教师奇缺的问题不易解决。对此，该校建议建立至少“以县为单位”的师资调配中心，统筹调配全县的“盈余”“短缺”教师，实现全县部分师资共享。

四、“并开科目限制”内在矛盾问题

2016 年 10 月发布的《浙江省教育厅办公室关于纠正部分普通高中学校违背教育规律和教学要求错误做法的通知》指出，在高考改革新背景下，部分学校“任意增加教学时间和师生课业负担，进而直接影响了教育教学秩序”，并要求高一年级并开科目不能超过 8 门。[①]然而，这种强制性要求本身存在一定的内在矛盾。按照新高考综合试点改革的制度设计，学生在高二上学期即当年10月即可参加学考与选考考试，这意味着他们必须在高一即把选考科目确定下来。而高一确定选考科目，则必然意味着把所有选考科目开齐，否则学生无法选科。开齐所有选考科目，意味着并开科目必然超过 8 门。

杭州市西湖区某“浙江省一级普通高中特色示范学校”校长反映：

> 我们认为，从我们学校来看，目前高一学生的负担太重了。什么原因呢？主要是学习内容比较多。当然，我们的操作也不完全符合省里的要求，因为高三的学生要选考，高二学生必须做出“7 选 3”的选择决定。换句话说，高一结束，学生的“7 选 3”科目基本上就要定下来了。在这个过程中，高一必须把所有的课程都开设完，否则，假如某一课程连开设都没有开设，在学生没有体验的情况下，你又怎么让他来确定选还是不选呢？

杭州市余杭区某“浙江省一级普通高中特色示范学校”校长接受访谈时称：

> 高一时候，学生的负担是蛮重的。高一结束就要确定“7 选 3”科目，所以高一肯定要把所有科目开出来。原来省教育厅的要求是并开科目不能超过 8 门，但实际上现在各个学校都在开，只是课时相对少一点。学生有了全面

① 浙江省教育厅办公室关于纠正部分普通高中学校违背教育规律和教学要求错误做法的通知[EB/OL].[2021-09-12]. http://jyt.zj.gov.cn/art/2016/10/25/art_1229266336_2379980.html.

了解后才能选科。因此，高一学生的负担比以往有所加重。

海宁市某“浙江省一级普通高中特色示范学校”校长指出：

我们省里面规定了并开科目不得超过 8 门，出发点是好的，就是为了减负，不让学生压力太大。但是，毕竟现在是高考改革，你要让学生去选择课程，这个前提就是要让他们认识这个课程。如果高一结束后有两三门课学生没接触过，那么等他们到高二的时候，你又怎么能够真正地把他们的负担减下来呢？

德清县教育局某负责人受访时称：

最近省教育厅发了一个文件，就是怎么纠正违反、违背教育规律和教育要求的一个通知，里面明确规定：高一年级，每学期普通高中学业水平考试，10 门科目中并开科目不得超过 8 门。这对制止学校赶进度，搞选考、学考会战，加重负担等方面是有好处的。但是也有不公平之处，许多时候还有 2 门科目是学生要选的，你不给他开吗？那么这对学生们公平吗？所以说，在全科开考的大环境下，学生报考的自由度和公平性较难得到全面保证。

五、学生课业负担与考试压力问题

新高考综合试点改革的一个基本目标在于，减轻学生的课业负担与考试压力。浙江省试图通过赋予学生在高二学年参加高考选考及“两次考试机会”的制度设计，减轻学生的课业负担及考试压力，尤其是改变以往高三负担与压力过重的状况。通过调研发现，学生在高三学年的负担与压力确实明显减轻，但与此同时，高一与高二学年的负担与压力均明显增加。“老高考是高三忙碌压力大，新高考是高一、高二忙碌压力大；老高考是紧张一年，新高考是三年都很紧张”，成为一种比较普遍的共识。

究其原因，第一，由于学生最早可以在高二上学期前一学段参加选考，高一必须开齐 7 门选考科目课程，由此造成学生课业负担与学习压力较大。学生即使选择在高三上学期参加选考，那么高二学年也必须全力备考，结果学生在高二学年的课业负担与压力必然增加。第二，浙江省学考成绩评定分为 A、B、C、D、E 多个等级，考生所获 A 等的数量会直接影响其参加研究型大学自主招生以及“三位一体”招生的资格与机会，因而，学考成绩评定分为多个等级的制度设计，在很大程度上也成为学生课业负担与压力较大的重要原因。

杭州市西湖区某“浙江省一级普通高中特色示范学校”校长受访时称，考生可以在高二学年参加选考的制度设计，造成了学生课业负担与考试压力前移。

> 高考改革力求减轻学生学习负担，增加自主选择的机会，真正实现以生为本。从实践情况看，为应对选课走班，高一阶段（学生）必须了解 7 门选考科目的概貌，再加上语文、数学、外语的必考科目，造成10门科目同时开设的疲态。考虑到学考规划，有的科目只能压缩课时。但容量大、科目多，学生负担增加是必然的。尤其是 2017 届的学生，部分学生为了“抢跑”，更是在假期“开足马力”，提前进入复习备考中，使得本来调整身心、养精蓄锐的时间成为疲于奔波的学科培训时间。

杭州市临安区某“浙江省二级普通高中特色示范学校”校长也表达了同样的观点：

> 高考改革的核心理念是要给学生更多的自主选择权，让他们自主选择考试科目、自主选择考试时间、自主选择考试次数、自主选择老师、自主选择上课班级，以减轻学生的课业负担。但是，在实践中我们发现，随着选考首考的提前，高考提前了，高考战线拉长了，学生一进入高中就笼罩在高考的硝烟之中。学生是否从繁重的课业负担中真正脱困，值得商榷。

慈溪市某中学校长表示，高考改革在一定程度上增加了学生的学习负担，增加了学校的管理负担，原因在于：

> 一是在于尽早完成“7 选 3”学科的考试，以便集中精力准备语文、数学、外语 3 门学科，压力前移，形成“高一最辛苦，高三最轻松”的状况。二是在于“两次考试”的制度设计：第一次考得好但未达满分的学生，还要继续考，人的心理就是这样，都想考得更好一点，不想失去提分的机会；第一次考不好的学生，更要去考，但他们面对的竞争对手可能是下一届另一批

学习优异者，他们仍有可能考不好，心理压力自然大。

宁波市镇海区某中学校长表示学生的焦虑现象比较普遍，原因在于选考考试时间提前以及两次考试的制度设计：

焦虑现象普遍。学生在高一第二学期开始就要面临“7选3”的抉择，同时面临学考科目的备考压力，原本在临近高三才会有的紧迫感、焦虑感提前了一至两年，而且由于学考选考安排了“一年两次”，所以这种焦虑是多次、反复出现，学生长期处于紧张状态，心理问题日益凸显。2015年“老高考”和2016年“新高考”同期，到学校心理咨询处进行咨询者明显增多。

9月份开学离第一次选考学考的时间仅有一个多月，学生在这么短的时间里很难取得令人满意的成绩，如果暑假不补课，就会和别人拉开差距。因此，无论是高一还是高二，很多家长不惜重金在社会培训机构给孩子报了很多辅导班，大量的金钱、时间都花在请家教、上辅导班上。学生在周末、各种长假，包括寒假、暑假等，都为了迎接即将到来的学考、选考而奔波于各种培训机构中，使得社会培训机构大量增加，家教行业异常“繁荣”。

金华市婺城区某“浙江省一级普通高中特色示范学校”校长则指出，学考成绩划分为多个等第是学生课业负担与压力大的一个重要原因：

对于（学考）考试等第，有些人看得很重。原来“老高考”的“三位一体”对于学考A等数量要求比较高，比如浙江师范大学要求10个A，浙江工业大学要求10个A，所以学生非常重视A等数量。相应地，课业负担与压力也就比较大。我就是想，高考科目只有6门了，如果学生不喜欢物理、不喜欢化学，为什么还要求他去考A呢？当然这个政策不是省里定的，是高校定的，这个问题实际上影响很大。

杭州市富阳区某中学校长指出，考试次数过多以及学考成绩划分为不同等第，增加了学生的学习负担。

高考改革后，考试次数过多，学生“一直都在应考的路上”。“老高考”模式下，学生学业水平测试一般只考1次即可，11门功课只考11次；“新高考”模式下，又受不断扩大的“三位一体”招生人数的影响，加之上、下两级学生共用一张学考、选考卷，势必影响低一级学生获得学考 A 等（机会），这样会导致学生为考 A 等而拼命做准备。而由于增加了学考次数，加上还有 2 次选考，这样计算，学生参加学选考的次数实在太多了。学校为施考，也额外增加了不少负担。

杭州市西湖区某“浙江省一级普通高中特色示范学校”校长指出，“两次考试机会”的新制度设计，不仅难以减轻学生的课业负担，相反在很大程度上增加了学生的课业负担。学考与选考“合卷”的制度设计，在一定程度上增加了学考的难度，进而也增加了学生的学习负担。

为了更好地体现选择性理念，学生选考、学考均有 2 次机会，看似比较人性化，实际上是加重了学生的负担。因为所有学生都十分重视选考，基本上所有学生不会放弃 2 次机会。学生在高三第一学期的 10 月份就要参加考试，学校教学安排进度也得提前，由此造成学生负担加重，并且也造成校本选修课的课时被挤压。

学生负担加重，还有一个重要原因是学考、选考合在一起，学考是水平考试，选考是选拔考试，命题老师为了提高选拔考试的区分度，肯定会加大试题的难度，两者合在一起，学考部分的难度也会加大，进而加重学生的学业负担，建议学考与选考分开进行。

六、学考与选考考试时间及次数问题

学考、选考考试时间在浙江新高考综合试点改革中是一项具有重大影响的内容，也是多数受访高中校长反映比较集中的一个问题。概而言之，多数受访校长认为，目前学考与选考考试时间安排在每年的 4 月和 10 月，对教学秩序造成了很大影响，他们普遍建议将二者分别调整到每年的 1 月和 6 月。同时，浙江省在高二上下学期、高三上下学期为每一考生的学考、选考总计安排 4 次考试机会，考生可以自主选择其中两个节点参加考试。关于这一方面，不少校长认为，高二、高三学年 4 次学考、选考的考试安排过多。另外，不少校长认为，在学考方面没有必要为考生提供 2 次考试机会（同一科目），只需安排 1 次即可。

例如，杭州市西湖区某“浙江省一级普通高中特色示范学校”校长反映，在新高考方案中，每位学生考试场次、考试时间和科目的选择是多样且个性化的，学生在高中三年要参加 10 门科目的学考、选考、高考，考试次数最多可达 22 场次，最少也有 12 场次。即使不算第二次学考，高中阶段也要参加 16 场次的考试。结合 2017 届学生学考、选考情况，学生每次至少需要报考 3—4 门学考或选考，才能科学、合理地完成考试任务。由此，必须引导学生和家长立足全局，统筹安排，有目的、有计划地安排各阶段的考试。该校长认为，选考科目可以为学生提供 2 次考试机会，但学考科目则以 1 次为宜。

杭州市江干区某“浙江省一级普通高中特色示范学校”校长指出学考、选考时间安排在每年 4 月和 10 月的弊端：

> 第一，对学生的寒暑假影响很大。因为开学一个月考试就要开始了，学生为了追求好的成绩，肯定是“玩命”地去准备。第二，10 月和 4 月考完试以后，到成绩出来，中间有一个改卷过程，那么学生就要决定要不要参加“二考”（即同一科目的第二次考试）。这个观望期，从教学的角度来讲，我认为对于学生的影响也是比较大的。第三，4 月考试之后，学生还没“回过神儿”来，6 月又紧跟着高考。4 月成绩出来，等学生把心理状态调整好了以后，马上就 5 月了，他们接着又要参加高考了。所以，我认为这个时间比较紧。如果省教育厅、考试院把时间调整到 1 月和 6 月，可以比较好地解决这些问题。

德清县教育局某负责人指出，学考、选考时间安排与学校课程安排之间存在矛盾。

> 在一个学期的中间安排考试，意味着学校、教师要中途调整课程进度。学考以前，全年级的上课教师比较紧张；学考以后，教师压力减轻，但教师人数又多出来了，难以安排工作。所以，“学考班”先是师生紧张、进度慢，考完后又要换班、换老师。学生在整个阶段参加学考、选考，有的还要参加期中、期末考试，最终造成一年当中学生“连续考试”，考试次数过多，压力过大。建议将学考、选考放在期末举行。

温州市鹿城区某“浙江省一级普通高中特色示范学校”校长称，考试时间为

11月、4月、6月，课时“潮汐”现象严重。

> 选考前，选考科目课时聚集，语文、数学特别是语文几乎“放掉”（即暂停学习）。6月前语文、数学、外语课时聚集，每位老师每周多达20节课，这三科老师到高三时“害怕带两个班”。各种跨段兼课使教师负担重，身心疲倦。一年三次冲刺，使学生精神负担重，“提前进入高三”，艺术节、运动会无人问津，学生心理问题明显增加。一次选考下来，学生还要进行各种对比，要不要二次选考，成为他们纠结不下的痛点，有些学生的心理无法承受。

七、不同年级学生跨级赋分问题

按照浙江省新高考方案，当 2014 级高中生进入高三学考、选考时，2015 级高中生也就到了可以参加首次学考、选考的时间。如此，高二学生与高三学生开始出现“共同考试”的现象，即同一科目的选考考试试题完全相同。不仅如此，由于浙江省学考与选考实行“合卷”制度设计，所以高二参加某一科目学考的学生，实际上是与高三学生参加同一科目选考的学生共同赋分。就这一方面而言，高二学生一般来说是处于不利地位的。学考科目往往是考生相对不感兴趣、不擅长的科目，而选考科目则是他们相对感兴趣、擅长的科目。换言之，也就是高三学生以擅长的科目与不擅长该科目的高二学生共同竞争，自然高二学生相对“吃亏”。尤其是，学考等级情况还直接影响到学生参加“三位一体”、自主招生的机会。尽管每位考生如果选择在高三学年参加学考，那么他们都将与同年级参加相同科目选考的考生以及高二学年参加该学考科目的考生共同考试、共同赋分，但毕竟这一学年需要全力备考选考科目以及必考科目，因此，一般来说，学生普遍不愿意选择在高三学年参加学考科目的考试。在调研中，不少校长表示不认同高二、高三学生共同考试、共同赋分的规则。

金华市婺城区某“浙江省一级普通高中特色示范学校”校长指出，高二学生的学考和高三学生的选考放在一起进行，相当于以前的文科生和理科生放在一起考，总归是不科学、不公平的。

德清县教育局某负责人直接指出，高二学生学考与高三学生选考共同赋分，直接影响到考生参加高校“三位一体”招生的情况。

在全科开考的情况下，高二、高三“同时串考”成为一种常态。那么，两个年级的学生共同考试、共同赋分，基层学校也感到不理解。目前情况下，高二年级的学生参加的都是学考，不利于今后他们参加“三位一体”的自主招生考试。我们也注意到，绝大多数考生到了高三，还不得不重新再考一次，这在一定程度上增加了学生负担。另外，在等级赋分制下，如何避免非正当竞争也值得思考。一些家长和学生存在“钻空子”、利益最大化的思想。那些已经取得高分的考生，有的还要再次参加（第二次考试），以图保持高考成绩的优势。更有一些学校甚至指导、引导学生这样做。从制度上说，我们是无可指责的，但是这种思想和心理对于我们教育行业来说是不道德的。

八、综合素质纳入高校招生评价问题

综合素质纳入高校招生评价是新高考综合试点改革的一项重要内容。从理论上说，这一举措有助于消除多年以来的“唯分数主义”录取之弊。但从当前综合素质纳入高校招生评价的试点实践来看，还存在不少困难。

金华市婺城区某“浙江省一级普通高中特色示范学校”校长认为，高中综合素质评价实施难度大，主要制约因素包括：中学不清楚学生综合素质评价对于高校录取的影响程度如何；具体考核项目不清楚，需要学校进行细化；实施过程复杂，记录考核复杂，标准把握不清等。具体言之，该校所遇到的实施、操作困难如下：

1）综合素质评价软件平台的开发问题。新高考综合试点改革实施后，原有平台系统已经不适应新的要求。不少学校都在开发合适的综合素质评价系统，通过校园网络记录、存储学生综合素质评价的各类数据，将学生表现情况记录到平台上，最后整合到省一级系统中。目前该校也投入资金，联合金华青鸟网络公司开发个性化综合素质评价系统。对于学校来说，资金投入大，但最后整合对接却有困难。建议以省平台统一改进开发，开放代码，这样高中校可以改进定制，也便于学校数据对接整合，形成可用的数据资料。

2）需要记录的内容不清问题。目前学校需要记录的内容，包括学生的资料、学生表现、学生奖惩记录等无法统一，缺乏统一要求。学校在选择录入过程中出现前后不一致、信息采集不完整的问题，计分缺少过程性依据。为此，建议省级教育部门出台明确的录入标准，制定详细可操作的内容范围，学校可以在此基础上进行个性化修订，最终形成适合学生个性发展的综合素质评价表现资料。

3）25%A 级率的问题。《浙江省教育厅关于完善浙江省普通高中学生成长记录与综合素质评价的意见》指出，A 级率不高于 25%。但实际上，学校在相应模块中对于 A 级率的把握存在很多困难。譬如，学生品德表现容易出现比例难以确定的问题，一则是高中生的品德表现总体差异不大；二则很难对其做出量化区分。该校建议，对于能量化的指标可以采用浮动比例，不能量化的指标则不做比例限制。

4）70%学生评价的问题。关于高中生综合素质评价，浙江省规定学生评价占 70%（包括学生自评和学生互评），教师和家长评价占 30%。不少学生对此并不认同，他们认为学生评价偏差较大，受人际关系的影响较大，很多结果并不能真实反映学生的综合素质表现。基于此，该校建议适当提高老师和家长评价所占比例，比如可以将其占比提高至 50%，或者在 50%与60%之间浮动。

5）家长综合素质评价的体现和实施。目前，浙江省明确规定，高中生综合素质评价应当包括家长的评价。但事实上，家长参与评价实施起来存在很大的困难，家长评价的结果也难以在学生综合组织评价中得到有效体现。关于这一方面，该校建议家长评价的形式、内容、采纳过程、量化表达等内容，由省里统一制定相关附加政策，真正将家长评价如实反映到学生综合素质表现中。

6）高校招生录取中如何体现综合素质评价的价值。从招生文件和相关政策中，只能看到需要划分综合素质评价等级，至于这一等级的结果在高校招生录取中是如何产生影响的却无明确的规定，学生、家长和老师对此质疑较多。该校建议省里应针对综合素质评价与高校招生对接的细则，从如何采集、如何折算、如何纳入、如何比较差异等方面出台相应的附加政策。通过学校宣讲，让学生、家长和老师能深入领会综合素质评价的积极价值，使他们能真正以综合素质评价为导向，努力进行自我实践，提升自我发展能力。

温州市龙湾区某中学校长指出，学生综合素质评价平台在学校的使用情况整体比较平稳，能够反映学生的常规和在校表现，也可以为高校招生提供一定的参考。但在使用过程中仍存在一些问题，比如，对于“四个大项”（品德表现、运动健康、艺术素养、创新实践）的“十个小项”（品德操守、责任义务、行为习惯、课程修习与达标情况、运动技能与体育特长、课程修习与鉴赏水平、技能表现与艺术特长、实验及技术操作能力、研究性学习成果、社会实践），由于没有统一的填写标准，可操作性比较差。该校通过与其他学校交流发现，有的学校用“优秀/良好/合格”表示，有的用“A/B/C”等第表示，还有的用百分制表示。为此，该校建议省里最好能出台一个填写标准，以便于实际操作。

此外，在学生平时学业成绩方面，也存在一个值得警惕的问题。在具体操作过程中，不同学校的试卷难度可能有所不同，所以如果用真实的考试成绩录入的话，那么低于60分的学生将不能获得学分。这样，为了避免因为学分不够而不能毕业的情况出现，学校势必不能完全使用学生的真实成绩。不仅如此，有的学校为了学生的“利益”，在学生成绩方面“尽可能往好里填”，结果造成“差的学校的差生”的成绩可能比“好的学校的学生”成绩还要高。这也是一个比较突出的问题。

宁波市镇海区某中学校长指出，引入高中生综合素质评价是一个先进的教育评价理念，应该是一个发展方向，但在学校具体实施中还存在一定问题，包括评价的信度、效度等还需要提升，主要表现在如下方面：

1）评价实施方案由各校自主制定，即评价结果对不同学校学生的横向比较缺乏信度。

2）关注学生学习发展过程，需要实时跟踪，需要组织更多的活动来培养学生各方面能力，但实际上，由于考试时间安排等原因，学生和家长对学校组织的文化课程以外的其他诸如艺术素养提升活动、社会实践活动等缺乏热情和兴趣。比如，该校每年组织国际交流项目，今年（2017 年）暑假学生对于出国交流学习的热情明显减退，主要原因是学生担心出国交流会影响 11 月份的考试。高二学生的第一次选考或学考造成该项工作的实施难度增大，并最终影响学生综合素质评价的科学性。

3）在现实中，高校对中学有关学生的综合素质评价结果的应用程度不高，事实上，评价结果可供高校参考的价值有限。

杭州市西湖区某“浙江省一级普通高中特色示范学校”校长认为，划分固定比例的等级，对于顶尖高中校来说是“吃亏”的。

高中综合素质评价，浙江省推行比较早。高中校的班主任和任课老师对于学生综合素质记录的实施也比较成熟。像我们这样的学校，大多数学生在社会实践、公益劳动等活动上做得非常好，但是必须按照等第比例（即以市或县级区域为单位，A 等比例不超过应届学籍人数的 25%，C 等比例不超过应届学籍人数的 5%），学生比较吃亏。所以，我们是希望高中校在给高校提供依据的时候，综合素质评价所占的权重不要太大。另外，我们觉得也不要分那么多等级，分为合格、不合格就可以了。过程可以科学、全面，但最后评定等第的时候可以淡化一点。

宁波市某中学校长认为，综合素质评价操作比较烦琐，某些项目设置本身也不合理，科学性有待提升，并且高校对于综合素质评价不够重视。

一是综合素质评价实施过程，操作比较烦琐，有些项目设计不合理，如创新实践中的实验及技术操作能力项目，许多学生在高二已经结束了对物理、化学、生物、技术的学习，高三还要对实验及技术操作能力进行评价，这不妥当，也不便于操作。二是高校对综合素质评价并不重视。由于不同高中校之间的水平存在差别，对综合素质评价等级的评定也存在不科学之处，最终造成综合素质评价的可参考价值不大。

九、城乡差异及公平性问题

新高考综合试点改革对于各类软硬件资源提出了更高的要求。城乡不同地区对于新高考综合试点改革的供给能力存在客观差异。在访谈中，部分校长也谈到了新高考综合试点改革中的城乡差异及公平性问题。

例如，东阳市某中学校长反映，新高考综合试点改革增加了学考、选考考试次数及组织安排，由于考场设置的原因，有的农村高中学生需要到县城参加考试，这不仅增加了安全管理、人员编排、车辆调度、学生管理等方面的困难，而且影响到了考试的公平性。

> 作为一所农村高中校，学校已经具备标准化考点的条件，也多次被评为“省会考先进单位”。但是，在新高考背景下，无论学考还是选考，学生都需要到城里参加考试，这给学生、学校带来了极大的不便，主要体现在以下两方面：一是不公平。学生从学校坐大巴车去城里大概要40多分钟，在时间、体能、心理、午间休息上都吃亏，会影响部分人的考试发挥水平，进而影响到考试的公平性。二是考点学校组织考试的难度大。让农村高中学生到县城参加考试，无论是在安全管理、人员编排、车辆调度还是在学生管理上，都对考点学校提出了新的更高的要求。建议省考试院能考虑农村高中校的实际情况，增设考点。

德清县教育局某负责人则认为，农村高中的学生在新高考政策的解读、有效信息的获取等方面难以与城市高中学生相比。

> 新的高考方案内容比较复杂。相对来说，城里的资源比较丰富，通过讲座学习等途径，加之家长文化水平高，城里学生对政策信息的接收渠道也多。但是农村孩子的资源非常少，谁来指导他们进行选择成为现在的难题。只靠班主任、只靠学校是根本不够的。目前，浙江招生录取办法还没有出台，家长和学生都积极盼望办法早日出台。

十、专业选考科目规定问题

新高考综合试点改革，在专业选考科目方面的基本要求是0—3门。对于设置为0门者，就是没有任何科目选考要求。对于设置1门选考科目的专业而言，其要求最严格，考生必须选择该科目才可报考。对于设置2—3门选考科目的专业而言，考生只需选考其中 1 门即可。一方面，在自由选考模式下，考生纷纷弃选物理等问题往往会出现；另一方面，考生在进入高等学校后，又面临着科目基础与专业要求的匹配性问题。在访谈中，部分校长谈到了专业选考科目规定问题。

杭州市滨江区某“浙江省一级普通高中特色示范学校”校长受访时称：

> 我们的学生也希望选择一些未来和物理有关的专业，并且我们也在对学生做这方面的引导。如果在高中连这门课都不敢选的话，他们今后怎么选这个方向的职业呢？那肯定是困难的。但是，客观地讲，高考是要看总分的。大学（理工类专业）在招生时，没有把物理作为高考必考科目。我们也有学生遇到这种情况，就是总分很高，报的专业和物理有关，大学在招生科目要求中未提及要考物理，但是却在通知书中要求学生在整个暑假补习物理……我们也希望高校能够真正参与其中。但包括一些“985 工程”“211 工程”高校的一些专业不限考物理，学生随便选什么科目都可以。

宁波市镇海区某中学校长指出，物理科目是培养学生理性思维与数理逻辑的一门重要学科。从现实需求来看，物理也是大学理工类专业的基础，是现代应用技术的基础，是理工类专业学生继续学习的基本保障。解决选课选考人数畸多畸少的问题，主要还在于高校招生政策的导向。在浙江省，很多高校特别是一般普通本科及以下的高校，为了招生而不限选考科目，或者虽有选考科目范围要求但只要满足一科即可，结果造成了选考纯文科类科目的学生被纯理工类专业录取的怪象。该校长建议增强对选考科目专业要求的对应性，所有高校的所有专业必须提出不少于一科的选考科目要求，并改变目前只需满足选考科目要求的其中一科的录取要求。

从对浙江省高中校长进行的访谈来看，新高考综合试点改革方案尽管在理论层面具有一定优越性，但在实践层面仍面临着诸多困难与挑战。其中，学生自由选科的功利性倾向问题、自由选科造成的结构性师资问题、“并开科目限制”内在矛盾问题、学生课业负担与考试压力问题、学考与选考考试时间及次数问题、不同年级学生跨级赋分问题、综合素质纳入高校招生评价问题等，是受访校长反映最为集中、最为强烈的问题。像城乡差异及公平性问题，相对来说不如其他问题强烈。至于专业选考科目规定问题，实际上与考生选考功利性行为密切相关，对这一问题的认识与解决，应该说首先在于高校一端。

笔者认为，在受访校长反映最为集中、最为强烈的问题中，对于自由选科造成的结构性师资问题、“并开科目限制”内在矛盾问题、学生课业负担与考试压力问题、学考与选考考试时间及次数问题、不同年级学生跨级赋分问题等，通过增加一定的人财物投入，这些问题可以得到有效缓解。而学生自由选科的功利性倾向以及综合素质纳入高校招生评价问题则相对更加棘手，此两方面应当引起教育考试管理部门的高度重视，并着重加强力量对其进行研究。

第二节 上海高中校长访谈调查

上海新高考综合试点改革的基本制度设计，与浙江相比存在诸多共性，如均为“两依据，一参考”，均为必考加选考“3+3”模式，均强调分散高考压力，选考科目均实行等级赋分等。但同时，二者又存在明显的差异。比如，上海学考考试只分为合格与不合格两个等级，而浙江学考成绩则分为 A、B、C、D、E 五个等级；上海学考的合格性考试与等级性考试上，考生在每一科目上均只有一次考试机会，浙江则为学考、选考科目提供两次考试机会；上海学生最早可以选择在高二下学期参加学考等级性考试，浙江学生最早可以在高二上学期参加学考、选考。另需特别指出的是，上海在外语科目上为考生提供了两次考试机会。浙江新高考综合试点改革的制度设计较之上海更为复杂。然而，整体上看，两地在具体改革实践中所遭遇的困境又呈现出诸多相似性。在笔者看来，在上海新高考综合试点改革实践中，可以找到诸多与浙江高度类似乃至完全相同的问题。两地所存在的种种困境，有的方面只是程度略有不同而已，而有的方面甚至也无程度差异。

本节有关上海高中校长访谈调查的介绍，主要从学生自由选科的功利性倾向问题、自由选科造成的结构性师资问题、学生课业负担与压力问题、考试时间与考试次数问题、走班教学的硬件需求问题、学考等级性考试分值问题、不同年级学生跨级赋分问题、综合素质纳入高校招生评价问题、中等及薄弱学校的焦虑问题、综合改革对特色课程的影响等方面展开。

一、学生自由选科的功利性倾向问题

在新高考综合试点改革之前，上海实行的是“3+1”模式。新高考综合试点改革后，在学考等级性考试方面，学生可以从地理、生命科学、物理、化学、历史、政治 6 门科目中自由选择 3 门，3 门总成绩作为高校招生的一个基本依据，与高考成绩共同构成“两依据”。与浙江省高考选考科目实行“7 选 3”不同，上海实行“6 选 3”，理论上总共可以产生 20 种选考科目组合。上海新高考综合试点改革实践中，出现了与浙江类似的物理选考人数下滑现象。同时，由于上海学生最早可以在高二下学期参加地理和生命科学 2 门科目的等级性考试，于是大量学生纷纷选考此 2 门科目，目的在于为高三学年预留更多时间与精力，以便备考语文、数学、外语及另外 1 门学考等级性考试。这样，与物理选考人数减少形成相反趋势，选考地理和生命科学的学生比例明显上升。

松江区某“市实验性示范性学校”校长指出，物理等科目课时多、难度大，学生需要投入更多的时间与精力，但其分值设置却没有得到相应体现，结果学生为了高考收益最大化而纷纷放弃这一科目，选择高考收益相对大一些的其他科目。同时，该校长认为，大学对于各专业选考的基本规定，与高中校对于学生选考的科学、合理的指导与引导，二者应当相向而行，共同努力，最终扭转物理选考人数下滑的过度功利化选科问题。

> 在目前这样一个过渡阶段，部分人非常功利地“唯分”。我刚才讲，学科投入得大，比如物理，但是依然也是得这么多分（值），而且要学三年，化学也是。有的学生认为还不如选其他的科目，突击两年，也得个 A 等，对吧？在这种情况下，一些大学也没想明白，很多（专业）稀里糊涂地设置了 3 门科目（对应）。3 门对应（即对应 1 门即可），等于是“没有对应”。只有少量的专业是要求 1 门科目对应。我竟然看到很多物理类专业，都不是设置 1 门科目的对应。那也就是说，不学（即等级性考试不选）物理的也可以去学物理（专业）了。所以，在这里面，高中校与高校应该相向而行，共同努力。但是，从目前来看，“唯分”这样一种状况不仅一点儿都没有削弱，反而是加强了。这使得我们对于原来所做的，包括各种社团活动、开展的研究性课程等，更多是处于一种忙于应付的状态。

普陀区某“市实验性示范性学校”校长认为，弃选物理、化学科目必然导致学生科学素养的下降，从长远看势必影响国家基础理科人才的选拔与培养。同时，该校长还建议，应当改变目前最多“只需一门选考科目符合”即可报考一个专业的基本规定。

> 选科的功利性将会导致科学素养的下降。现在从制度设计来讲，大家想“考一门，甩一门”。所以说，地理和生命科学这两个学科，在整个上海的选考比例肯定是最高的。原来（即“3+1”模式下）这两个科目选考的人不是很多，是小群体。从整个录取情况来讲，语文、数学、外语每门 150 分，其中两门是人文学科，数学还不能说是纯科学的，还是基础性的。现在理、化这两个学科，选考的人越来越少了，而且就 30 分的差距（分值极差）。学生对于这两个学科的重视程度相对不如语文、数学、外语，老师和学校同样也不那么重视。这样，最终可能导致学生科学素养的下降。从这种意义上来讲，我的建议是对“985 工程”“211 工程”这样的学校，应该加大选择自主权。一个学科（专业）要加强理科的基础，不是提出一门选考科目对应（即可）。比如，“数理化”一个群体，起码说“数学+物理”，再加一个科目。从国家来说，基础文科、基础理科在高中阶段抓不好的话，将来可能出大问题。

闵行区某高中校长表示，该校作为一所非重点学校，学生选科普遍避开“死亡之组”，即不去选择重点学校选考人数多的科目，以便错开与重点学校学生的竞争。他甚至建议，应将发展职业教育作为薄弱普通高中校以后的改革方向。

> 还有，就是（学生）选科的问题，真不是出于兴趣、爱好、特长，还是功利性太强。我们有这个说法，就是要避开“死亡之组”。也就是说，重点学校的学生选考人数多的科目，我们就不选了。还有很多学生是这样想的，“我再努力，也就是增长 3 分，也就是 3 分的水平，所以我们上课也都不想上”。学生觉得“我没有必要再去学了，再学也就 40 分这样一个档次”。提高学生学科素养，在我们高中阶段是不现实的，好像是越来越糟糕。我觉得，我们学生学习高中这一块儿的学业课程很困难，真的太困难了。

虹口区某“区实验性示范性学校”校长同样也明确表示，该校选考物理、化学的学生呈减少趋势，而选考地理的人数则不断增加。

选考物理、化学，尤其是选考物理的人少了。今年，我们考完了以后，也有教育机构通过微信公众号宣传，说大学要求选考物理的是比较多的，优秀的学生都选物理。但我们学校选物理的学生，成绩出来后可以说是惨不忍睹，基本上是 C、D 等。从人数看，选择地理的人数在逐年增加。2017 届选考地理的学生有 86 人，2018 届大概有 120 多人选考（地理）。2019 届学生，全部选考了地理。生命科学呢？2017 届选考的学生有 98 人，2018 届有 106 人，2019 届有 101 人。2017 届选物理的有 60 多人，2018 届只有 40 多人。这些学生是物理“铁杆”，即使劝阻都劝不住。

二、自由选科造成的结构性师资问题

普陀区某公办完全中学校长反映，在普通完全中学结构性师资问题特别突出。新高考综合试点改革后，科目从“3+1”调整为“3+3”，各个学校师资需求普遍增加。其中，市重点、区重点学校原来物理、化学选考人数较多，而现在对于地理、生命科学等科目的师资需求明显增加。相应地，在中等办学水平学校，部分地理、生命科学的任课教师直接离职去了市重点、区重点学校。

师资非常紧缺，这个问题在普通完全中学特别突出。因为过去在“3+1”背景下，物理和化学是市实验性示范性高中的主打学科，原来这些学校在“小学科”的建设上是比较薄弱的，而我们在“小学科”的建设上一直都是非常强的。新高考综合试点改革以后，这三年我们连续走了两个地理老师、一个生命科学老师、一个物理老师，他们全部都是到“好学校”，基本上都是区和市的实验性示范性学校。（他们）都是能力非常强的老师，是十年前我们招的应届大学毕业生，我们培养了十年。有的是结婚生了孩子，在 35 岁左右。而且他们离职都非常急，提出来马上就走。在人事制度上，尽管也是在合同上签了三年或者五年，但有的只履行了一年。现在，按照《中华人民共和国劳动合同法》，没有办法阻止他。他（她）只要想走，你就必须放。这个是不平等条约，学校反而是一个弱势群体。这对我们这一类学校的冲击非常大。所以，（师资问题）在我们这一类学校这种情况就比较突出。那怎么办呢？我们也是用应急的办法解决。我们有初中（部），初中老师可以用来解决部分问题。另外，我们还通过让高三的老师来兼职高一的课，但这样老师的压力更大了。这是我们目前遇到的最大问题。

浦东区某中学校长受访时称，该校在“3+1”高考模式下，没有学生选考地理和生命科学；但在“3+3”模式下，学校不得不开设这些科目，且选择这2门科目的学生非常多。这样，如何保障这两个科目的师资，成为学校必须解决的一个重要问题。

为什么原来我们不开地理和生命科学呢？因为我们一直觉得，地理和生命科学招生，对学生（选考）来说可能不是特别有利。我觉得，我们的生源还可以，学生考得也还不错。每年虽然不太好，但都有考上同济大学、华东师范大学等（学校的），多多少少，几个还是有的。为了学生的发展，（高考）地理和生命科学是不开的，只开剩下的科目。但是现在，我们不能不开。这一届的高三，地理去年全部考掉了（即全部选择地理作为学考等级性考试科目之一，并且在高二下学期就完成了考试）。那么，这一届（高二），现在大概有 1/3 的学生选择了地理，除了选地理外，还有的学生选择了生命科学。对我们而言，首要问题就是师资短缺问题。

闵行区某高中校长则反映，该校学生因为普遍选择将高二学年即可参加学考等级性考试的地理作为一门选考科目，结果造成学校对地理教师的需求迅速增加。同时，这样一种群体性选择行为意味着学生到了高三学年，学考等级性考试科目事实上就只剩下 2 门了。而如果学生普遍选择在高二参加地理和生命科学学考等级性考试的话，那么，高三学年便只剩下语文、数学、外语和 1 门学考等级性考试，即“+1”科目。若此，那么语文、数学、外语课时必将大幅增加，相应的师资需求也必然增加。事实上，这种问题在薄弱学校具有一定的普遍性，很多薄弱学校的学生普遍选择在高二学年参加地理和生命科学的学考等级性考试，所以普遍面临此类师资问题。

我们现在因为高三成了“+2”（因为另外1门学考等级性考试已经在高二完成了考试），造成语文、数学、外语学科的课时多。（老师）以往教两个班，现在只能教一个班。我们还有外聘老师、返聘老师。我们缺地理老师，解决办法之一是通过聘请上海师范大学在读研究生来上合格性考试的课程。师资的问题还是蛮大的。我现在担心，以后高三可能变成“+1”科目。那样的话，（学生到高三时）只有4门课的学习。那么，语文、数学、外语的课时就更多，到哪里找那么多老师？我们没办法在编制范围内解决师资问题，这也是很大的一个困难。

虹口区某“区实验性示范性学校”校长表示，该校的师资十分紧张，特别是地理和生命科学两个科目尤为突出。为解决师资不足问题，学校一方面扩大了班额，另一方面重新聘请了已经退休的教师。虹口区某“市实验性示范性学校”校长表示，该校选文科的学生增加，选理科的学生减少，师资需求出现结构性变化。新高考综合试点改革启动以后，学校大力引进需求多的科目教师。另外，在区域内，学校之间通过互相支持，实现师资共享，在一定程度上缓解了师资需求压力。

但静安区某“区实验性示范性学校”校长指出，通过校际师资共享机制解决各校师资问题，存在财务方面的操作困难，并进一步呼吁财政、编制、财务等配套改革及时跟进。

教师编制问题，不能再用1994年的规定。今年高考改革，拓展课、研究课，一定是要松绑一些东西的。因为我们有“腾空”的时候，每一届的选考可能是不一样的。编制一定要松绑，不能按原来的师生比来算。刚才大家谈到的校际（师资）共享与支持机制，我认为是不可行的。因为，第一，有一个路途的问题。第二呢，我不知道虹口区是怎么操作的。在我们静安区，老师到我校代一个班的课，钱是没法给他（她）的。也就是说，从财务上面是没有办法操作的。我们之前缺生命科学老师，就请了一个生命科学老师来代课，但是不知道怎么发钱给人家。我们问区教育局，教育局说“他们研究研究”。这些都没有配套好，将来财务、编制、财政都需要跟随做出相应调整。

三、学生课业负担与压力问题

上海高考从“3+1”变革为“3+3”模式，势必增加学生的课业负担与考试压力。另外，尽管上海在每一科目合格考和等级考上仅为考生提供一次考试机会，但不少受访校长和教师反映，新高考综合试点改革后，学校组织的校内考试次数明显增加了。如此，学生的课业负担与考试压力增加也就成为一种必然。

比如，黄浦区某“区实验性示范性学校”校长指出，高一、高二学生的课业负担并没有减少：

学生的学业负担是不是减轻了？学生的“分分计较”是不是避免了？还有，学生的兴趣、爱好是不是可持续发展的？我觉得这三点都没有实现。为什么？学生不能摆脱趋利倾向。拿这届（2017 届）学生来讲，我们告诉他们说：“哦，慢慢考就可以啊。”但是，我们后面的学生就觉得不对了。为什么？70%多的孩子选了地理，因为它内容比较简单，一年学完以后，可以和示范性实验高中学校的孩子（相比拼）。起点一致，学了一年以后，就可以竞争一下。大家都选地理了，地理考完以后就可以“扔掉”啦。重点学校的孩子说，第二（学）年两门都要考，也就是生命科学和地理我也要考。那么，对我们的孩子说，必须缩短学制，“甩掉一门算一门”。对于一个学习基础已经比较困难的孩子，他能不“分分计较”吗？他的学业压力、重担能减少吗？能不能减负呢？我们认为应该打问号。

四、考试时间与考试次数问题

上海学生最早可以在高二下学期参加地理和生命科学的学考等级性考试，这比浙江学生可以首次参加学考、选考的时间要晚很多。但在调研中，仍有部分校长认为，学考等级性考试应该全部安排在高三学年。

例如，一位校长指出，出于公平的考量，建议将地理和生命科学 2 门科目的学考等级性考试安排到高三学年。

现在，有的等级考安排在高二，有的安排在高三。从学校的角度来说，我们希望能够全部安排到高三。上海的政策导向是很清楚的，但是家长的考虑却很实际。有的学生不太喜欢地理，也不想把地理作为将来的一个专业方向或选考科目，但是家长看到有人在高二把地理等级考给考完了，这样高三压力就小了，而他们的孩子却要在高三考 3 门等级考，因而感觉不公平。而如果把所有的等级考全部放在高三的话，那么就不存在这个问题了。

奉贤区某“区实验性示范性学校”校长受访时称，新高考综合试点改革造成“考试密度大”“考试次数多”等问题，改革初期教师普遍难以应付。该校长进一步指出，学生可以在高二学年参加地理和生命科学学考等级性考试的制度设计，在某种意义上等于是人为提高了这2门科目的地位。

考试密度大，学生考试多，老师监考多。好几个礼拜，老师觉得周末一直在不停地监考。以前是高考三年一轮回，到了高三老师冲一冲。现在，因为选地理的学生很多，地理老师每年都在冲刺。他们去年冲刺了一年，今年看这些地理老师，好像都打不起精神了。

最后一个，就是“6选3”的学科当中，有的学科是两年（高二）就可以考，有的学科就要三年（高三）考。其实，选（第）三年考的这些学科，比如物理、化学，有可能对一个人的发展更加重要一些。但现在呢，它们的分值却相同。另外，考试时间不同，人为地把生命科学和地理2门学科推到了一个优于其他4门学科的高度。

闵行区某高中校长认为，外语一科为学生提供两次考试机会的意义不大，甚至完全没有必要。

英语“两考”，其实是真的没有这个必要，形式大于内容，徒具形式意义。1月份考一次，6月份考一次。前面大家更多的是担心两考是不是等值，其实这个问题完全不用担心，现在英语的标准化考试已经做得非常好，全球的这个标准化考试做得非常好，两考等值肯定能做到。但是学生在1月份的水平和6月份的水平是截然不同的。我是一个高三的英语老师，我知道在1月份，学生的学业刚刚结束，但到6月份，这中间要经过这样一个长时间的系统训练，应试策略我们肯定要教的。学生在“一模”和“二模”之间是有一个突破的。所以呢，两次考试中，学生第一次考试肯定是“试试水”，但是真的没有这个必要。作为老师，作为学校来说，第一次就是高考了。天天跟家长、跟学生说“这就是高考了”，学生的压力是很大的。但是，1月份的考试，学生如果不考又觉得浪费了一次机会。我觉得两次考试真的没有必要。

五、走班教学的硬件需求问题

走班教学是新高考综合试点改革背景下一种普遍的教学组织形式。这种教学组织形式，较之传统的固定班级授课制，对于硬件的要求更高，如教室、实验仪器与设备等资源，都需更加丰富。假如不能将这些资源有效加以配备，走班教学的效果必然大打折扣，甚至无法进行。特别是学生选考组合越多元，走班教学对于教室、实验仪器与设备的要求也就越高。在访谈中，不少校长表示，新高考综合试点改革背景下的走班教学，对各种硬件资源提出了更高的要求。其中，像教室等场地需求问题，有的市区高中校或者是财政困难地区着实不易解决。

上海市某“市实验性示范性学校”校长反映，其所在学校地处郊区，教室数量比较充裕，但实验课仍因资源不足而受到很大影响。

> 我们地处郊区，班级和教室之比可以达到 1∶2 的水平。我们现在有 36 个班级，但实际上可用的教室可以达到 72 个，所以这个是没有问题的。但是，如果达不到这一点的话，对整个走班教学就会有影响。我们学校占地 150 亩，市区学校不可能达到这个水平。另外，在分层走班教学当中，我们的实验学科受到了很大的影响。因为过去实验学科是可以按照排定的顺序让学生进入实验室进行上课的，但现在走班教学，学生都是同时上课，6 个班怎么可能一下子（同时）走到 6 个相同的实验室开展相同的实验呢？这个事情是比较麻烦的。这个（问题）如果长期下去的话，对我们实验学科的培养目标的影响非常大。尤其是我们上海，在前一阶段加强了对实验的要求，进行了很多的创新实验，包括学科教室的建设。但是，现在受到这样的一种挤压后，我们前期的一些改革又回到了“粉笔代替实验”的状态。
>
> 在走班教学当中，我们感觉有这样几个问题，一个是成本的投入问题。“不能拿非洲的学校配置，要求去干欧洲发达国家教育的事情。”我们的人均 GDP 只有这么多，让我们进行走班教学，“走不来的”。

另外，还有校长指出，学校规模太大或太小都不利于走班教学。规模过大的学校，其走班教学对于教室、实验仪器与设备的要求极高，这些要求往往很难得到满足。而规模过小的话，又存在一个成本与效率的问题。

松江区某“市实验性示范性学校”校长反映：

还有一个问题，就是我们觉得学校的规模不宜太大。如果将来要推行走班教学，大规模的学校，它要去“走”的话，肯定是走不了的。像我们呢，也是痛苦得不得了。规模小一点儿的学校，情况还好一点儿。

普陀区某一公办完全中学校长则反映，该校因为规模比较小，因而在走班教学过程中面临成本问题。

规模大的学校可能觉得规模小的学校容易走班。但是，我们这一类学校（120 名在校生）也有问题，如成本问题。你要满足学生的不同需求，班额就可能比较小。比如，可能十几个人或者二十几个人就组成一个班级。班级人数比较少，成本就要增加。原来“3+1”高考模式下，可以是 30—40 人组成一个班。现在开不同的历史课程的话，可能是十几个学生就要开一个班。我们现在学校有 18 种组合，这意味着班级规模肯定是比较小的。

六、学考等级性考试分值问题

上海在学考等级性考试方面，规定分值区间为 40—70 分。这意味着只要通过学考合格性考试，最低也可获得 40 分，而满分则为 70 分。语文、数学、外语 3 门必考科目，每门的分值区间为 0—150 分。从分值区间来看，3 门学考等级性考试的分值极差合计为 120 分。这样一种分值设置，在客观上拔高了必考科目的地位，而相对降低了学考等级性考试科目的地位。其典型例证是报考艺体类的考生纷纷选择在高二学年参加地理和生命科学等级性考试，以便在高三学年为必考科目（及另外一门学考等级性考试科目）赢得更多的时间。此外，正如前文所言，学生最早可以在高二学年下学期参加地理和生命科学学考等级性考试的制度安排，也在一定程度上拔高了这 2 门科目的地位。同样，学生若是选择这 2 门科目作为学考等级性考试科目，无疑可以在高三学年为其他科目赢得更多的时间。

在访谈中，几位校长谈到了新高考综合试点改革的分值设计可能造成的不利影响。例如，松江区某“市实验性示范性学校”校长表示，学考等级性考试科目分值区间小，实际上等于是把分数“压扁”了，学生因此更加重视必考科目。同时，学校也因此遭遇来自学生、家长、教师等各方的压力。

> 但是现在，由于分值设置的原因，学考等级性考试成绩等于是被“压扁”了。学生觉得他们很难通过学考等级性考试竞争来获得优势。结果呢，他们就把更多的时间和精力投入到语文、数学、外语科目。这样的话，从语文、数学、外语科目上的利益追求来讲，我们校长就会受到来自各方的压力。任课老师说“你要给我加课”，学生觉得“需要更多的课时”，家长也会比较各个学校，比如“其他学校有几节课”。就好比看到高速公路上，人家在路肩上面已经跑到前面去了，而我们却堵在了正道上面。多方都很焦虑，也很难。

宝山区某中学校长则指出，新高考综合试点改革的分值设置状况，不利于理科人才的选拔与培养。

> 新高考（科目及分值设置）可能不利于理科人才的培养。为什么呢？简单讲，语文加外语合计 300 分。外语可能是语文、数学、外语中最受重视的一科。因为外语是“两考”，这种设计很好，但大家可能每一次考试都很重视，因此花的时间可能很多。而数学、物理、化学全考，也才是 150 分加 30 分，再加 30 分，合计 210 分（这里是指理、化两科与外语合计的满分）。210 分对 300 分，从顶层设计来讲，将来物理、理科见长的学生可能有减少趋势，这一问题应当引起重视。

七、不同年级学生跨级赋分问题

上海新高考综合试点改革，自 2015 级高中生参加高二学年的学考等级性考试之后，高二、高三学生共同考试、共同赋分的情形也开始出现。据上海市教育委员会某工作人员反映，也有学生家长提出希望高二、高三学生分开赋分。

> 2018 届之后，上海也开始出现跨级赋分的问题。有的家长提意见，希望高二、高三分开划分等级，否则高二考试的学生、家长觉得自己吃亏了。有的中学校长已经将这种高二、高三分开划等级赋分的建议反映到市教委。我

们给的答复是“新高考的基本精神是自主选择”。所以，学校千万不要要求在什么时间选，否则学生、家长会怪学校、怪校长、怪老师。我们说的是学生自主选择，这个很关键。没办法，这两年改不了。要改的话，必须从高一开始，需要提前三年公布。

在参加访谈的校长中，极少有人谈及这一方面。一种可能的情况是，随着考生的选择日趋理性，选择在高二学年参加地理、生命科学等级性考试的学生人数可能迅速减少。如果不再有的话，那么自然事实上也就不存在跨级赋分问题。当然，如果仍有部分选择在高二学年参加地理、生命科学等级性考试（特别是一些艺体生更有可能参加），那么不同年级学生共同考试、跨级赋分的问题就仍将存在。

八、综合素质纳入高校招生评价问题

关于高中生综合素质纳入高校招生评价，参与座谈的校长大多比较肯定这一政策导向的积极意义，但同时也普遍反映目前在实践中还存在不少需要克服或改进的问题。

虹口区某“市实验性示范性学校”校长在谈及高中生综合素质被纳入高校招生评价的积极意义时称：

> 我个人觉得，综合素质评价应该要从多个方面推动学生的发展，而不仅仅是看学业成绩。这个政策导向，我是非常赞成的。但是，方案刚出来的时候，我有点担心的是综合素质评价太复杂。后来，看到市里的方案，我发现还是比较有利于基层学校操作的。我们通过大力宣传，引导家长支持我们这项工作，促进了学校与社会各方面的联系，使我们可以充分利用社会上的教育资源。现在呢，我们的暑期老师很辛苦，学生的很多实践是老师带队，通过这样的活动将全员德育“落地”了。所以说，这个综合素质评价，其实对于德育还是非常有好处的。

虹口区某“区实验性示范性学校”反映，该校可利用的社会资源还不够丰富，同时建议出台诚信制度以规范这一改革。

上海市虹口区某民办中学校长则表示，一方面，高中校普遍花了很大的力气来推进高中生综合素质评价；另一方面，高校对于高中生综合素质信息的使用却十分有限。尤其是对于一些薄弱学校而言，其学生几乎难以通过“自主招生”被高校录取，因而也就意味着高校对于这一类学校学生综合素质评价信息的使用更加有限，甚至可能完全用不上，结果必然影响这些学校开展学生综合素质评价活动的积极性。

对于综合素质评价，学校花了很大力气，专门设置了学生实践志愿辅导员和综合素质评价录入员。此外，还包括班主任的评价。班主任在撰写能力上可能存在差异。录入员如果看到“不太像样”的评语，就再进行调整。学校投入了这么多，高校如果不用的话，那么肯定会影响高中校的积极性。尤其是像我们学校，基本不存在“自招线”上的考生，目前来看，根本用不上综合素质评价。我们花这么大力气来做这个，实际意义在哪里？

九、中等及薄弱学校的焦虑问题

上海高考从“3+1”模式到“3+3”模式是一种巨大的变革。在改革初期，不少学校表现出一种焦虑情绪，中等及薄弱学校的焦虑尤其明显。值得注意的是，部分高中校长认为，较之“3+1”模式，“3+3”模式可能对于薄弱学校更加不利，甚至可能形成“杀贫济富”效应。

黄浦区某完全中学校长表示，“3+3”模式可能对于该校学生更加不利。

从选考的情况来看，像我们这种完全中学，过去在“3+1”模式下，地理学科、生命科学学科是“大户”。学生选择其中一门，高考可以胜出，他们可以从市实验性示范性学校、区实验性示范性学校学生那里“争得一份地位”。我们可以从 150 分（“+1”科目分值）当中去争“一份地位”呀。然后，如果在数学和外语上再强一点的话，学生就可以考进本科。但是，现在不行了。你看我们完全中学的学生，地理都是 C 等。这 C 等是什么含义啊？讲起来，3 分 1 个等级。学生还没有进入高考，一个等级考就比市实验性示范性高中的学生已经少了十几分。一门就差十几分啊！你说，哪里去“找回来”？对不对？他们能不“分分计较”吗？我们的老师能不焦虑吗？如果一个知识点没有讲明白的话，（学生）就可能考得少了两分，少了两分可能低了一个等级。哗的一下，几卡车人都到你前面去了，对不对？所以说，学生能不“分分计较”吗？

浦东区某中学校长同样也认为，新高考综合试点改革可能造成“杀贫济富”的结果。

当然，我们最大的困惑还是在“6 选 3”以后，这 3 门科目给我们教师带来的压力到底有多大？甚至有的老师说，我们现在的做法是不是“杀贫济富”？就是想把我们这样的学校淘汰掉？这个压力是很大的。××中学，这两年还有学生考入同济大学。我估计，以后不会再有学生考入同济大学。

十、综合改革对特色课程的影响

虹口区某“市实验性示范性学校”校长指出，学考等级性考试安排在高三学年，有利于其学校特色课程的开设。

如果（学考）等级考全部放在高三的话，也便于一些校本特色课程的开设。有的学校在高一开设了生命科学课程，这样它们的学生就可以在高二参加生命科学学考等级考。我们没有开设。之所以高一不开设生命科学课程，一是考虑到初中和高中课程的衔接，对于学生来说是一个比较大的挑战；二是部分生命科学课程是需要化学基础的，而化学课程学生还没有学过，那么对学生来说就有很大的压力。在新高考综合试点改革之前，我们是一个有艺术特色的学校，学校有一年半的艺术专修课程的设置，一周两节课。等级考放在高二进行，高二的课时需要就增加了。这样非常影响我们原本的校本特色课程的开设。我们没有在高一开设生命科学课程，其实也是为了开设校本特色课程。我们认为，如果能够把所有等级考都放在高三，将有利于校本特色课程的开设。我们的艺术类课程是面向全体学生的，专门的艺术生很少（每届也就 10 人左右）。

另外，有不少校长表示，尽管学校仍在开设校本特色课程，但由于新高考综合试点改革的影响，课程质量下降了。从“3+1”模式调整为“3+3”模式，学生需要花更多的时间与精力备考，原来校本特色课程的课时势必要进行适当压缩。

以上10个方面，除了不同年级学生跨级赋分问题外，其余均是受访校长反映比较集中、比较激烈的问题。在教育改革中，师生往往要经历一个从不适应到相对适应的过程。随着新高考综合试点改革的推进，高中校在部分方面较之改革初期无疑更加适应了。学生对于课业负担以及考试压力的强烈感受，也随着实践的推进而逐渐减弱。结构性师资短缺问题、走班教学的硬件需求问题等，随着各项投入的加大也可以得到一定缓解。但学生自由选科的功利性倾向问题、学考等级性考试分值问题、综合素质纳入高校招生评价问题等，却存在一种两难乃至多难选择，较之其他方面相对更加棘手，需要教育管理及决策部门组织更多力量来加强相关学术研究。

第三章

浙江新高考综合试点改革：高中生问卷调查

高中生是新高考综合试点改革直接面向的群体之一。在新高考综合试点改革所涉及的利益相关者群体中，高中生又是一个规模最大、人数最多的群体。在当今这样一个比历史上任何一个时期都强调以生为本的时代，充分重视高中生在新高考综合试点改革中的感受、体验、认知及有关意见与建议，是新高考综合试点改革研究的应有之义。为此，关于浙江与上海新高考综合试点改革的一项共同内容，便是调查高中生群体的基本感受、体验、认知与判断。本章四节内容分别介绍此次问卷调查中浙江新高考“3+3”模式的学生认可度、新高考选考科目等级赋分制的学生认可度、新高考综合试点改革的学生适应性、新高考综合试点改革的学生满意度。

第一节 浙江新高考“3+3”模式的学生认可度

本研究选取了浙江省杭州高级中学、浙江大学附属中学、杭州师范大学附属中学等26所传统重点高中校进行问卷调查。调查时间在2017年1—2月，调查对象均为2014级高中生，合计发放问卷1200份，回收有效问卷1088份。按照当时的浙江新高考综合试点改革方案，2016年10月是2014级学生的第三次学考、选考考试时间点，并且其成绩于2016年11月公布。至2017年1月，浙江省已经进行了三次学考、选考考试，问卷调查对象对于新高考综合试点改革的基本制度设计已有较多感知与判断。因此，当时通过发放问卷方式调查高中生群体的基本感受、体验、认知与判断是合理、可行的。

一、变量选取与模型设定

本研究将“您更喜欢现在‘必考+选考’即‘3+3’模式，还是过去‘3+大综合’文理分科模式”作为因变量 y_{61}，将“3+3”定义为“1”，将“3+综合”定义为“0”；将学习水平（x_8）、确定选考科目是否“迷茫”（x_{14}）、是否因“学霸”选考而弃选某一科目（x_{15}）、职业生涯规划课对确定选考科目是否有帮助（x_{16}）、学校是否强制必选某一科目（x_{17}）、学校是否强制不得选考某一科目（x_{18}）、高考选考科目确定时间是否过早（x_{20}）、选考科目实行等级赋分（x_{35}）、如何看待“错科竞争”（x_{36}）作为自变量，采用二元Logistic回归模型进行分析。

二、样本的基本情况

浙江学生关于高考模式的选择偏好情况见表3-1。从中可以看出，在“3+综合”和“3+3”高考模式偏好的调查中，66.27%的被调查学生选择了“3+3”模式。

表 3-1 浙江学生关于“3+综合”与“3+3”模式的偏好

您更喜欢哪种高考模式	人数（人）	百分比（%）
“3+综合”模式	367	33.73
“3+3”模式	721	66.27
合计	1088	100.00

浙江学生样本及变量的描述性统计见表 3-2。从中可以发现，在学习水平的调查中，大部分学生居于中游水平，学业成绩符合正态分布。在有关“确定选考科目是否‘迷茫’”的调查中，仅 24.26%的被调查学生认为“一点都不迷茫”，也就是说大部分学生感到迷茫，其中感到“非常迷茫”的比例为 15.99%。在“是否因‘学霸’选考而弃选某一科目”的调查中，17.10%的被调查学生选择了“会”。在“职业生涯规划课对确定选考科目是否有帮助”的调查中，仅有 13.97%的被调查学生认为“非常有帮助”，60.94%的被调查学生认为“有一定帮助，但不大”，25.09%的被调查学生认为“没有什么帮助”。在对“学校是否强制必选某一科目”的调查中，3.31%的被调查学生选择了“有”。在对“学校是否强制不得选考某一科目”的调查中，11.76%的被调查学生选择了“有”。在对“高考选考科目确定时间是否过早”的调查中，绝大部分被调查学生认为有些过早，其中 12.32%的被调查学生认为“过早”，54.60%的被调查学生认为“有些早”，仅有 33.09%的被调查学生认为“不早”。在“选考科目实行等级赋分”方面，绝大部分被调查学生持赞成态度，但尚有 21.60%的被调查学生选择了“不赞成”，认为“按等级赋分很不科学、不合理”；71.14%的被调查学生选择了“比较赞成”，认为“等级赋分虽然有弊端，但是一种相对科学、合理的分数制度”；7.26%的被调查学生选择了“非常赞成”，认为“按等级赋分十分科学、合理”。在“如何看待‘错科竞争’”方面，44.94%的被调查学生选择了“公平”，认为“这是合理利用考试规则”；55.06%的被调查学生选择了“不公平”，认为“一项好的考试制度应该是高能力者得高分、低能力者得低分”。

表 3-2 浙江学生样本及变量的描述性统计

自变量	选项	人数（人）	百分比（%）	自变量	选项	人数（人）	百分比（%）
学习水平（x_8）	上游	151	13.88	学校是否强制必选某一科目（x_{17}）	有	36	3.31
	中上	308	28.31		没有	1052	96.69

续表

自变量	选项	人数（人）	百分比（%）	自变量	选项	人数（人）	百分比（%）
学习水平（x_8）	中等	390	35.85	学校是否强制不得选考某一科目（x_{18}）	有	128	11.76
	中下	161	14.80		没有	960	88.24
	下游	78	7.17	高考选考科目确定时间是否过早（x_{20}）	过早	134	12.32
确定选考科目是否“迷茫”（x_{14}）	非常迷茫	174	15.99		有些早	594	54.60
	稍微有些迷茫	650	59.74		不早	360	33.09
	一点都不迷茫	264	24.26	选考科目实行等级赋分（x_{35}）	非常赞成	79	7.26
是否因“学霸”选考而弃选某一科目（x_{15}）	会	186	17.10		比较赞成	774	71.14
	不会	902	82.90		不赞成	235	21.60
职业生涯规划课对确定选考科目是否有帮助（x_{16}）	非常有帮助	152	13.97	如何看待“错科竞争”（x_{36}）	公平	489	44.94
	有一定帮助，但不大	663	60.94		不公平	599	55.06
	没有什么帮助	273	25.09				

注：每个变量下标数字对应问卷的题号，下同

三、实证结果分析

本研究按照实证研究的通常规则，选择性别（x_1）、城乡来源地（x_2）、父亲受教育程度（x_3）、母亲受教育程度（x_4）、父亲职业（x_5）、母亲职业（x_6）、家庭年收入（x_7）作为被调查学生的基本人口学信息，将 y_{61} 作为被解释变量，构建二元 Logistic 回归模型。回归分析结果见表 3-3。可以看到，除家庭年收入变量对被解释变量 y_{61} 有显著影响之外，其他自变量的影响基本不显著，方程的伪拟合优度也较差，这表明被解释变量 y_{61} 的变动基本上与该类变量无显著的因果关系。

表 3-3 人口学变量对浙江新高考“3+3”模式学生认可度的回归分析

自变量	选项	B	SE	Wald 值	p	Exp（B）
性别（x_1）	x_1（1）	0.270	0.140	3.724	0.054	1.310
城乡来源地（x_2）	x_2			5.272	0.072	
	x_2（1）	−0.021	0.194	0.011	0.916	0.980
	x_2（2）	−0.394	0.189	4.344	0.037	0.674
父亲受教育程度（x_3）	x_3			10.958	0.052	
	x_3（1）	−0.250	0.277	0.811	0.368	0.779
	x_3（2）	−0.587	0.304	3.731	0.053	0.556
	x_3（3）	−0.199	0.401	0.245	0.620	0.820
	x_3（4）	−0.085	0.412	0.043	0.836	0.918
	x_3（5）	1.029	0.750	1.879	0.170	2.797
母亲受教育程度（x_4）	x_4			3.712	0.592	
	x_4（1）	0.173	0.225	0.587	0.443	1.188
	x_4（2）	−0.033	0.267	0.015	0.901	0.967
	x_4（3）	0.117	0.402	0.084	0.772	1.124
	x_4（4）	−0.328	0.391	0.702	0.402	0.721
	x_4（5）	−0.631	0.792	0.636	0.425	0.532
父亲职业（x_5）	x_5			15.448	0.117	
	x_5（1）	−0.146	0.313	0.217	0.641	0.864
	x_5（2）	0.670	0.362	3.416	0.065	1.954
	x_5（3）	−0.315	0.401	0.618	0.432	0.730
	x_5（4）	−0.010	0.600	0.000	0.987	0.990
	x_5（5）	−0.032	0.681	0.002	0.963	0.969
	x_5（6）	0.169	0.489	0.119	0.730	1.184
	x_5（7）	0.084	0.291	0.084	0.772	1.088
	x_5（8）	0.010	0.459	0.000	0.983	1.010
	x_5（9）	1.078	0.497	4.705	0.030	2.938
	x_5（10）	0.039	0.316	0.015	0.903	1.039
母亲职业（x_6）	x_6			6.810	0.743	
	x_6（1）	0.106	0.314	0.114	0.736	1.112
	x_6（2）	0.688	0.393	3.058	0.080	1.989
	x_6（3）	0.320	0.527	0.367	0.545	1.376
	x_6（4）	−1.389	1.345	1.066	0.302	0.249
	x_6（5）	0.659	0.675	0.953	0.329	1.934
	x_6（6）	0.114	0.438	0.067	0.795	1.121
	x_6（7）	0.234	0.307	0.579	0.447	1.264

续表

自变量	选项	B	SE	Wald 值	p	Exp（B）
母亲职业（x_6）	x_6（8）	0.165	0.510	0.105	0.745	1.180
	x_6（9）	0.261	0.720	0.131	0.717	1.298
	x_6（10）	0.070	0.297	0.056	0.813	1.073
家庭年收入（x_7）	x_7			24.759	0.000	
	x_7（1）	0.063	0.299	0.044	0.833	1.065
	x_7（2）	−0.166	0.269	0.382	0.537	0.847
	x_7（3）	−0.347	0.280	1.536	0.215	0.707
	x_7（4）	−0.638	0.322	3.929	0.047	0.528
	x_7（5）	−1.030	0.368	7.856	0.005	0.357
	x_7（6）	−1.380	0.373	13.664	0.000	0.252
常量		0.970	0.375	6.678	0.010	2.638

注：调整后 R^2=0.085

不同变量对浙江新高考“3+3”模式学生认可度的回归分析结果见表 3-4，从中可以得出如下重要结论。

表 3-4 不同变量对浙江新高考“3+3”模式学生认可度的回归分析

自变量	选项	B	SE	Wald 值	p	Exp（B）
学习水平（x_8）	x_8			3.051	0.549	
	x_8（1）	−0.299	0.232	1.658	0.198	0.742
	x_8（2）	−0.379	0.226	2.815	0.093	0.685
	x_8（3）	−0.316	0.266	1.407	0.236	0.729
	x_8（4）	−0.161	0.325	0.245	0.620	0.851
确定选考科目是否“迷茫”（x_{14}）	x_{14}			0.572	0.751	
	x_{14}（1）	−0.148	0.202	0.535	0.464	0.863
	x_{14}（2）	−0.088	0.237	0.136	0.712	0.916
是否因“学霸”选考而弃选某一科目（x_{15}）	x_{15}（1）	0.377	0.183	4.237	0.040	1.458
职业生涯规划课对确定选考科目是否有帮助（x_{16}）	x_{16}			0.057	0.972	
	x_{16}（1）	0.041	0.209	0.038	0.845	1.042
	x_{16}（2）	0.056	0.236	0.056	0.814	1.057
学校是否强制必选某一科目（x_{17}）	x_{17}（1）	0.023	0.394	0.003	0.953	1.023

续表

自变量	选项	B	SE	Wald 值	p	Exp（B）
学校是否强制不得选考某一科目（x_{18}）	x_{18}（1）	0.160	0.217	0.545	0.460	1.174
高考选考科目确定时间是否过早（x_{20}）	x_{20}			19.095	0.000	
	x_{20}（1）	0.929	0.214	18.928	0.000	2.532
	x_{20}（2）	0.702	0.233	9.062	0.003	2.017
选考科目实行等级赋分（x_{35}）	x_{35}			36.784	0.000	
	x_{35}（1）	−0.414	0.306	1.834	0.176	0.661
	x_{35}（2）	−1.372	0.328	17.473	0.000	0.254
如何看待“错科竞争”（x_{36}）	x_{36}（1）	−0.687	0.146	22.231	0.000	0.503
常量		0.845	0.539	2.456	0.117	2.327

注：调整后 R^2=0.149

1）是否因“学霸”选考而弃选某一科目（x_{15}）对于浙江新高考“3+3”模式学生认可度有显著影响。以“因为‘学霸’选择某科而放弃”的学生为对照组，选择“不因为‘学霸’选择某科而放弃”的学生对于浙江新高考“3+3”模式的认可度更高。

2）高考选考科目确定时间是否过早（x_{20}）对于浙江新高考“3+3”模式学生认可度有显著影响。以选择“过早”的学生为对照组，选择“有些早”“不早”的学生对于浙江新高考“3+3”模式的认可度更高。

3）选考科目实行等级赋分（x_{35}）对于浙江新高考“3+3”模式学生认可度有显著影响。以选择“非常赞成”的学生为对照组，选择“不赞成”的学生对于浙江新高考“3+3”模式的认可度更低。

4）如何看待“错科竞争”（x_{36}）对于“3+3”模式学生认可度有显著影响。具体言之，针对通过选考技术一门在科目上避开与“学霸”竞争而造成的中等能力考生获得较高等级赋分的现象，较之选择“公平”的学生，选择“不公平”的学生对于“3+3”模式的认可度更低。

5）学习水平（x_8）、确定选考科目是否“迷茫”（x_{14}）、职业生涯规划课对确定选考科目是否有帮助（x_{16}）、学校是否强制必选某一科目（x_{17}），以及学校是否强制不得选考某一科目（x_{18}）对于浙江新高考“3+3”模式学生认可度均无显著影响。

第二节　浙江新高考选考科目等级赋分制的学生认可度

一、问题的提出

作为一种相对性评价制度，等级赋分是根据某一考生在考生群体中的相对位置来对其进行评价的。等级赋分的主要优点在于相对可比，且计算简单，便于理解。但其也存在一些难以克服的缺点，如容易造成学生在选择考试科目上的投机主义行为，以及某一考生分数统计错误极易影响其他考生分数等。事实上，这也正是之前标准分制度所反映出来的弊端。中国从引入高考标准分，中间经过多个省份的试点实践，到最后逐渐弃用这一制度的历程[①]，提醒我们必须重视新高考选考等级赋分制可能带来的负面效应，尤其是应当警惕考生在确定高考选考科目上的投机行为及其相关影响。

与标准分制度类似，同样是相对性评价的等级赋分制，最终能否得到考生及家长、高中教师、高校等核心利益相关者的认同，是新高考招生改革过程中一个至关重要的问题。尤其对于浙江而言，这一问题更为突出、更为重要。之所以如此，一是按其 2014 年所公布方案，考生可以选择在高中二年级第一学期初参加首次选考，他们对于选考科目等级赋分制的感受时间相对更长。二是在于浙江省第一次新高考选考由于竞争不充分而出现所谓的“田忌赛马”问题，即通过选考技术一科在科目上避开与“尖子生”竞争，以及通过在时间上错开与顶尖高中校的学生一同竞争而造成的中等能力考生获得较高等级赋分现象。[②]三是在浙江省第二批试点高中生进入高二可以参加选考之后，高二与高三跨级竞争、跨级赋分成为一个新问题。尽管大多数考生基于理性考量而选择在高三参加选考，但势必有少数考生在高二即

① 章建石. 一项公平与效率兼备的高考改革为什么难以为继？——标准分制度的变迁及其折射的治理困境[J]. 北京师范大学学报（社会科学版），2016（1）：31-41.

② 刘希伟. 新试点高考招生制度：价值、问题及政策建议[J]. 教育发展研究，2016（10）：1-7.

参加选考，高二、高三考生跨级竞争、跨级赋分成为一种客观存在。此三方面决定了浙江的高考选考等级赋分问题较之上海更为复杂，探讨考生及家长、高中教师、高校等核心利益相关者对于这一分数制度的认同问题，其学术价值与现实意义可以说是不言而喻。尤其是传统重点高中校，其学生为本科教育特别是高水平大学本科教育的主要生源，探讨他们对于等级赋分制的基本态度无疑具有重要的意义。

二、模型设定

本研究将“您对于高考选考科目实行等级赋分的基本态度”作为因变量 y_{35}（可概括为浙江学生对登记赋分认可度），将“赞成等级赋分”定义为 1，将“不赞成等级赋分”定义为0；将“选考科目”（E_1，包括自变量x_1、x_2、x_3、x_4、x_5、x_6、x_7[①]）、“错位竞争”（E_2）、“跨级赋分”（E_3）、“选考科目考试节点选择”（E_4）、“选考科目考试制度设计”（E_5）、“限制与调整选考科目考试时间的反应意见”（E_6）作为自变量指标群，采用二元 Logistic 回归模型进行分析。

三、实证结果分析

在模型构建上，鉴于本研究所涉及的变量较多，若将“选考科目”直接作为一个自变量，那么其属性总和为 14，而选考科目组合理论上共有 35 种之多，为减少模型误差，本研究单独将“选考科目（E_1）”指标进行细化处理，即转变为 x_1—x_7 等 7 个自变量。例如，选择“技术”科目为 x_1，具体来说，选择“技术”=1，没有选择“技术”=0。其余科目类推。由此，本研究对学生选考科目（E_1）与浙江学生对等级赋分认可度（y_{35}）的关系进行回归分析，即模型一（表 3-5）；同时对其他变量 E_2、E_3、E_4、E_5、E_6 与浙江学生对等级赋分认可度（y_{35}）的关系进行回归分析，即模型二（表 3-6）。研究结果与主要结论如下。

---

① x_1代表技术科目，x_2代表物理科目，x_3代表历史科目，x_4代表地理科目，x_5代表政治科目，x_6代表化学科目，x_7代表生物科目。

表 3-5 选考科目对浙江学生对等级赋分认可度的回归分析

自变量	选项	B	SE	p	Exp（B）
选考科目（E_1）	技术（1）	−0.137	0.542	0.800	0.872
	物理（1）	−1.141	0.527	0.031	0.320
	历史（1）	−0.432	0.531	0.415	0.649
	地理（1）	0.028	0.516	0.957	1.028
	政治（1）	−0.562	0.544	0.301	0.570
	化学（1）	−0.023	0.525	0.965	0.977
	生物（1）	−0.360	0.530	0.498	0.698
常量		2.532	1.532	0.098	12.578

注：调整后 R^2=0.046

表 3-6 不同变量对浙江学生对等级赋分认可度的回归分析

自变量指标群	自变量	选项	B	SE	p	Exp（B）
错位竞争（E_2）	如何看待“错科竞争”（x_{36}）	x_{36}（1）	−1.068	0.206	0.000	0.344
	如何看待“错时竞争”（x_{37}）	x_{37}（1）	−0.617	0.196	0.002	0.539
跨级赋分（E_3）	高二与高三考生跨级赋分（x_{39}）	x_{39}			0.001	
		x_{39}（1）	−0.723	0.200	0.000	0.485
		x_{39}（2）	−0.333	0.190	0.080	0.717
	取消高二与高三考生跨级赋分（x_{40}）	x_{40}（1）	−0.414	0.154	0.007	0.661
选考科目考试节点选择（E_4）	高二上学期选考科目门数（x_{46}）	x_{46}			0.073	
		x_{46}（1）	0.725	0.352	0.039	2.064
		x_{46}（2）	0.361	0.360	0.316	1.435
		x_{46}（3）	−0.320	0.285	0.261	0.726
	高二下学期选考科目门数（x_{48}）	x_{48}			0.456	
		x_{48}（1）	0.003	0.215	0.990	1.003
		x_{48}（2）	−0.361	0.287	0.209	0.697
		x_{48}（3）	−0.313	0.359	0.384	0.731
	高三上学期选考科目门数（x_{49}）	x_{49}			0.591	
		x_{49}（1）	0.669	0.631	0.289	1.953
		x_{49}（2）	0.706	0.548	0.197	2.026
		x_{49}（3）	0.720	0.522	0.167	2.055
	高三下学期选考科目门数（x_{50}）	x_{50}			0.474	
		x_{50}（1）	0.625	0.457	0.171	1.868
		x_{50}（2）	0.249	0.408	0.541	1.283
		x_{50}（3）	0.255	0.400	0.524	1.291
选考科目考试制度设计（E_5）	选考科目两次考试的制度设计（x_{55}）	x_{55}（1）	−0.697	0.180	0.000	0.498
限制与调整选考科目考试时间的反应意见（E_6）	选考限定至高三学年（x_{56}）	x_{56}（1）	0.551	0.149	0.000	1.735
常量			1.964	0.585	0.001	7.127

注：调整后 R^2=0.211

1）在选考科目（E_1）中，是否选考物理对浙江学生等级赋分认可度具有显著影响。选考物理的学生相对于未选考物理的学生更倾向于不赞成等级赋分制；其他科目无显著影响。由于调研学校均为传统重点高中校，因而选考物理者的比例较高，达到 50%。在选考物理的学生中，选择不赞成等级赋分制的学生认为“按等级赋分很不科学、不合理”的比例为 26.45%；而在非选考物理的学生中，这一比例仅为 15.48%。二者存在显著差异。

2）错位竞争（E_2）对浙江学生等级赋分认可度具有显著影响。具体而言，首次选考中的科目选择错位行为与时间选择错位行为对浙江学生等级赋分认可度具均有显著影响；不认同中等能力考生通过科目选择错位策略与时间选择错位策略而获益的学生相对更不赞成等级赋分制。

3）跨级赋分（E_3）对浙江学生等级赋分认可度具有显著影响。认为高二、高三考生在学考与选考中“一同考试、共同赋分”不合理的学生更加不赞成等级赋分制；不赞成高二、高三学生在学考与选考中“一同考试、分开赋分”的考生，也更加不赞成等级赋分制。换言之，不认同高二、高三学生在学考与选考中“一同考试，一同赋分”“一同考试，分开赋分”的考生都更倾向于不赞同选考科目的等级赋分制。

4）选考科目考试节点选择（E_4）整体上对浙江学生等级赋分制认可度没有显著影响，但在 2015 年下半年即新高考综合试点改革首次选考中报考了 1 门的考生更倾向于赞成等级赋分制。

5）选考科目考试制度设计（E_5），即选考科目两次考试的制度设计（x_{55}）对浙江学生等级赋分认可度具有显著影响，认为选考科目两次考试制度设计价值不大的学生相对更不赞成等级赋分制。

6）限制与调整选考科目考试时间的反应意见（E_6），即选考限定至高三学年（x_{56}）对浙江学生等级赋分认可度具有显著影响，不赞同“取消高二可以进行选考，将选考科目的考试时间统一调整至高三”的考生相对更加赞成等级赋分制。

2017 年 11 月 28 日，《浙江省人民政府关于进一步深化高考综合改革试点的若干意见》正式发布，对于高考综合改革方案进行了进一步的深化、完善与调整，其中一个重要内容是“建立科学合理的选考科目保障机制，确保学生专业学习基础要求与国家专业人才培养需要相适应。当选考某科目某次考试赋分人数少于保障数量时，以保障数量为基数进行等级赋分……针对当前学生选考科目实际，率先建立物理选考科目保障机制……其他科目出现类似情况的，参照建立相关保障机制”[①]。本节研究发现，物理一科对学生等级赋分认可度具有显著影响，选考物理的学生相对于未选考物理的学生更倾向于不赞成等级赋分制，这一研究结论为当前的物理选考保障机制提供了一定的依据。

浙江省深化与完善高考方案的内容还包括将选考科目限定在高三学年进行，这意味着考生选考科目的考试节点从之前的 4 次减少至 2 次。此种调整有助于减少因多次考试而造成的分数不等值问题，也有助于提高学生对于等级赋分制的认可度。

在提倡以生为本的时代，我们需要高度重视学生对于高考改革的基本看法。但学生的知识与眼界毕竟相对有限，高考政策调整不可能完全吸收学生的意见与建议，问题的关键还在于，他们对于高考政策的认识可能是偏颇的。这提醒并要求我们，应当加强高考政策的解读与宣讲，引导学生对其形成较为全面、理性的认识，以便尽可能为深化与完善高考改革方案创造有利的支持条件。

第三节　浙江新高考综合试点改革的学生适应性

一、变量与模型设定

本研究将“您对新高考综合试点改革（包括高中阶段的学习），总体上是否适应”作为因变量 y_{58}，将“非常适应”“比较适应”“一般”合并定义为“1”，将“不适应”“非常不适应”合并定义为“0”；将自变量 x_8、x_{14}、x_{15}、x_{16}、x_{17}、x_{18}、高一学年教学进度（x_{22}）、高一学年课业负担（x_{23}）、高二学年教学进度（x_{24}）、高二学年课业负担（x_{25}）、高二学年考试压力（x_{26}）、走班教学模式下向老师请教是否存在不便（x_{32}）、走班教学是否“混乱”（x_{33}）、走班教学总体利弊（x_{34}）、

① 浙江省人民政府关于进一步深化高考综合改革试点的若干意见[EB/OL]. [2021-09-12]. https://www.zj.gov.cn/art/2017/11/28/art_1229017138_64634.html.

x_{35}、x_{36}、x_{37}、高二与高三考生跨级赋分（x_{39}）、高考必考与选考科目的分值设置（x_{41}）、数学科目是否应设置不同难度水平试卷（x_{42}）、学考与选考“合卷”制度设计（x_{43}）、选考科目最早可在高二上学期考试（x_{45}）、学考与选考安排在 10 月和 4 月（x_{53}）、学考科目两次考试的制度设计（x_{54}）、选考科目两次考试的制度设计（x_{55}）、外语科目两次考试的制度设计（x_{57}）作为自变量指标群，采用二元 Logistic 回归模型进行分析。

二、实证结果分析

本研究选择 x_1、x_2、x_3、x_4、x_5、x_6、x_7 作为被调查学生的基本人口学信息，将 y_{58} 作为被解释变量，构建二元 Logistic 回归模型。回归分析结果见表 3-7。由此可以看出，人口学变量与 y_{58} 的回归分析结果基本不显著，方程的伪拟合优度也较差（Nagelkerke R^2=0.058）。这表明，整体而言，被解释变量 y_{58} 的变动与该类变量无关。

表 3-7　人口学变量对浙江新高考综合试点改革学生适应性的回归分析

自变量	选项	B	SE	Wald 值	p	Exp（B）
性别（x_1）	x_1（1）	0.280	0.163	2.956	0.086	1.323
城乡来源地（x_2）	x_2			0.909	0.635	
	x_2（1）	0.079	0.230	0.117	0.732	1.082
	x_2（2）	−0.142	0.220	0.418	0.518	0.867
父亲受教育程度（x_3）	x_3			2.897	0.716	
	x_3（1）	−0.471	0.350	1.811	0.178	0.624
	x_3（2）	−0.257	0.385	0.446	0.504	0.773
	x_3（3）	−0.514	0.482	1.138	0.286	0.598
	x_3（4）	−0.257	0.508	0.257	0.612	0.773
	x_3（5）	−0.272	0.891	0.093	0.760	0.762
母亲受教育程度（x_4）	x_4			6.728	0.242	
	x_4（1）	−0.585	0.285	4.212	0.040	0.557
	x_4（2）	−0.367	0.335	1.200	0.273	0.693
	x_4（3）	−0.381	0.478	0.637	0.425	0.683
	x_4（4）	−0.474	0.481	0.972	0.324	0.622
	x_4（5）	1.436	1.369	1.101	0.294	4.204

续表

自变量	选项	B	SE	Wald 值	p	Exp（B）
父亲职业（x_5）	x_5			8.757	0.555	
	x_5（1）	0.093	0.374	0.061	0.804	1.097
	x_5（2）	0.268	0.417	0.413	0.521	1.307
	x_5（3）	0.542	0.525	1.067	0.302	1.720
	x_5（4）	1.426	1.166	1.495	0.222	4.161
	x_5（5）	0.160	0.891	0.032	0.858	1.173
	x_5（6）	−0.733	0.535	1.877	0.171	0.480
	x_5（7）	0.129	0.340	0.144	0.704	1.138
	x_5（8）	−0.056	0.528	0.011	0.915	0.945
	x_5（9）	−0.046	0.537	0.007	0.931	0.955
	x_5（10）	−0.018	0.376	0.002	0.963	0.982
母亲职业（x_6）	x_6			6.952	0.730	
	x_6（1）	0.225	0.368	0.374	0.541	1.253
	x_6（2）	0.312	0.453	0.474	0.491	1.366
	x_6（3）	0.335	0.732	0.209	0.647	1.398
	x_6（4）	−2.286	1.208	3.579	0.059	0.102
	x_6（5）	1.102	1.164	0.895	0.344	3.009
	x_6（6）	0.258	0.533	0.235	0.628	1.295
	x_6（7）	0.212	0.355	0.356	0.551	1.236
	x_6（8）	0.428	0.589	0.529	0.467	1.534
	x_6（9）	0.796	0.918	0.751	0.386	2.216
	x_6（10）	0.150	0.350	0.184	0.668	1.162
家庭年收入（x_7）	x_7			11.216	0.082	
	x_7（1）	0.300	0.325	0.853	0.356	1.350
	x_7（2）	0.424	0.297	2.033	0.154	1.527
	x_7（3）	0.342	0.313	1.192	0.275	1.407
	x_7（4）	−0.246	0.344	0.512	0.474	0.782
	x_7（5）	−0.216	0.395	0.298	0.585	0.806
	x_7（6）	−0.413	0.402	1.054	0.305	0.662
常量		1.921	0.447	18.469	0.000	6.826

注：调整后 R^2=0.058

不同变量对浙江新高考综合试点改革学生适应性的回归分析结果见表 3-8，从中可以得出如下重要结论。

表 3-8　不同变量对浙江新高考综合试点改革学生适应性的回归分析

自变量	选项	B	SE	Wald 值	p	Exp（B）
学习水平（x_8）	x_8			20.22	0.000	
	x_8（1）	−0.811	0.385	4.441	0.035	0.444
	x_8（2）	−1.123	0.371	9.185	0.002	0.325
	x_8（3）	−1.383	0.406	11.609	0.001	0.251
	x_8（4）	−1.761	0.428	16.946	0.000	0.172
确定选考科目是否“迷茫”（x_{14}）	x_{14}			6.711	0.035	
	x_{14}（1）	0.240	0.251	0.919	0.338	1.272
	x_{14}（2）	0.821	0.326	6.331	0.012	2.273
是否因“学霸”选考而弃选某一科目（x_{15}）	x_{15}（1）	0.130	0.247	0.279	0.597	1.139
职业生涯规划课对确定选考科目是否有帮助（x_{16}）	x_{16}			2.119	0.347	
	x_{16}（1）	−0.423	0.367	1.330	0.249	0.655
	x_{16}（2）	−0.552	0.380	2.113	0.146	0.576
学校是否强制必选某一科目（x_{17}）	x_{17}（1）	−0.236	0.517	0.209	0.647	0.789
学校是否强制不得选考某一科目（x_{18}）	x_{18}（1）	−0.186	0.317	0.342	0.559	0.831
高一学年教学进度（x_{22}）	x_{22}			2.031	0.566	
	x_{22}（1）	0.318	0.416	0.583	0.445	1.374
	x_{22}（2）	−0.058	0.408	0.020	0.888	0.944
	x_{22}（3）	−0.022	0.464	0.002	0.963	0.979
高一学年课业负担（x_{23}）	x_{23}			2.097	0.553	
	x_{23}（1）	−0.511	0.359	2.027	0.155	0.600
	x_{23}（2）	−0.424	0.370	1.316	0.251	0.654
	x_{23}（3）	−0.449	0.446	1.015	0.314	0.638
高二学年教学进度（x_{24}）	x_{24}			1.449	0.694	
	x_{24}（1）	0.435	0.382	1.297	0.255	1.545
	x_{24}（2）	0.412	0.407	1.028	0.311	1.510
	x_{24}（3）	0.519	0.599	0.751	0.386	1.680
高二学年课业负担（x_{25}）	x_{25}			4.839	0.184	
	x_{25}（1）	0.334	0.365	0.838	0.360	1.397
	x_{25}（2）	0.223	0.428	0.272	0.602	1.250
	x_{25}（3）	−0.924	0.669	1.906	0.167	0.397
高二学年考试压力（x_{26}）	x_{26}			5.272	0.153	
	x_{26}（1）	0.250	0.311	0.650	0.420	1.285
	x_{26}（2）	0.663	0.365	3.309	0.069	1.942
	x_{26}（3）	1.184	0.626	3.575	0.059	3.267
走班教学模式下向老师请教是否存在不便（x_{32}）	x_{32}			1.547	0.461	
	x_{32}（1）	−0.308	0.269	1.307	0.253	0.735
	x_{32}（2）	−0.391	0.361	1.173	0.279	0.676
走班教学是否“混乱”（x_{33}）	x_{33}			3.962	0.138	
	x_{33}（1）	0.335	0.279	1.445	0.229	1.398
	x_{33}（2）	0.737	0.371	3.948	0.047	2.090
走班教学总体利弊（x_{34}）	x_{34}			0.422	0.810	
	x_{34}（1）	0.138	0.319	0.187	0.666	1.148
	x_{34}（2）	0.187	0.288	0.421	0.516	1.205

续表

自变量	选项	B	SE	Wald 值	p	Exp（B）
选考科目实行等级赋分（x_{35}）	x_{35}			35.841	0.000	
	x_{35}（1）	−0.263	0.475	0.306	0.580	0.769
	x_{35}（2）	−1.541	0.492	9.817	0.002	0.214
如何看待“错科竞争”（x_{36}）	x_{36}（1）	0.050	0.259	0.038	0.846	1.052
如何看待“错时竞争”（x_{37}）	x_{37}（1）	0.062	0.258	0.058	0.810	1.064
高二与高三考生跨级赋分（x_{39}）	x_{39}			3.098	0.212	
	x_{39}（1）	−0.456	0.260	3.086	0.079	0.634
	x_{39}（2）	−0.258	0.261	0.973	0.324	0.773
高考必考与选考科目的分值设置（x_{41}）	x_{41}			5.933	0.051	
	x_{41}（1）	0.235	0.265	0.790	0.374	1.266
	x_{41}（2）	0.571	0.237	5.788	0.016	1.770
数学科目是否应设置不同难度水平试卷（x_{42}）	x_{42}（1）	−0.436	0.199	4.773	0.029	0.647
学考与选考“合卷”制度设计（x_{43}）	x_{43}			8.488	0.014	
	x_{43}（1）	0.546	0.242	5.112	0.024	1.727
	x_{43}（2）	−0.111	0.303	0.134	0.715	0.895
选考科目最早可在高二上学期考试（x_{45}）	x_{45}			0.037	0.982	
	x_{45}（1）	−0.028	0.241	0.014	0.907	0.972
	x_{45}（2）	0.020	0.260	0.006	0.939	1.020
学考与选考安排在 10 月和 4 月（x_{53}）	x_{53}			27.652	0.000	
	x_{53}（1）	1.114	0.226	24.217	0.000	3.046
	x_{53}（2）	1.356	0.372	13.304	0.000	3.882
学考科目两次考试的制度设计（x_{54}）	x_{54}（1）	−0.619	0.219	7.983	0.005	0.539
选考科目两次考试的制度设计（x_{55}）	x_{55}（1）	−1.339	0.241	30.854	0.000	0.262
外语科目两次考试的制度设计（x_{57}）	x_{57}（1）	0.303	0.254	1.429	0.232	1.354
常量		2.539	0.922	7.585	0.006	12.667

注：调整后 R^2=0.149

1）学习水平（x_8）、确定选考科目是否“迷茫”（x_{14}）对浙江新高考综合试点改革学生适应性具有显著影响。以“上游”成绩学生为对照组，成绩居于“中上”“中等”“中下”“下游”水平的学生选择“适应”的可能性更低。以确定高考选考科目时“非常迷茫、纠结”为对照组，选择“一点都不迷茫、纠结”的学生选择“适应”的可能性更高。

2）走班教学是否“混乱”（x_{33}）、选考科目实行等级赋分（x_{35}）对浙江新高考综合试点改革学生适应性具有显著影响。以认为走班教学“非常混乱”的学生为对照组，认为走班教学“不混乱”的学生选择“适应”的可能性更高。以“非常赞成”选考科目实行等级赋分的学生为对照组，表示“不赞成”的学生选择“适应”的可能性更低。

3）高考必考与选考科目的分值设置（x_{41}）、数学科目是否应设置不同难度水平试卷（x_{42}）、选考与学考“合卷”制度设计（x_{43}）对浙江新高考综合试点改革学生适应性具有显著影响（x_{41} 对学生适应性的影响呈边缘显著）。以认为高考必考与选考科目分值设置“十分科学”的学生为对照组，认为“无所谓科学不科学”的学生选择“适应”的可能性更高。以认为数学科目“有必要”区分不同难度水平的学生为对照组，认为“没必要”区分的学生选择“适应”的可能性更低。以认为选考与学考“合卷”制度设计“不科学”的学生为对照组，认为“科学”的学生选择“适应”的可能性更高。

4）学考与选考安排在 10 月和 4 月（x_{53}）、学考科目两次考试的制度设计（x_{54}）、选考科目两次考试的制度设计（x_{55}）对浙江新高考综合试点改革学生适应性具有显著影响。以认为学考与选考安排在10月和4月“非常混乱”的学生为对照组，认为“有些混乱”“不混乱”的学生选择“适应”的可能性更高。以认为学考科目两次考试“非常有价值”的学生为对照组，认为“价值不大”的学生选择“适应”的可能性更低。以认为选考科目两次考试“非常有价值”的学生为对照组，认为“价值不大”的学生选择“适应”的可能性更低。

第四节　浙江新高考综合试点改革的学生满意度

一、变量与模型设定

本研究将“总体上，您对于新高考方案是否满意”作为因变量 y_{60}，将“非常满意”“比较满意”“一般”合并定义为“1”，将“不满意”“非常不满意”合并定义为“0”；将自变量 x_8、确定选考科目时更倾向于相信家长还是老师（x_{13}）、

x_{14}、x_{15}、x_{16}、x_{17}、x_{18}、x_{20}、x_{22}、x_{23}、x_{24}、x_{25}、x_{26}、x_{32}、x_{33}、x_{34}、x_{35}、x_{36}、x_{37}、x_{39}、x_{41}、x_{42}、x_{43}、x_{45}、x_{53}、x_{54}、x_{55}、x_{57}、对新高考综合试点改革的适应性（x_{58}）、综合素质评价能否反映学生真实情况（x_{63}）作为自变量指标群，采用二元 Logistic 回归模型进行分析。

二、实证结果分析

本研究按照实证研究的通常规则，选择 x_1、x_2、x_3、x_4、x_5、x_6、x_7 作为被调查学生的基本人口学信息，将 y_{60} 作为被解释变量，构建二元 Logistic 回归模型。回归结果见表 3-9。可以看到，除家庭年收入外，其余人口学变量与 y_{60} 的回归结果均不显著，且方程的伪拟合优度也较差（Nagelkerke R^2=0.082）。这表明，被解释变量 y_{60} 的变动基本上与该类变量无关。

表 3-9　人口学变量对浙江新高考方案学生满意度的回归分析

自变量	选项	B	SE	Wald 值	p	Exp（B）
性别（x_1）	x_1（1）	0.267	0.150	3.170	0.075	1.306
城乡来源地（x_2）	x_2			1.497	0.473	
	x_2（1）	−0.018	0.212	0.007	0.931	0.982
	x_2（2）	−0.228	0.204	1.250	0.264	0.796
父亲受教育程度（x_3）	x_3			2.921	0.712	
	x_3（1）	−0.239	0.302	0.629	0.428	0.787
	x_3（2）	−0.464	0.331	1.965	0.161	0.629
	x_3（3）	−0.159	0.445	0.128	0.720	0.853
	x_3（4）	−0.442	0.445	0.987	0.320	0.643
	x_3（5）	19.029	7.020	0.000	0.998	1.840
母亲受教育程度（x_4）	x_4			0.104	1.000	
	x_4（1）	0.020	0.243	0.007	0.933	1.021
	x_4（2）	0.042	0.287	0.021	0.884	1.043
	x_4（3）	0.005	0.425	0.000	0.991	1.005
	x_4（4）	−0.060	0.424	0.020	0.888	0.942
	x_4（5）	18.880	8.180	0.000	0.998	1.590
父亲职业（x_5）	x_5			5.236	0.875	
	x_5（1）	0.178	0.345	0.267	0.605	1.195
	x_5（2）	0.546	0.390	1.958	0.162	1.726
	x_5（3）	0.226	0.442	0.262	0.609	1.254
	x_5（4）	0.379	0.727	0.272	0.602	1.460
	x_5（5）	0.457	0.864	0.279	0.597	1.579

续表

自变量	选项	B	SE	Wald 值	p	Exp（B）
父亲职业（x_5）	x_5（6）	−0.314	0.501	0.392	0.531	0.730
	x_5（7）	0.041	0.305	0.018	0.893	1.042
	x_5（8）	−0.164	0.485	0.114	0.736	0.849
	x_5（9）	0.116	0.505	0.053	0.819	1.123
	x_5（10）	0.064	0.346	0.034	0.854	1.066
母亲职业（x_6）	x_6			10.444	0.402	
	x_6（1）	0.626	0.333	3.526	0.060	1.870
	x_6（2）	0.857	0.425	4.062	0.044	2.356
	x_6（3）	−0.193	0.556	0.121	0.728	0.824
	x_6（4）	−20.347	7.390	0.000	0.998	0.000
	x_6（5）	0.808	0.863	0.877	0.349	2.243
	x_6（6）	0.399	0.463	0.742	0.389	1.491
	x_6（7）	0.409	0.314	1.701	0.192	1.506
	x_6（8）	0.875	0.549	2.541	0.111	2.400
	x_6（9）	1.959	1.148	2.914	0.088	7.092
	x_6（10）	0.484	0.311	2.415	0.120	1.622
家庭年收入（x_7）	x_7			14.012	0.030	
	x_7（1）	0.294	0.317	0.861	0.353	1.342
	x_7（2）	0.081	0.283	0.082	0.775	1.084
	x_7（3）	0.046	0.296	0.024	0.877	1.047
	x_7（4）	−0.476	0.330	2.071	0.150	0.622
	x_7（5）	−0.099	0.397	0.062	0.803	0.906
	x_7（6）	−0.840	0.379	4.902	0.027	0.432
常量		1.143	0.383	8.895	0.003	3.137

注：调整后 R^2=0.082

不同变量对浙江新高考方案学生满意度的回归分析结果见表 3-10，从中可以得到如下重要结论。

表 3-10　不同变量对浙江新高考方案学生满意度的回归分析

自变量	选项	B	SE	Wald 值	p	Exp（B）
学习水平（x_8）	x_8			2.373	0.667	
	x_8（1）	0.375	0.380	0.972	0.324	1.455
	x_8（2）	0.227	0.369	0.378	0.539	1.255
	x_8（3）	0.063	0.419	0.023	0.880	1.065
	x_8（4）	0.581	0.481	1.457	0.227	1.787
确定选考科目时更倾向于相信家长还是老师（x_{13}）	x_{13}（1）	−0.100	0.242	0.172	0.678	0.904
确定选考科目是否“迷茫”（x_{14}）	x_{14}			0.156	0.925	
	x_{14}（1）	−0.113	0.299	0.143	0.706	0.893
	x_{14}（2）	−0.128	0.384	0.112	0.738	0.879

续表

自变量	选项	B	SE	Wald 值	p	Exp（B）
是否因“学霸”选考而弃选某一科目（x_{15}）	x_{15}（1）	−0.021	0.285	0.006	0.940	0.979
职业生涯规划课对确定选考科目是否有帮助（x_{16}）	x_{16}			5.229	0.073	
	x_{16}（1）	0.503	0.368	1.871	0.171	1.653
	x_{16}（2）	0.895	0.403	4.922	0.027	2.447
学校是否强制必选某一科目（x_{17}）	x_{17}（1）	0.306	0.621	0.242	0.623	1.358
学校是否强制不得选考某一科目（x_{18}）	x_{18}（1）	−0.414	0.373	1.234	0.267	0.661
高考选考科目确定时间是否过早（x_{20}）	x_{20}			6.460	0.040	
	x_{20}（1）	0.458	0.307	2.218	0.136	1.581
	x_{20}（2）	0.934	0.368	6.419	0.011	2.543
高一学年教学进度（x_{22}）	x_{22}			6.364	0.095	
	x_{22}（1）	0.983	0.468	4.420	0.036	2.672
	x_{22}（2）	1.111	0.473	5.522	0.019	3.039
	x_{22}（3）	0.698	0.535	1.699	0.192	2.009
高一学年课业负担（x_{23}）	x_{23}			2.992	0.393	
	x_{23}（1）	0.039	0.398	0.010	0.921	1.040
	x_{23}（2）	−0.237	0.423	0.315	0.575	0.789
	x_{23}（3）	−0.694	0.513	1.832	0.176	0.499
高二学年教学进度（x_{24}）	x_{24}			4.658	0.199	
	x_{24}（1）	−0.605	0.472	1.639	0.200	0.546
	x_{24}（2）	−1.018	0.510	3.987	0.046	0.361
	x_{24}（3）	−0.618	0.728	0.721	0.396	0.539
高二学年课业负担（x_{25}）	x_{25}			3.449	0.327	
	x_{25}（1）	0.423	0.417	1.027	0.311	1.526
	x_{25}（2）	0.524	0.481	1.187	0.276	1.689
	x_{25}（3）	1.412	0.765	3.405	0.065	4.105
高二学年考试压力（x_{26}）	x_{26}			6.476	0.091	
	x_{26}（1）	0.021	0.365	0.003	0.955	1.021
	x_{26}（2）	0.534	0.424	1.588	0.208	1.705
	x_{26}（3）	−0.720	0.621	1.343	0.246	0.487
走班教学模式下向老师请教是否存在不便（x_{32}）	x_{32}			0.600	0.741	
	x_{32}（1）	0.064	0.305	0.044	0.834	1.066
	x_{32}（2）	0.296	0.409	0.524	0.469	1.344
走班教学是否“混乱”（x_{33}）	x_{33}			5.259	0.072	
	x_{33}（1）	0.589	0.315	3.490	0.062	1.802
	x_{33}（2）	0.108	0.410	0.069	0.793	1.114
走班教学总体利弊（x_{34}）	x_{34}			7.504	0.023	
	x_{34}（1）	−0.766	0.372	4.232	0.040	0.465
	x_{34}（2）	−0.097	0.342	0.081	0.775	0.907
选考科目实行等级赋分（x_{35}）	x_{35}			22.965	0.000	
	x_{35}（1）	−0.955	0.713	1.795	0.180	0.385
	x_{35}（2）	−2.019	0.726	7.740	0.005	0.133
如何看待“错科竞争”（x_{36}）	x_{36}（1）	−0.099	0.293	0.115	0.734	0.905

续表

自变量	选项	B	SE	Wald 值	p	Exp（B）
如何看待“错时竞争”（x_{37}）	x_{37}（1）	−0.974	0.295	10.901	0.001	0.378
高二与高三考生跨级赋分（x_{39}）	x_{39}			0.974	0.614	
	x_{39}（1）	0.095	0.287	0.109	0.741	1.100
	x_{39}（2）	0.269	0.284	0.898	0.343	1.309
高考必考与选考科目的分值设置（x_{41}）	x_{41}			5.431	0.066	
	x_{41}（1）	−0.719	0.308	5.430	0.020	0.487
	x_{41}（2）	−0.356	0.271	1.729	0.188	0.700
数学科目是否应设置不同难度水平试卷（x_{42}）	x_{42}（1）	−0.262	0.228	1.326	0.249	0.769
学考与选考“合卷”制度设计（x_{43}）	x_{43}			4.704	0.095	
	x_{43}（1）	0.286	0.271	1.117	0.291	1.331
	x_{43}（2）	-0.346	0.352	0.962	0.327	0.708
选考最早可在高二上学期进行考试（x_{45}）	x_{45}			1.867	0.393	
	x_{45}（1）	−0.176	0.274	0.414	0.520	0.838
	x_{45}（2）	−0.411	0.301	1.856	0.173	0.663
学考与选考安排在 10 月和 4 月（x_{53}）	x_{53}			11.176	0.004	
	x_{53}（1）	0.889	0.266	11.152	0.001	2.433
	x_{53}（2）	0.678	0.389	3.033	0.082	1.970
学考科目两次考试的制度设计（x_{54}）	x_{54}（1）	−0.399	0.243	2.690	0.101	0.671
选考科目两次考试的制度设计（x_{55}）	x_{55}（1）	−0.706	0.291	5.903	0.015	0.493
外语科目两次考试的制度设计（x_{57}）	x_{57}（1）	0.108	0.282	0.147	0.701	1.114
对新高考综合试点改革的适应性（x_{58}）	x_{58}			84.748	0.000	
	x_{58}（1）	0.093	0.735	0.016	0.899	1.098
	x_{58}（2）	−1.422	0.692	4.223	0.040	0.241
	x_{58}（3）	−2.993	0.732	16.705	0.000	0.050
	x_{58}（4）	−3.921	0.812	23.302	0.000	0.020
综合素质评价能否反映学生真实情况（x_{63}）	x_{63}			10.047	0.007	
	x_{63}（1）	−2.086	0.811	6.615	0.010	0.124
	x_{63}（2）	−2.599	0.846	9.441	0.002	0.074
常量		5.362	1.467	13.353	0.000	213.176

注：调整后 R^2=0.590

1）职业生涯规划课对确定选考科目是否有帮助（x_{16}）、高考选考科目确定时间是否过早（x_{20}）、高一学年教学进度（x_{22}）、高二学年教学进度（x_{24}）对浙江新高考方案学生满意度具有显著影响。具体来说，以认为职业生涯规划课对确定选考科目“非常有帮助”的学生为对照组，认为“没有什么帮助”的学生选择“满意”的可能性更高。以认为高考选考科目确定时间“过早”的学生为对照组，认为“不早”的学生选择“满意”的可能性更高。以认为高一学年教学进度“太快”的学生为对照组，认为“比较快”“一般”的学生选择“满意”的可能性更高。以认为高二学年教学进度“太快”的学生为对照组，认为“一般”的学生选择“满意”的可能性更高。

2）走班教学总体利弊（x_{34}）、选考科目实行等级赋分（x_{35}）、如何看待“错时竞争”（x_{37}）、高考必考与选考科目的分值设置（x_{41}）、学考与选考安排在 10 月和 4 月（x_{53}）对浙江新高考方案学生满意度具有显著影响。具体来说，以认为走班教学总体“利大于弊”的学生为对照组，认为“弊大于利”的学生选择“满意”的可能性更低。以“非常赞成”选考科目实行等级赋分的学生为对照组，“不赞成”的学生选择“满意”的可能性更低。以认为通过“抢跑”避开与重点优质高中学生竞争而“过度获益”行为“公平”的学生为对照组，认为“不公平”的学生选择“满意”的可能性更低。以认为高考必考与选考科目分值设置“十分科学”的学生为对照组，认为“不够科学”的学生选择“满意”的可能性更低。以认为学考与选考安排在 10 月和 4 月“非常混乱”的学生为对照组，认为“有些混乱”的学生选择“满意”的可能性更高。

3）选考科目两次考试的制度设计（x_{55}）、对新高考综合试点改革的适应性（x_{58}）、综合素质评价能否反映学生真实情况（x_{63}）对浙江新高考方案学生满意度具有显著影响。具体来说，以认为选考科目两次考试的制度设计“非常有价值”的学生为对照组，认为“价值不大”的学生选择“满意”的可能性更低。以认为自己“非常适应”新高考综合试点改革的学生为对照组，认为“一般”“不适应”“非常不适应”的学生选择“满意”的可能性更低。以认为综合素质评价“完全可以”反映学生真实情况的学生为对照组，认为“部分可以”“完全不可以”“非常不适应”的学生选择“满意”的可能性更低。

4）学习水平（x_8）、确定选考科目时更倾向于相信家长还是老师（x_{13}）、确定选考科目是否“迷茫”（x_{14}）、是否因“学霸”选考而弃选某一科目（x_{15}）、学校是否强制必选某一科目（x_{17}）、学校是否强制不得选考某一科目（x_{18}）、高一学年课业负担（x_{23}）、高二学年课业负担（x_{25}）、高二学年考试压力（x_{26}）、走班教学模式下向老师请教是否存在不便（x_{32}）、走班教学是否“混乱”（x_{33}）、如何看待“错科竞争”（x_{36}）、高二与高三考生跨级赋分（x_{39}）、数学科目是否应设置不同难度水平试卷（x_{42}）、学考与选考“合卷”制度设计（x_{43}）、选考最早可在高二上学期进行考试（x_{45}）、学考科目两次考试的制度设计（x_{54}）、外语科目两次考试的制度设计（x_{57}）等对浙江新高考方案学生满意度均无显著影响。

第四章

上海新高考综合试点改革：高中生问卷调查

上海高考在新高考综合试点改革之前采用的是“3+1”模式，这也是一种自由选科制度。为了使不同科目的分数具有可比性，上海采用了一种所谓“调整分”制度。从“3+1”到“3+3”模式，主要是增加了 2 门选考科目。除此之外，上海在分值设置、考试次数以及高中生综合素质评价改革方面均发生了明显变化。本研究根据上海新高考综合试点改革具体方案，以及部分访谈调查内容，设计了专门针对高中生群体的调查问卷。在问卷发放上，本研究选取了上海市 2 所“市实验性示范性学校”、2 所“区实验性示范性学校”、2 所普通高中校。问卷调查时间为 2017 年 2 月底至 4 月初，调查对象均为上海市 2017 届高中生，回收有效问卷 547 份。

本章三节内容分别探讨上海新高考“3+3”模式的学生认可度、新高考综合试点改革的学生适应性、新高考综合试点改革的学生满意度。

第一节　上海新高考“3+3”模式的学生认可度

一、变量与模型设定

本研究将“您更喜欢现在的‘3+3’高考模式，还是过去的‘3+1’模式”作为因变量y_{42}，将“3+3”定义为“1”，将“3+1”定义为“0”；将自变量学习水平（x_8）、确定学考等级性考试科目时更倾向于相信家长还是老师（x_{13}）、确定学考等级性考试科目是否“迷茫”（x_{14}）、是否因“学霸”选考而弃选某一科目（x_{15}）、是否因学校师资薄弱而弃选某一科目（x_{17}）、学校是否强制必选某一科目（x_{18}）、学校是否强制不得选考某一科目（x_{19}）、学考等级性考试科目确定时间是否过早（x_{21}）、是否后悔选择某一学考等级性考试科目（x_{22}）、高一学年教学进度（x_{23}）、高一学年课业负担（x_{24}）、高二学年教学进度（x_{25}）、高二学年课业负担（x_{26}）、高二学年考试压力（x_{27}）、学考等级性考试科目实行等级赋分（x_{35}）作为自变量指标群，采用二元 Logistic 回归模型进行分析。

二、样本和数据的基本情况

上海学生对于“3+3”与“3+1”模式的偏好选择情况见表 4-1，从表 4-1 中可以看出，在“3+3”和“3+1”模式的调查中，15.90%的被调查学生选择了“3+3”模式，84.10%的被调查学生选择了“3+1”模式。

表 4-1　上海学生对于“3+3”与“3+1”模式的偏好

您更喜欢的高考模式	人数（人）	比例（%）
“3+3”模式	87	15.90
“3+1”模式	460	84.10
合计	547	100.00

上海学生样本及变量的描述性统计见表 4-2。从中可以发现，在学业水平的调查中，大部分学生居于中游水平，学业成绩比较符合正态分布。在“确定学考等级性考试科目时更倾向于相信家长还是老师”的调查中，76.78%的被调查学生选择相信老师的意见。在“确定学考等级性考试科目是否‘迷茫’”问题上，仅有 27.97%的被调查学生选择一点也不会迷茫，大部分学生会感到迷茫，其中感到“非常迷茫”的占 11.33%，感到“有些迷茫”的占 60.69%。在高一学年教学进度上，认为“不快”“一般”的合计占 66.72%，认为“比较快”的占 26.33%，认为“太快”的占 6.95%。在高一学年课业负担上，认为“不重”“一般”的合计占 68.00%，认为“比较重”的占 22.67%，认为“非常重”的占 9.32%。在高二学年教学进度上，认为“不快”“一般”的合计占 53.38%，认为“比较快”的占 36.01%，认为“太快”的占 10.60%。在高二学年课业负担上，认为“不重”“一般”的合计占 50.64%，认为“比较重”的占 33.64%，认为“非常重”的占 15.72%。在高二学年考试压力上，认为“不大”“一般”的合计占 42.23%，认为“比较大”的占 40.59%，认为“非常大”的占 17.18%。

表 4-2　上海学生样本及变量的描述性统计

自变量	选项	人数（人）	比例（%）	自变量	选项	人数（人）	比例（%）
学习水平（x_8）	上游	84	15.36	高一学年教学进度（x_{23}）	太快	38	6.95
	中上	150	27.42		比较快	144	26.33
	中等	204	37.29		一般	268	48.99
	中下	77	14.08		不快	97	17.73
	下游	32	5.85	高一学年课业负担（x_{24}）	非常重	51	9.32
确定学考等级性考试科目时更倾向于相信家长还是老师（x_{13}）	家长意见	127	23.22		比较重	124	22.67
	老师意见	420	76.78		一般	268	48.99
确定学考等级性考试科目是否“迷茫”（x_{14}）	非常迷茫	62	11.33		不重	104	19.01
	有些迷茫	332	60.69	高二学年教学进度（x_{25}）	太快	58	10.60
	不迷茫	153	27.97		比较快	197	36.01
是否因“学霸”选考而弃选某一科目（x_{15}）	会	86	15.72		一般	243	44.42
	不会	461	84.28		不快	49	8.96

续表

自变量	选项	人数（人）	比例（%）	自变量	选项	人数（人）	比例（%）
是否因学校师资薄弱而弃选某一科目（x_{17}）	有	126	23.03	高二学年课业负担（x_{26}）	非常重	86	15.72
	没有	421	76.97		比较重	184	33.64
学校是否强制必选某一科目（x_{18}）	有	56	10.24		一般	233	42.60
	没有	491	89.76		不重	44	8.04
学校是否强制不得选考某一科目（x_{19}）	有	25	4.57	高二学年考试压力（x_{27}）	非常大	94	17.18
	没有	522	95.43		比较大	222	40.59
学考等级性考试科目确定时间是否过早（x_{21}）	过早	52	9.51		一般	198	36.20
	有些早	235	42.96		不大	33	6.03
	不早	260	47.53	学考等级性考试科目实行等级赋分（x_{35}）	非常赞成	96	17.55
是否后悔选择某一学考等级性考试科目（x_{22}）	有	132	24.13		比较赞成	333	60.88
	没有	415	75.87		不赞成	118	21.57

三、实证结果分析

本研究按照实证研究的通常规则，选择性别（x_1）、城乡来源地（x_2）、父亲受教育程度（x_3）、母亲受教育程度（x_4）、父亲职业（x_5）、母亲职业（x_6）、家庭年收入（x_7）作为被调查学生的基本人口学信息，将 y_{42} 作为被解释变量，构建二元 Logistic 回归模型。回归分析结果见表 4-3。由此可以看出，父亲受教育程度整体上对 y_{42} 有显著影响，其他自变量对 y_{42} 没有显著影响。

表 4-3　人口学变量对上海新高考“3+3”模式认可度的回归分析

自变量	选项	B	SE	Wald 值	p	Exp（B）
性别（x_1）	x_1（1）	0.245	0.270	0.825	0.364	1.278
城乡来源地（x_2）	x_2			3.289	0.193	
	x_2（1）	1.896	1.189	2.542	0.111	6.661
	x_2（2）	2.179	1.214	3.221	0.073	8.834
父亲受教育程度（x_3）	x_3			15.527	0.008	
	x_3（1）	2.171	1.371	2.508	0.113	8.766
	x_3（2）	1.103	1.339	0.678	0.410	3.012

续表

自变量	选项	*B*	*SE*	Wald 值	*p*	Exp（*B*）
父亲受教育程度（x_3）	x_3（3）	0.818	1.377	0.353	0.552	2.266
	x_3（4）	0.391	1.374	0.081	0.776	1.478
	x_3（5）	1.872	1.475	1.609	0.205	6.498
母亲受教育程度（x_4）	x_4			6.149	0.292	
	x_4（1）	−0.710	1.068	0.442	0.506	0.492
	x_4（2）	−1.174	1.051	1.246	0.264	0.309
	x_4（3）	−0.744	1.071	0.482	0.487	0.475
	x_4（4）	−0.504	1.083	0.217	0.642	0.604
	x_4（5）	−1.876	1.352	1.925	0.165	0.153
父亲职业（x_5）	x_5			17.159	0.071	
	x_5（1）	−0.068	0.653	0.011	0.917	0.934
	x_5（2）	−0.087	0.647	0.018	0.894	0.917
	x_5（3）	0.356	0.795	0.200	0.655	1.427
	x_5（4）	0.310	1.360	0.052	0.820	1.363
	x_5（5）	−1.238	1.222	1.025	0.311	0.290
	x_5（6）	2.362	0.950	6.178	0.013	10.610
	x_5（7）	−1.652	0.941	3.083	0.079	0.192
	x_5（8）	−20.126	2.823	0.000	0.999	0.000
	x_5（9）	0.156	0.749	0.043	0.835	1.169
	x_5（10）	−0.036	0.646	0.003	0.956	0.965
母亲职业（x_6）	x_6			11.263	0.337	
	x_6（1）	0.472	0.812	0.338	0.561	1.603
	x_6（2）	0.715	0.826	0.749	0.387	2.044
	x_6（3）	0.108	1.066	0.010	0.919	1.114
	x_6（4）	−19.978	2.149	0.000	0.999	0.000
	x_6（5）	−0.014	1.139	0.000	0.990	0.986
	x_6（6）	−0.752	1.010	0.554	0.457	0.472
	x_6（7）	1.519	0.943	2.596	0.107	4.569
	x_6（8）	2.782	1.946	2.044	0.153	16.147
	x_6（9）	−0.160	1.374	0.014	0.907	0.852
	x_6（10）	0.641	0.803	0.636	0.425	1.898
家庭年收入（x_7）	x_7			5.164	0.523	
	x_7（1）	−.039	0.592	0.004	0.947	0.961
	x_7（2）	−.214	0.558	0.147	0.702	0.807
	x_7（3）	0.265	0.539	0.242	0.623	1.304
	x_7（4）	0.204	0.568	0.129	0.720	1.226
	x_7（5）	0.498	0.625	0.634	0.426	1.645
	x_7（6）	−0.805	0.774	1.081	0.299	0.447
常量		−4.306	1.775	5.887	0.015	0.013

注：调整后 R^2=0.158

不同变量对上海新高考“3+3”模式学生认可度的回归分析结果见表 4-4，从中可以得到如下重要结论。

表 4-4 不同变量对上海新高考“3+3”模式学生认可度的回归分析

自变量	选项	B	SE	Wald 值	p	Exp（B）
学习水平（x_8）	x_8			3.634	0.458	
	x_8（1）	−0.339	0.411	0.683	0.409	0.712
	x_8（2）	−0.502	0.408	1.514	0.219	0.606
	x_8（3）	−0.933	0.575	2.634	0.105	0.393
	x_8（4）	−0.949	0.757	1.571	0.210	0.387
确定学考等级性考试科目时更倾向于相信家长还是老师（x_{13}）	x_{13}（1）	−0.415	0.312	1.768	0.184	0.660
确定学考等级性考试科目是否“迷茫”（x_{14}）	x_{14}			4.423	0.110	
	x_{14}（1）	−0.480	0.571	0.707	0.401	0.619
	x_{14}（2）	0.130	0.601	0.047	0.829	1.139
是否因“学霸”选考而弃选某一科目（x_{15}）	x_{15}（1）	0.073	0.449	0.026	0.871	1.076
是否因学校师资薄弱而弃选某一科目（x_{17}）	x_{17}（1）	0.239	0.371	0.416	0.519	1.270
学校是否强制必选某一科目（x_{18}）	x_{18}（1）	−0.649	0.534	1.476	0.224	0.523
学校是否强制不得选考某一科目（x_{19}）	x_{19}（1）	1.657	0.944	3.083	0.079	5.246
学考等级性考试科目确定时间是否过早（x_{21}）	x_{21}			4.779	0.092	
	x_{21}（1）	−0.422	0.660	0.410	0.522	0.656
	x_{21}（2）	0.259	0.648	0.159	0.690	1.295
是否后悔选择某一学考等级性考试科目（x_{22}）	x_{22}（1）	1.028	0.433	5.646	0.017	2.796
高一学年教学进度（x_{23}）	x_{23}			1.136	0.768	
	x_{23}（1）	0.032	0.841	0.001	0.970	1.032
	x_{23}（2）	0.413	0.857	0.233	0.630	1.512
	x_{23}（3）	0.131	0.928	0.020	0.888	1.140
高一学年课业负担（x_{24}）	x_{24}			2.420	0.490	
	x_{24}（1）	0.623	0.859	0.526	0.468	1.864
	x_{24}（2）	0.107	0.874	0.015	0.903	1.113
	x_{24}（3）	0.517	0.918	0.318	0.573	1.677
高二学年教学进度（x_{25}）	x_{25}			3.223	0.359	
	x_{25}（1）	−1.055	0.849	1.545	0.214	0.348
	x_{25}（2）	−0.472	0.876	0.291	0.590	0.624
	x_{25}（3）	−0.400	0.984	0.165	0.684	0.670
高二学年课业负担（x_{26}）	x_{26}			2.911	0.406	
	x_{26}（1）	0.074	0.901	0.007	0.935	1.076
	x_{26}（2）	0.141	0.949	0.022	0.882	1.151
	x_{26}（3）	1.204	1.100	1.199	0.274	3.334

续表

自变量	选项	B	SE	Wald 值	p	Exp（B）
高二学年考试压力（x_{27}）	x_{27}			1.890	0.596	
	x_{27}（1）	0.661	0.888	0.554	0.457	1.936
	x_{27}（2）	0.706	0.915	0.595	0.440	2.026
	x_{27}（3）	−0.118	1.117	0.011	0.916	0.889
学考等级性考试科目实行等级赋分（x_{35}）	x_{35}			29.071	0.000	
	x_{35}（1）	−1.129	0.308	13.459	0.000	0.323
	x_{35}（2）	−3.095	0.630	24.148	0.000	0.045
常量		−2.480	1.380	3.228	0.072	0.084

注：调整后 R^2=0.293

1）是否后悔选择某一学考等级性考试科目（x_{22}）对高考“3+3”模式学生认可度具有显著影响。“没有后悔”选择某一学考等级性考试科目的学生，较之选择“后悔”的学生，选择认可“3+3”模式的可能性更高。

2）学考等级性考试科目实行等级赋分（x_{35}）对高考“3+3”模式学生认可度具有显著影响。“比较赞成”与“不赞成”学考等级性考试科目实行等级赋分制的学生，较之“非常赞成”这一分数制度的学生，选择认可“3+3”模式的可能性更低。

3）学习水平（x_8）、确定学考等级性考试科目时更倾向于相信家长还是老师（x_{13}）、确定学考等级性考试科目是否“迷茫”（x_{14}）、是否因“学霸”选考而弃选某一科目（x_{15}）、是否因学校师资薄弱而弃选某一科目（x_{17}）、学校是否强制必选某一科目（x_{18}）、学校是否强制不得选考某一科目（x_{19}）、学考等级性考试科目确定时间是否过早（x_{21}）、高一学年教学进度（x_{23}）、高一学年课业负担（x_{24}）、高二学年教学进度（x_{25}）、高二学年课业负担（x_{26}）、高二学年考试压力（x_{27}）对高考“3+3”模式学生认可度均无显著影响。

第二节　上海新高考综合试点改革的学生适应性

一、变量与模型设定

本研究将“您对新高考综合试点改革（包括高中阶段的学习），总体上是否适应”作为因变量 y_{40}，将“非常适应”“比较适应”“一般”合并定义为“1”，将“不适应”“非常不适应”合并定义为“0”；将自变量 x_8、x_{13}、x_{14}、x_{15}、x_{17}、x_{18}、x_{19}、x_{21}、x_{22}、x_{23}、x_{24}、x_{25}、x_{26}、x_{27}、走班教学模式下是否经常向老师请教问题（x_{32}）、走班教学模式下向老师请教是否存在不便（x_{33}）、走班教学总体利弊（x_{34}）、x_{35}、新高考背景下同学之间的竞争意识（x_{36}）、x_{37}、数学科目是否应设置不同难度水平试卷（x_{38}）作为自变量指标群，采用二元 Logistic 回归模型进行分析。

二、实证结果分析

本研究按照实证研究的通常规则，选择 x_1、x_2、x_3、x_4、x_5、x_6、x_7 作为被调查学生的基本人口学信息，将 y_{40} 作为被解释变量，构建二元 Logistic 回归模型。回归分析结果见表 4-5。由此可以看出，人口学变量整体上对 y_{40} 没有显著影响。

表 4-5　人口学变量对上海新高考综合试点改革学生适应性的回归分析

自变量	选项	*B*	*SE*	Wald 值	*p*	Exp（*B*）
性别（x_1）	x_1（1）	0.428	0.223	3.677	0.055	1.534
城乡来源地（x_2）	x_2			0.470	0.791	
	x_2（1）	−0.289	0.553	0.274	0.601	0.749
	x_2（2）	−0.437	0.639	0.467	0.494	0.646
父亲受教育程度（x_3）	x_3			3.721	0.590	
	x_3（1）	0.701	0.851	0.679	0.410	2.016
	x_3（2）	1.091	0.792	1.898	0.168	2.977
	x_3（3）	0.735	0.841	0.765	0.382	2.086
	x_3（4）	0.927	0.827	1.256	0.262	2.527
	x_3（5）	0.482	0.910	0.280	0.597	1.619
母亲受教育程度（x_4）	x_4			3.322	0.650	
	x_4（1）	0.057	0.919	0.004	0.951	1.058
	x_4（2）	0.687	0.921	0.556	0.456	1.988
	x_4（3）	0.700	0.954	0.539	0.463	2.015
	x_4（4）	0.783	0.957	0.669	0.413	2.188
	x_4（5）	0.631	1.042	0.367	0.544	1.880
父亲职业（x_5）	x_5			4.885	0.899	
	x_5（1）	0.488	0.623	0.615	0.433	1.630
	x_5（2）	0.276	0.610	0.205	0.651	1.318
	x_5（3）	0.290	0.746	0.151	0.697	1.337
	x_5（4）	-0.378	1.061	0.127	0.721	0.685
	x_5（5）	0.876	0.889	0.971	0.324	2.401

续表

自变量	选项	B	SE	Wald 值	p	Exp（B）
父亲职业（x_5）	x_5（6）	0.735	0.994	0.546	0.460	2.085
	x_5（7）	0.774	0.763	1.029	0.310	2.168
	x_5（8）	−21.631	2.841	0.000	0.999	0.000
	x_5（9）	0.334	0.684	0.239	0.625	1.397
	x_5（10）	−0.072	0.606	0.014	0.906	0.931
母亲职业（x_6）	x_6			4.531	0.920	
	x_6（1）	−1.044	0.772	1.826	0.177	0.352
	x_6（2）	−0.863	0.794	1.183	0.277	0.422
	x_6（3）	−0.840	0.992	0.717	0.397	0.432
	x_6（4）	−1.898	1.469	1.669	0.196	0.150
	x_6（5）	−1.313	0.971	1.828	0.176	0.269
	x_6（6）	−0.904	0.879	1.058	0.304	0.405
	x_6（7）	−0.900	0.936	0.925	0.336	0.407
	x_6（8）	18.721	2.840	0.000	0.999	1.351
	x_6（9）	−1.665	0.963	2.988	0.084	0.189
	x_6（10）	−1.138	0.771	2.179	0.140	0.321
家庭年收入（x_7）	x_7			10.563	0.103	
	x_7（1）	−0.246	0.573	0.185	0.667	0.782
	x_7（2）	−0.032	0.535	0.004	0.952	0.968
	x_7（3）	−0.746	0.511	2.134	0.144	0.474
	x_7（4）	−0.786	0.529	2.202	0.138	0.456
	x_7（5）	−0.538	0.591	0.828	0.363	0.584
	x_7（6）	−1.315	0.576	5.212	0.022	0.269
常量		1.363	1.071	1.621	0.203	0.909

注：调整后 R^2=0.104

不同变量对上海新高考综合试点改革学生适应性的回归分析结果见表 4-6，从中可以得到如下重要结论。

表 4-6 不同变量对上海新高考综合试点改革学生适应性的回归分析

自变量	选项	B	SE	Wald 值	p	Exp（B）
学习水平（x_8）	x_8			5.396	0.249	
	x_8（1）	−0.510	0.455	1.257	0.262	0.601
	x_8（2）	−0.735	0.447	2.706	0.100	0.479
	x_8（3）	−0.877	0.501	3.062	0.080	0.416
	x_8（4）	−1.288	0.621	4.310	0.038	0.276
确定学考等级性考试科目时更倾向于相信家长还是老师（x_{13}）	x_{13}（1）	−0.618	0.344	3.230	0.072	0.539
确定学考等级性考试科目是否“迷茫”（x_{14}）	x_{14}			1.065	0.587	
	x_{14}（1）	0.257	0.409	0.396	0.529	1.294
	x_{14}（2）	0.489	0.481	1.033	0.309	1.630
是否因“学霸”选考而弃选某一科目（x_{15}）	x_{15}（1）	0.146	0.358	0.166	0.684	1.157

续表

自变量	选项	B	SE	Wald 值	p	Exp（B）
是否因学校师资薄弱而弃选某一科目（x_{17}）	x_{17}（1）	0.610	0.300	4.139	0.042	1.840
学校是否强制必选某一科目（x_{18}）	x_{18}（1）	0.645	0.382	2.846	0.092	1.906
学校是否强制不得选考某一科目（x_{19}）	x_{19}（1）	0.020	0.665	0.001	0.977	1.020
学考等级性考试科目确定时间是否过早（x_{21}）	x_{21}			8.960	0.011	
	x_{21}（1）	1.068	0.424	6.339	0.012	2.909
	x_{21}（2）	1.363	0.460	8.801	0.003	3.910
是否后悔选择某一学考等级性考试科目（x_{22}）	x_{22}（1）	0.281	0.300	0.878	0.349	1.325
高一学年教学进度（x_{23}）	x_{23}			3.796	0.284	
	x_{23}（1）	0.847	0.547	2.395	0.122	2.333
	x_{23}（2）	0.274	0.602	0.207	0.649	1.315
	x_{23}（3）	0.483	0.683	0.499	0.480	1.620
高一学年课业负担（x_{24}）	x_{24}			1.389	0.708	
	x_{24}（1）	0.086	0.508	0.029	0.866	1.090
	x_{24}（2）	0.366	0.545	0.452	0.501	1.442
	x_{24}（3）	−0.057	0.643	0.008	0.929	0.944
高二学年教学进度（x_{25}）	x_{25}			5.675	0.129	
	x_{25}（1）	0.214	0.515	0.173	0.677	1.239
	x_{25}（2）	0.915	0.605	2.284	0.131	2.497
	x_{25}（3）	−0.112	0.802	0.019	0.889	0.894
高二学年课业负担（x_{26}）	x_{26}			1.082	0.781	
	x_{26}（1）	0.446	0.542	0.678	0.410	1.563
	x_{26}（2）	0.085	0.649	0.017	0.896	1.089
	x_{26}（3）	0.106	0.919	0.013	0.908	1.112
高二学年考试压力（x_{27}）	x_{27}			8.263	0.041	
	x_{27}（1）	1.218	0.513	5.631	0.018	3.379
	x_{27}（2）	0.561	0.607	0.853	0.356	1.752
	x_{27}（3）	1.462	0.945	2.393	0.122	4.315
走班教学模式下是否经常向老师请教问题（x_{32}）	x_{32}			0.309	0.857	
	x_{32}（1）	−0.188	0.424	0.197	0.657	0.828
	x_{32}（2）	−0.276	0.500	0.303	0.582	0.759
走班教学模式下向老师请教是否存在不便（x_{33}）	x_{33}			0.451	0.798	
	x_{33}（1）	−0.314	0.512	0.376	0.540	0.731
	x_{33}（2）	−0.372	0.562	0.438	0.508	0.690
走班教学总体利弊（x_{34}）	x_{34}			3.752	0.153	
	x_{34}（1）	−0.154	0.441	0.121	0.728	0.858
	x_{34}（2）	−0.557	0.298	3.494	0.062	0.573

续表

自变量	选项	B	SE	Wald 值	p	Exp（B）
学考等级性考试科目实行等级赋分（x_{35}）	x_{35}			8.137	0.017	
	x_{35}（1）	0.131	0.431	0.093	0.761	1.140
	x_{35}（2）	−0.756	0.468	2.610	0.106	0.470
新高考背景下同学之间的竞争意识（x_{36}）	x_{36}			6.073	0.108	
	x_{36}（1）	0.569	0.313	3.298	0.069	1.767
	x_{36}（2）	0.785	0.394	3.966	0.046	2.192
	x_{36}（3）	−0.306	0.655	0.218	0.641	0.737
高考与学考等级性考试科目的分值设置（x_{37}）	x_{37}			9.813	0.007	
	x_{37}（1）	−1.242	0.402	9.531	0.002	0.289
	x_{37}（2）	−1.003	0.386	6.735	0.009	0.367
数学科目是否应设置不同难度水平试卷（x_{38}）	x_{38}（1）	−0.245	0.275	0.790	0.374	0.783
常量		−0.537	1.032	0.271	0.603	0.584

注：调整后 R^2=0.391

1）学习水平（x_8）、是否因学校师资薄弱而弃选某一科目（x_{17}）对上海新高考综合试点改革学生适应性有显著影响。学习水平处于下游的学生，较之处于上游的学生，适应新高考综合试点改革的可能性更低。未曾因学校师资薄弱而弃选某一科目的学生，较之曾因学校师资薄弱而弃选某一科目的学生，选择适应新高考综合试点改革的可能性更高。

2）学考等级性考试科目确定时间是否过早（x_{21}）、高二学年考试压力（x_{27}）对新高考综合试点改革学生适应性具有显著影响。认为学考等级性考试科目确定时间“不早”“有些早，但还可以接受”的学生，较之认为“过早”的学生，适应新高考综合试点改革的可能性更高。认为高二考试压力“比较大”的学生，较之认为“非常大”的学生，适应新高考综合试点改革的可能性更高。

3）学考等级性考试科目实行等级赋分（x_{35}）整体上对新高考综合试点改革学生适应性具有显著影响。新高考背景下同学之间的竞争意识（x_{36}）、高考与学考等级性考试科目的分值设置（x_{37}）对新高考综合试点改革学生适应性具有显著影响。认为新高考综合试点改革背景下同学之间的竞争意识“一般”的学生，较之认为“非常强烈”的学生，适应新高考综合试点改革的可能性更高。认为高考与学考等级性考试科目分值“不够科学”“无所谓科学不科学”学生，较之认为“十分科学”的学生，适应新高考综合试点改革的可能性更低。

4）确定学考等级性考试科目时更倾向于相信家长还是老师（x_{13}）、确定学考等级性考试科目是否“迷茫”（x_{14}）、是否因“学霸”选考而弃选某一科目（x_{15}）、学校是否强制必选某一科目（x_{18}）、学校是否强制不得选考某一科目（x_{19}）、是否后悔选择某一学考等级性考试科目（x_{22}）、高一学年教学进度（x_{23}）、高一学年课业负担（x_{24}）、高二学年教学进度（x_{25}）、高二学年课业负担（x_{26}）、走班教学模式下是否经常向老师请教问题（x_{32}）、走班教学模式下向老师请教是否存在不便（x_{33}）、走班教学总体利弊（x_{34}）、数学科目是否应设置不同难度水平试卷（x_{38}）等对上海新高考综合试点改革学生适应性均无显著影响。

第三节　上海新高考综合试点改革的学生满意度

一、变量与模型设定

本研究将“总体上，您对于新高考方案是否满意”作为因变量 y_{41}，将“非常满意”“比较满意”“一般”合并定义为“1”，将“不满意”“非常不满意”合并定义为“0”；将自变量 x_8、x_{13}、x_{14}、x_{15}、x_{17}、x_{18}、x_{19}、x_{23}、x_{24}、x_{25}、x_{26}、x_{27}、x_{32}、x_{33}、x_{34}、x_{35}、x_{37}、x_{38}、外语科目两次考试的制度设计（x_{39}）、综合素质评价能否反映学生真实情况（x_{44}）作为自变量指标群，采用二元 Logistic 回归模型进行分析。

二、实证结果分析

本研究按照实证研究的通常规则，选择 x_1、x_2、x_3、x_4、x_5、x_6、x_7 作为被调查学生的基本人口学信息，将 y_{41} 作为被解释变量，构建二元 Logistic 回归模型。回归分析结果见表 4-7。由此可以看出，人口学信息变量与 y_{41} 的回归结果不显著，这表明，被解释变量 y_{41} 的变动与该类变量无关。

表 4-7　人口学变量对新高考方案学生满意度的回归分析

自变量	选项	B	SE	Wald 值	p	Exp（B）
性别（x_1）	x_1（1）	0.161	0.192	0.703	0.402	1.175
城乡来源地（x_2）	x_2			0.026	0.987	
	x_2（1）	0.055	0.478	0.013	0.909	1.056
	x_2（2）	0.014	0.552	0.001	0.979	1.014
父亲受教育程度（x_3）	x_3			3.826	0.575	
	x_3（1）	0.369	0.800	0.213	0.644	1.447
	x_3（2）	0.855	0.749	1.304	0.254	2.352
	x_3（3）	0.470	0.789	0.355	0.551	1.600
	x_3（4）	0.507	0.777	0.426	0.514	1.660
	x_3（5）	0.320	0.855	0.140	0.708	1.377
母亲受教育程度（x_4）	x_4			3.016	0.697	
	x_4（1）	0.356	0.835	0.182	0.670	1.427
	x_4（2）	0.357	0.824	0.188	0.665	1.429
	x_4（3）	0.403	0.853	0.223	0.636	1.496
	x_4（4）	0.416	0.854	0.237	0.626	1.516
	x_4（5）	−0.326	0.932	0.122	0.726	0.722
父亲职业（x_5）	x_5			3.524	0.966	
	x_5（1）	0.424	0.523	0.658	0.417	1.528
	x_5（2）	0.232	0.519	0.200	0.654	1.262
	x_5（3）	0.583	0.665	0.769	0.381	1.792
	x_5（4）	0.315	0.989	0.101	0.750	1.370
	x_5（5）	0.271	0.700	0.150	0.699	1.312
	x_5（6）	1.036	0.877	1.395	0.238	2.817
	x_5（7）	0.614	0.647	0.902	0.342	1.848
	x_5（8）	−21.113	2.840	0.000	0.999	0.000
	x_5（9）	0.150	0.593	0.064	0.800	1.162
	x_5（10）	0.083	0.519	0.025	0.874	1.086
母亲职业（x_6）	x_6			6.622	0.761	
	x_6（1）	−0.253	0.596	0.181	0.671	0.776
	x_6（2）	−0.044	0.618	0.005	0.944	0.957
	x_6（3）	0.545	0.873	0.390	0.532	1.725
	x_6（4）	19.993	2.293	0.000	0.999	4.817
	x_6（5）	−0.287	0.782	0.135	0.713	0.750
	x_6（6）	−0.365	0.690	0.279	0.597	0.694
	x_6（7）	0.046	0.770	0.004	0.952	1.047
	x_6（8）	19.798	2.840	0.000	0.999	3.97
	x_6（9）	−0.218	0.816	0.071	0.790	0.804
	x_6（10）	−0.663	0.595	1.241	0.265	0.515

续表

自变量	选项	B	SE	Wald 值	p	Exp（B）
家庭年收入（x_7）	x_7			9.579	0.144	
	x_7（1）	0.370	0.455	0.663	0.416	1.448
	x_7（2）	0.270	0.410	0.433	0.510	1.310
	x_7（3）	−0.163	0.398	0.168	0.681	0.849
	x_7（4）	−0.005	0.423	0.000	0.990	0.995
	x_7（5）	−0.655	0.455	2.072	0.150	0.520
	x_7（6）	−0.531	0.478	1.233	0.267	0.588
常量		0.009	0.918	0.000	0.992	1.009

注：调整后 R^2=0.099

不同变量对上海新高考方案学生满意度的回归分析结果见表 4-8，从中可以得到如下重要结论。

表 4-8 不同变量对上海新高考方案学生满意度的回归分析

自变量	选项	B	SE	Wald 值	p	Exp（B）
学习水平（x_8）	x_8			7.028	0.134	
	x_8（1）	0.435	0.371	1.373	0.241	1.545
	x_8（2）	0.216	0.360	0.360	0.549	1.241
	x_8（3）	−0.433	0.416	1.088	0.297	0.648
	x_8（4）	−0.308	0.532	0.336	0.562	0.735
确定学考等级性考试科目时更倾向于相信家长还是老师（x_{13}）	x_{13}（1）	−0.111	0.272	0.166	0.683	0.895
确定学考等级性考试科目是否“迷茫”（x_{14}）	x_{14}			3.769	0.152	
	x_{14}（1）	0.533	0.366	2.120	0.145	1.705
	x_{14}（2）	0.807	0.416	3.768	0.052	2.242
是否因“学霸”选考而弃选某一科目（x_{15}）	x_{15}（1）	0.177	0.313	0.321	0.571	1.194
是否因学校师资薄弱而弃选某一科目（x_{17}）	x_{17}（1）	0.141	0.272	0.267	0.605	1.151
学校是否强制必选某一科目（x_{18}）	x_{18}（1）	0.558	0.347	2.594	0.107	1.748
学校是否强制不得选考某一科目（x_{19}）	x_{19}（1）	−0.746	0.651	1.313	0.252	0.474
高一学年教学进度（x_{23}）	x_{23}			4.607	0.203	
	x_{23}（1）	1.036	0.486	4.552	0.033	2.818
	x_{23}（2）	0.856	0.521	2.707	0.100	2.355
	x_{23}（3）	0.948	0.592	2.563	0.109	2.581
高一学年课业负担（x_{24}）	x_{24}			0.875	0.831	
	x_{24}（1）	−0.121	0.473	0.065	0.799	0.886
	x_{24}（2）	−0.375	0.498	0.566	0.452	0.687
	x_{24}（3）	−0.229	0.593	0.150	0.699	0.795

续表

自变量	选项	B	SE	Wald 值	p	Exp（B）
高二学年教学进度（x_{25}）	x_{25}			3.471	0.325	
	x_{25}（1）	−0.064	0.484	0.018	0.894	0.938
	x_{25}（2）	0.562	0.557	1.018	0.313	1.754
	x_{25}（3）	0.294	0.716	0.169	0.681	1.342
高二学年课业负担（x_{26}）	x_{26}			1.587	0.662	
	x_{26}（1）	0.420	0.505	0.693	0.405	1.523
	x_{26}（2）	0.551	0.582	0.897	0.344	1.736
	x_{26}（3）	−0.057	0.819	0.005	0.945	0.945
高二学年考试压力（x_{27}）	x_{27}			2.596	0.458	
	x_{27}（1）	0.663	0.460	2.078	0.149	1.941
	x_{27}（2）	0.460	0.525	0.769	0.380	1.585
	x_{27}（3）	0.891	0.793	1.261	0.261	2.437
走班教学模式下是否经常向老师请教问题（x_{32}）	x_{32}			1.453	0.484	
	x_{32}（1）	−0.110	0.355	0.096	0.757	0.896
	x_{32}（2）	0.280	0.437	0.411	0.522	1.323
走班教学模式下向老师请教是否存在不便（x_{33}）	x_{33}			4.802	0.091	
	x_{33}（1）	0.978	0.450	4.721	0.030	2.658
	x_{33}（2）	0.942	0.476	3.922	0.048	2.564
走班教学总体利弊（x_{34}）	x_{34}			1.219	0.544	
	x_{34}（1）	−0.328	0.361	0.826	0.363	0.720
	x_{34}（2）	−0.230	0.249	0.850	0.357	0.795
学考等级性考试科目实行等级赋分（x_{35}）	x_{35}			21.773	0.000	
	x_{35}（1）	−0.314	0.388	0.655	0.418	0.730
	x_{35}（2）	−1.461	0.417	12.275	0.000	0.232
高考与学考等级性考试科目的分值设置（x_{37}）	x_{37}			10.702	0.005	
	x_{37}（1）	−1.038	0.345	9.031	0.003	0.354
	x_{37}（2）	−0.980	0.323	9.186	0.002	0.375
数学科目是否应设置不同难度水平试卷（x_{38}）	x_{38}（1）	−0.078	0.241	0.104	0.747	0.925
外语科目两次考试的制度设计（x_{39}）	x_{39}（1）	−0.670	0.254	6.981	0.008	0.512
综合素质评价能否反映学生真实情况（x_{44}）	x_{44}			15.596	0.000	
	x_{44}（1）	−0.611	0.475	1.651	0.199	0.543
	x_{44}（2）	−1.889	0.564	11.226	0.001	0.151
常量		0.278	0.966	0.083	0.774	1.320

注：调整后 R^2=0.388

1）高一学年教学进度（x_{23}）对上海新高考综合试点改革学生满意度均具有

显著影响。认为高一教学进度“比较快”者，较之认为“太快”的学生，选择“满意”的可能性更高。

2）走班教学模式下向老师请教是否存在不便（x_{33}）对上海新高考综合试点改革学生满意度具有显著影响。认为走班教学模式下向老师请教问题“有些不方便，但还勉强可以”“完全没有不方便”的学生，较之“非常不方便”的学生，选择“满意”的可能性更高。

3）学考等级性考试科目实行等级赋分（x_{35}）、高考与学考等级性考试科目的分值设置（x_{37}）对上海新高考综合试点改革学生满意度具有显著影响。选择“不赞成”的学生，较之“非常赞成”的学生，选择“满意”的可能性更低。认为高考与学考等级性考试科目分值设置“不够科学”“无所谓科学不科学”的学生，较之“十分科学”的学生，选择“满意”的可能性更低。

4）外语科目两次考试的制度设计（x_{39}）、综合素质评价能否反映学生真实情况（x_{44}）对上海新高考综合试点改革学生满意度具有显著影响。认为“价值不大”的学生，较之“非常有价值”的学生，选择“满意”的可能性更低。认为综合素质评价“完全不可以”反映学生真实情况的学生，较之“完全可以”的学生，选择“满意”的可能性更低。

第五章
新高考综合试点改革的网络舆情

高考上接高等教育，下衔基础教育，对于高等教育具有重要的奠基性功能，对于基础教育具有重大的导向性功能。不仅如此，作为一个系统，高考制度极其复杂，往往“牵一发而动全身”。在高考改革中，经常出现“双刃剑”效应。我们在看到某一改革举措所具有的积极效果的同时，更应警惕、重视其可能引发的消极影响。

新高考综合试点改革力度大，影响广泛，因而尤其应当重视其所可能引发的社会舆情。网络舆情是其中一个重要方面。在自媒体时代，作为网民的民众不再仅仅是传播受众，也可以便捷、高效地转发相关内容，成为传播者。就新高考综合试点改革而言，任何民众关于改革的态度与看法、意见都可以通过微博、微信、百度贴吧等网络空间向外界发布，并可能即时得到关注与转发，从而在一个巨大的范围内产生广泛、重大的社会影响。追踪、分析新高考综合试点改革的网络舆情，不仅是新高考综合试点改革研究的应有之义，而且对于浙江和上海新高考综合试点改革方案的后续深化与完善具有重要意义。

第一节 浙江新高考综合试点改革的网络舆情

浙江新高考综合试点改革，较之上海而言，力度更大。在增加考试的选择性、增加学生的选择权方面，浙江新高考方案体现得更加鲜明、充分。一方面，浙江为考生在同一门学考和选考科目上提供两次考试机会；另一方面，浙江在学考、选考考试安排上提供四个节点。浙江新高考综合试点改革方案，从理论上说可以有效消除或至少可以极大地消解传统高考“一考定终身”“高三压力过大”等问题。因此，2014 年浙江新高考综合试点改革方案发布后，引起了全国上下的热议。

然而，随着综合试点改革实践的正式开启及推进，浙江新高考方案在充分彰显正面价值的同时，相关的负面评价也逐渐显现，并且越来越明显。在此背景下，浙江新高考综合试点改革所引发的反思性、批判性的网络舆情也逐渐增加。当然，站在不同的立场，往往得出不同的结论，在质疑与批判浙江新高考综合试点改革的舆情充分发酵的同时，也有为之进行辩护的声音。2017 年，《浙江省人民政府关于进一步深化高考综合改革试点的若干意见》出台之后，质疑与批判浙江新高考综合试点改革的网络舆情逐渐消退。但 2018 年 11 月英语科目的考试，由于浙江省教育考试院对于其中的个别题目进行了加权调整，结果又引发了重大的网络与社会舆情。在浙江新高考综合试点改革正式启动几个年头之后的今天，回顾其前前后后所引发的网络舆情，应该说具有重要学术意义与实践意义。

一、新高考综合试点改革方案发布之初的网络舆情

2014 年，《浙江省深化高校考试招生制度综合改革试点方案》发布之后，全国媒体尤其是浙江省媒体密集报道该改革方案，刊发教育学界人士的解读。回顾当时各大媒体的报道内容，可以说几乎全都是褒扬、肯定之词，“赞美之声满天飞”。专家解读、赞美之声不绝于耳，而且大多是大学校长、中学校长、高校招

生办人员、高校及科研部门的教师群体等。以"雀跃欢呼"形容当时的报道及解读意见，实不为过。

浙江工业大学原党委书记梅新林、杭州师范大学原校长杜卫、浙江省镇海中学校长吴国平、杭州第二中学原校长叶翠薇、金华职业技术学院院长王振洪、温州职业技术学院原院长丁金昌、衢州中等专业学校原校长张玉琴、天台中学原校长郑志湖等，分别就浙江省新高考综合试点改革方案的创新意义发表意见。

比如，杜卫曾充分肯定了浙江省新高考综合试点改革的积极价值。"高考招生改革方案最大的亮点是'以生为本'，自始至终围绕着'扩大教育的选择性'这一核心理念，在确保'公平、公正'的前提下，让学生在自己的学业、专业和学校的选择上有了更多的自主权。"[①]王振洪认为，浙江省新高考的另一个重大变化是考生志愿和录取过程由学校优先转向专业优先，以专业志愿来平行投档并取消专业服从志愿，"新的招考制度使各类院校都处在同一个招生平台，有着相同的选择考生机会，从整体上看更有利于提升高职教育的吸引力，促进高职院校办出特色、提升质量"[②]。而在作为中学校长的吴国平看来，"此次高考综合改革确立'分类考试、综合评价、多元录取'的基本方向，对考试的类别、内容、评价、招录等方面进行系统革新，特别是在扩大学生选择权方面力度空前，学生拥有更多更大的选择考试、选择教育、选择大学的权利"[③]。同样作为中学校长的叶翠薇则认为，"新高考方案突出的亮点是将高考的考录从'总分匹配'向'专业+总分'双匹配模式转变"[④]。此外，丁金昌表示浙江新高考综合试点改革有利于提高社会对高等职业教育的认可度，"此次高考改革，将改变过去人为形成的高职院校是次等高校的认识，进一步提高职业教育的吸引力和社会认可度"[⑤]。

又如，《浙江教育报》先后刊发了多篇报道进行舆论引导，包括《拧住高考改革这个"牛鼻子"——一论积极稳妥推进高考招生制度改革》[⑥]、《宁做愚公不

---

① 转引自：王婷. 新高考，一道双向选择题——我省教育专家解读高考改革亮点[N]. 浙江日报，2014-09-22，第16版.

② 转引自：王婷. 新高考，一道双向选择题——我省教育专家解读高考改革亮点[N]. 浙江日报，2014-09-22，第16版.

③ 转引自：王婷. 新高考 新在哪——我省教育界专家解读高考改革方案[N]. 浙江日报，2014-09-21，第2版.

④ 转引自：王婷. 新高考 新在哪——我省教育界专家解读高考改革方案[N]. 浙江日报，2014-09-21，第2版.

⑤ 转引自：王婷. 人才选拔向国际看齐——我省教育专家解读高考改革方案亮点之三[N]. 浙江日报，2014-09-24，第16版.

⑥ 本报评论员. 拧住高考改革这个"牛鼻子"——一论积极稳妥推进高考招生制度改革[N]. 浙江教育报，

做叶公——二论积极稳妥推进高考招生制度改革》[①]、《在“选择”的天空中学会飞翔——三论积极稳妥推进高考招生制度改革》[②]、《“撬动”教育变革正当时——四论积极稳妥推进高考招生制度改革》[③]、《高考改革，浙江有基础》[④]、《公平选才与科学选才，孰轻孰重》[⑤]等。

从媒体对于浙江新高考一致的赞美之词来看，中国似乎真正到了一个可以开启“考试天堂”的时代，“高考的春天”即将到来。一场浪漫的高考综合改革，由此而拉开序幕。

但2015年2月，北京大学考试研究院院长秦春华在《中国青年报》上发表了《我对浙江高考改革试点方案的忧虑》(以下简称《忧虑一文》)。[⑥]这一文章的核心观点，与2014年下半年全国媒体普遍称赞浙江新高考综合试点改革方案截然相反，认为浙江方案存在巨大的风险。比如，秦春华认为，在浙江新高考综合试点改革方案下，“高校招生办公室可以取消”“学生的选择权可能被中学老师所替代”“‘文理不分科’可能成纸面表述”“中学有可能演化为‘特色’鲜明的专科学校”“顶尖大学可能只按照语、数、外3门高考成绩录取”等。该文引题为“学生和高校自主选择权不落实 播下龙种可能收获跳蚤”。文章发表后被广为传播，并引发热烈讨论，在全国产生较大影响。该文之所以能够获得如此强劲的传播力与如此轰动的传播效果，一是在于其基本论断与国内主流学界以及官方的观点截然对立；二是在于其在引题中使用了“龙种”与“跳蚤”两词；三是在于其北京大学考试研究院院长的身份。此三个方面，使得“跳蚤说”极具感染力与传播力。

2014 年，《浙江省深化高校考试招生制度综合改革试点方案》发布之初，关于该方案的赞美之词，实际上只是一种“美好愿景”或者说是一种“美好想

2014-09-22，第1版.

① 本报评论员. 宁做愚公不做叶公——二论积极稳妥推进高考招生制度改革[N]. 浙江教育报，2014-09-24，第1版.

② 本报评论员. 在“选择”的天空中学会飞翔——三论积极稳妥推进高考招生制度改革[N]. 浙江教育报，2014-09-26，第1版.

③ 本报评论员. “撬动”教育变革正当时——四论积极稳妥推进高考招生制度改革[N]. 浙江教育报，2014-10-08，第1版.

④ 陈蓓燕. 高考改革，浙江有基础[N]. 浙江教育报，2014-09-26，第1版.

⑤ 王东. 公平选才与科学选才，孰轻孰重[N]. 浙江教育报，2014-09-29，第1版.

⑥ 秦春华. 我对浙江高考改革试点方案的忧虑[N]. 中国青年报，2015-02-02，第10版.

象”。当时对于该方案的赞美尽管大多来自教育专家，但这种价值判断不是建立在试点改革实践经验的基础之上，更不是建立在新试点改革研究的基础之上。严格来说，其只是教育专家基于他们已有经验的一种推理而已。尽管这种推理可能是以评论者自身的教育经验或研究经验为基础的，但其终究仅仅是一种“想象”，因为当时的改革实践尚未启动。与之有所不同的是，秦春华的《忧虑一文》发表之时，浙江新高考综合试点改革实践已经正式启动了半年时间，因而，其所批判的弊端中有相当部分已经为实践所证明。当然，我们也应该承认，当时各种弊端暴露得还并不够充分，甚至某些方面也仍有想象或推理的色彩。

二、新高考综合试点改革过程中的批判性网络舆情

随着浙江新高考综合试点改革实践的推进，方案发布之初的“赞美之词”逐渐消退，质疑与批判之声则随着方案弊端的出现而出现。此种舆情，至网络文章《浙江高考改革是一场闹剧》（以下简称《闹剧一文》）的出现而达到一个高潮。观察浙江新高考综合试点改革过程中的批判性网络舆情，首先不得不提的即是网络文章《闹剧一文》。

《闹剧一文》最初发表于“天涯社区”，经过网络用户的转发与评论迅速成为“网红”文章。与此同时，微信、微博以及搜狐等平台纷纷转发。该文指出，浙江新高考综合试点改革给高中教师和学生以及家长带来前所未有的沉重负担；严重扰乱正常的教学秩序；导致严重的投机行为，助长人性的堕落；加大了不合理竞争，严重损害高校招生的质量；盲目决策，标新立异，为了某些人的政绩而不惜损害广大考生的利益。[①]概而言之，文章作者谈到了新高考综合试点改革造成的学生考试次数多、考试压力大的问题；因由考试竞争不充分而造成的“田忌赛马”错位竞争问题；不同年级考生跨级赋分问题；学生选科的功利主义倾向问题。应该看到，从文章作者对于浙江新高考综合试点改革问题的叙述看，其对于具体改革实践的了解比较透彻。这一点是无法否认的，也不应否认。

《闹剧一文》作者身份，其本人并未交代，官方也没有具体说明。不过，从

① 浙江高考改革是一场闹剧[EB/OL]．[2022-05-20]．https://m.sohu.com/a/117461853_102416/?scm=1102.xchannel：325：100002.0.6.0.

其对浙江新高考综合试点改革实践的熟悉程度看，该作者身份很可能是高中教师，抑或是教育行政系统的工作人员。《闹剧一文》以一种戏谑化的口吻，产生了巨大的传播力。且不论浙江高中教师与学生的意见如何，其他省份的媒体，其他省份的教育界，其实大多并不了解、更不熟悉浙江新高考综合试点改革实践，他们所看到的就是一种"调侃"、"批判"与"讽刺"。而这种"调侃"、"批判"与"讽刺"，恰恰与 2014 年浙江新高考综合试点改革方案公布之初，各种媒体、教育界的专家、学者等的赞美之词形成了一种巨大的反差与张力。

《闹剧一文》为何传播范围如此之广，影响如此之大？传播范围之广，在于网络传播的高效性；影响如此之大，则一方面在于其传播范围广，另一方面在于文章的表达手法极具特色。第一，文章将新高考综合试点改革与历史上的王安石变法改革相提并论，引用历史名言"播下的是龙种，收获的是跳蚤"，以及老舍《茶馆》中的"改良改良，越改越凉，冰凉!"第二，文章篇幅短小，布局上采用"小段落"，增强了文本的可视化。第三，文章几乎没有使用晦涩难懂的专业术语，而是使用通俗语言，受众容易理解。第四，内容清晰、层次递进，如"更可悲的是""更更可悲的是""更可笑的是""更更可笑的是"等，每一方面构成了一个小段落。当然，最主要的还是在于其在很大程度上反映了客观现实。不论作者的价值判断如何，文章基本上反映了一线高考综合改革实践的客观情况。

浙江新高考综合试点改革是"一场闹剧"这一网络传播事件，实际上并非突发。其不是第一份对于浙江新高考招生制度的质疑与批判之文。在此文之前，已有若干网络报刊文章提及新高考招生制度试点改革中的弊端、所面临的配套改革欠缺以及某些两难问题。只不过，这一篇文章的传播范围比较广，通过天涯社区等网络空间以及微博、微信、QQ 等媒介迅速扩散，尤其是其写作风格增强了其传播力。另外，尽管确实有部分家长比较认可新高考综合试点改革的新设计，但同时又有大量的高中生家长早已对此产生质疑。由于种种原因，他们往往有时仅仅在相互认识的家长之间互相讨论，或者在一种相对比较封闭的空间讨论，没有形成较大范围的网络传播。

与《闹剧一文》类似的另一篇反映浙江新高考综合试点改革实践问题的文章是《一线教师四问浙江高考改革方案》（以下简称《四问改革》）。[①]作者为浙江省

① 张秋达. 一线教师四问浙江高考改革方案[N]. 中国青年报，2016-07-04，第 10 版.

嵊州市马寅初中学教师张秋达。该文反映的是浙江新高考综合试点改革实践中的四个基本问题，包括选考结束后学科如何深化、课程设置的困扰如何化解、不同届次学生权益如何保障、一些学校恶意竞争如何规避等。具体言之，第一方面反映的是在高二上学期10月完成某选考科目考试并且不再参加第二次考试的学生，如何保证该科目后续学习的问题；第二方面反映的是新高考综合改革对于选修课程设置的影响，以及必然造成“并开课程”超过规定的问题；第三方面反映的是高二、高三学生共同考试、跨级赋分的科学性与公平性问题；第四方面反映的是新高考综合试点改革初期由于知识不对称、考试竞争不充分而造成的部分学校、学生“过度受益”问题，以及后续“有意占位”以图保持自身优势问题。之后，新浪网、搜狐网、网易网、人民网、凤凰网、中国教育在线、新华网、高考网、博才网等各大网络媒体纷纷进行了转发。

再如，《高考改革，请慎重——一线教师对浙江方案点滴诉说》这一文章在知乎、新浪博客、360 个人图书馆、杭州 19 楼等媒体都曾有过报道。[①]另外，题为《浙江新高考冲击波：一线教师讲述改革真实体验》的网络文章从高中师资配备、教学管理、考生选科的投机行为等方面讨论了新高考综合改革所遭遇的困境。[②]高考网、新浪教育、中华网、博才网、学科网资讯中心、91 考试网、高职单招网、中国教育在线、和讯网等网络都对其进行了转发。其中，中国教育在线、和讯网转发时，题目略有调整，具体为《浙江新高考冲击波：来自一线的声音》。

以上几篇文章的作者主要为一线高中教师，其主要是一线高中教师关于浙江新高考综合试点改革的意见。在学生方面，杭州第二中学学生傅浩东曾作为“模拟政协社”“关于浙江省新高考改革的建议”课题小组成员，根据大量的调查完成了《为改革而改革，新高考你且行且珍惜》[③]（以下简称《且行且珍惜》）的文章，并于“知乎”上发布，在浙江省乃至全国教育界产生了较大的影响。2016 年 7 月 12 日《钱江晚报》刊登题为《高考改革，不妨听听孩子的声音》的文章，就该同学的研究及观点做出评价，指出“在一片叫好声中，社会需要听到这样的声

① 高考改革，请慎重——一线教师对浙江方案点滴诉说[EB/OL]. [2022-05-20]. https://zhuanlan.zhihu.com/p/22707666.

② 浙江新高考冲击波：一线教师讲述改革真实体验[EB/OL]. [2022-05-20]. http://edu.sina.com.cn/gaokao/2016-10-28/doc-ifxxfysn7925254.shtml.

③ 为改革而改革，新高考你且行且珍惜[EB/OL]. [2022-05-20]. https://zhuanlan.zhihu.com/p/21539250.

音，这不是在添乱，而是在给改革增加理性成分，这样的声音也该纳入决策者的视野”①。《人民日报》的微博、新华网、人民网、搜狐网、新蓝网等网站也对此进行了转发报道。应该说，该文相对比较客观，也未表现出明显的感情色彩，行文表达较为理性。其所反映的具体问题，在《闹剧一文》《四问改革》中基本上都包括了。该文的独特性在于作者的身份，其可以说是新高考综合试点改革实践中通过网络发表见解与建议的学生代表作品。除此之外，在微博、微信、百度贴吧、天涯、知乎等网络空间，依然有大量的学生发表自己在新高考综合试点改革中的学习感受与学习体验，以及对于新高考综合试点改革的评论意见。

在考生家长方面，杭州第二中学某学生家长发表了《浙江新高考——一个还行走在路上的高考改革方案》的网络文章，当时，经典网、360 个人图书馆、余姚论坛、家长帮社区、散文网等都进行了转载。该文对于浙江新高考综合试点改革有九个疑问，包括新高考的赋分制度是否公平、新高考的多个年级一起评定学考等级和选考赋分成绩是否公平合理、新高考是否有利于高校选拔人才、新高考是否加重了学生的课业负担、新高考是否有效减轻了考生的应考压力、新高考是否扰乱了高中学校教学秩序、新高考实施过程中出现的各种不合理现象甚至乱象是否有其必然性与合理性、新高考要求的提前做专业职业规划是否能实现、新高考成绩的公布方式是否可以更加透明。该文并未完全否认新高考制度的创新价值，比如，新高考在消除或矫正传统高考制度的“一考定终身”、科目过多、学习负担重、文理分科不能自由选择自己喜欢且擅长的科目、高三压力太大等问题上有一定作用。在这“新高考九问”中，第一方面即选考科目等级赋分制度的公平性，讨论的首先是其科学性问题。再者，该文也并未将这些问题全都归因于新高考制度，比如，在讨论新高考下的校外培训问题时，该文指出传统高考制度下也同样存在这一问题。在文章最后部分，该家长提出了三方面建议：一是通过设置更精细的比例来调整等级赋分制度；二是高二与高三考生分开赋分；三是通过降低学考难度或提高 A 等级的比例来减轻学生学业负担。应该说，该文相对比较严谨，作者对于自己不能完全确定是否属实情况的表述较为严谨，比如，“传言有的学生在第一次已经取得选考满分的情况下，选择参加第二次选考，以期挤掉竞争对手，甚至传言有的学校组织学生在取得满分的情况下再次参加第二次选

① 高路. 高考改革，不妨听听孩子的声音[N]. 钱江晚报，2016-07-12，第 A0024 版.

考”。再如，“如果真出现有的学校把高中三年分成三块，高一专学政治、地理、历史、生物、技术；高二专学物理、化学、英语；高三专学语文、数学的现象显然是不合理的”。另外，所有转载在末尾处都特别指出：“文中观点不一定都正确，如管理部门并不是视而不见，不过问。对赋分制的看法，把政治和物理，化学等拉平就正确吗？对政治等课的公平，是不是对物理化学考生产生新的不公平等。但正如作者所说，期望通过抛砖引玉来获得更多的建设性意见，以使我们的改革获得较大的接受度。”①

笔者认为，以上这几方面建议显然不能有效解决浙江新高考综合试点改革所遭遇的实践难题。原因在于，第一，通过设置更精细的比例调整等级赋分制并不能从根本上消除等级赋分的固有弊端，可能只是增加了其复杂性；第二，高二、高三共同考试、分开赋分仍将造成高二考生在最早时间内选考即“抢跑”及其相关问题；第三，降低学考难度会加剧原本就存在的学考、选考区分度低的问题。

此外，2017 年浙江新高考之后，还曾一度出现所谓新高考录取造成严重“滑档”问题。2017 年，浙江省“第二段”考生大约有 7000 多人“滑档”。如果只看表面，确实人数不少。但实际上，2017 年“第二段”投档率达 92%，高出 2016 年“第二批”投档率（89%）3 个百分点。2016 年“第二批”未能投出的考生有 11 000 多人。很显然，如果对比来看，我们必须承认：2017 年“第二段”滑档考生数明显少于 2016 年“第二批”滑档考生数。据浙江省教育考试院的分析，“第二段”考生未投出的 7000 多人所填报志愿数明显少于投出者，平均约少填 15 个志愿。②这一事件提醒我们，确实应该谨慎、理性看待考生利用媒体炒作高考舆情问题。

三、新高考综合试点改革过程中的肯定性网络舆情

在质疑浙江新高考综合试点改革网络舆情发展的同时，也有若干明确肯定改革的网络意见。其中，最为典型的是杭州市长河高级中学教师杨春林在其微信公

① 浙江新高考——一个还行走在路上的高考改革方案[EB/OL].[2022-05-20]. https://www.19lou.com/forum-15-thread-9551477668769242-1-1.html.

② 2017 年 8 月 28—29 日，国家教育咨询委员会、国家教育考试指导委员会赴杭州调研浙江省新高考综合改革。此处数据系时任浙江省教育考试院院长孙恒在当时的一场调研会上提供。

众号上发表的《是课改“闹剧”了，还是你“脑残”了？——和〈浙江高考改革是一场闹剧〉作者商榷》(以下简称《商榷一文》)。针对《闹剧一文》所列举的浙江新高考综合试点改革中的几个问题，杨春林一一进行了辨析、回应，认为在新高考综合试点改革刚刚启动两年便给其定性，为时尚早。但在网络空间杭州19楼对《商榷一文》的评论中，也有不少不认同的意见。的确，高考改革往往是“横看成岭侧成峰，远近高低各不同”，站在不同的立场与角度，往往会得出不同的看法与结论。《商榷一文》与《闹剧一文》所言都有一定道理。

再者，王东在《浙江教育报》发表了题为《别“唱空”刚上路的理想》的文章。该文指出，新高考综合试点改革，作为一场“颠覆性”的改革，极大地增加了学生和学校的自主选择权，“多次考试”的制度设计十分有利于缓解考生的考试压力；高考试点改革本身即是针对多年以来我们所批判的统一高考招生的不足，况且本是试点改革，不能出现问题就彻底否定改革的创新之处，否定试点改革的价值与意义。①

此外，北京大学教授文东茅的《一定要善待高考改革》一文提出，善待高考改革，首先要知道高考改革之善；善待高考改革，实际上就是善待学生；善待高考改革，就应该善待高考改革者；善待高考改革，就应该善于辨析不同的声音；善待高考改革，就应该给改革以时间；善待高考改革，就应该对改革予以全方位的支持。另外，该文特别指出：“令人欣慰的是，在与学生和家长的交流中，笔者几乎没有听到有人反对高考改革。这就是学生和家长对高考改革最高的评价。”②也许，文东茅教授所访谈的学生，确实都没有明确反对新高考综合试点改革，但这恐怕并不能代表浙江全省所有学生和家长，甚至也并不能代表多数学生和家长的看法。

2017年11月，《浙江省人民政府关于进一步深化高考综合改革试点的若干意见》发布，对于学考、选考制度做了进一步的完善与调整，具体举措包括：学考与选考分离，实行分卷考试；学生高三起参加选考科目考试，学考合格方能报考相应科目的选考；率先建立物理选考科目保障机制。③此种结构性的调整非常有

---

① 王东. 别“唱空”刚上路的理想[N]. 浙江教育报，2016-10-26，第2版.

② [高考改革]文东茅：一定要善待高考改革[EB/OL]. [2021-09-12]. https://www.sohu.com/a/110247971_387104.

③ 浙江省人民政府关于进一步深化高考综合改革试点的若干意见[EB/OL]. [2021-09-12]. https://www.zj.gov.cn/art/2017/11/28/art_1229017138_64634.html.

助于消除诸如竞争不充分、跨级赋分问题以及学段制的弊端。此后，关于浙江新高考综合试点改革质疑性与批判性的网络舆情逐渐消退下去。

然而，令人意想不到的是，2018 年 11 月的浙江高考英语考试在难度把握方面出现明显偏差，出于保障等值考虑而对部分题目进行了加权调整，结果引起了社会的普遍质疑与反对。当时，英语考试结束后，浙江省高等学校招生委员会在评卷过程中发现部分试题与之前相比难度较大，为保证不同次考试之间的试题难度大体相当，对难度较大的第二部分（阅读理解）、第三部分（语言运用）的部分试题进行了难度系数调整，实施了加权赋分，结果造成了巨大的社会舆情。之后，浙江省人民政府进行了紧急应对，经研究后做出决定：取消加权分数，重新发布原始分数。其后，相关舆情问题也因此得以解决。

《闹剧一说》与《四问改革》《且行且珍惜》等网络文章，可被视为社会民众参与政策或制度改革的一种“非制度化”反馈。这种形式的反馈，为教育行政部门带来了很多意见，改革决策者与管理者不得不慎重考量这些意见，全面、综合衡量新高考招生制度不同方面的利弊。另外，新高考综合试点改革的质疑与批判意见借助于大众网络传媒，如天涯等网络空间的传播，形成了强大的舆论力量。应该说，此种舆论力量对于新试点高考招生以及高中教学制度的改进与完善具有重要的推进作用。在一定意义上，正是网络舆情加速了 2017 年《浙江省人民政府关于进一步深化高考综合改革试点的若干意见》的出台。

总之，在今天，几乎任何一项公共政策都与大众网络传媒之间有着十分密切的关系。对于高考政策而言，由于当今媒体高度发达，信息传播高效、影响面广，尤其应当重视政策与媒体之间的互动。在新高考实施过程中，随着制度与政策利弊效应尤其是弊端的逐渐显现，我们更应高度重视社会舆情，包括其在公共网络空间的传播与扩散，以及由此而造成的多层面影响。

第二节　上海新高考综合试点改革的网络舆情

上海新高考综合试点改革的网络舆情，与浙江相比，最大的一个区别在于其负面舆情相对较少。尽管不能说上海新高考综合试点改革没有负面网络舆情，但总体而言的确比较少，而且几乎没有像浙江改革所引发的《忧虑一文》《闹剧一文》《四问改革》等影响较大的网络文章。究其原因，一是在于上海新高考综合试点改革方案相对简单，尤其是在应试教育弊端、高一和高二学生考试压力以及同一科目多次考试之间不等值等矛盾方面不及浙江突出；二是在于上海考生的优质高等教育入学机会较之浙江更加丰富。当然，上海新高考综合试点改革较之之前毕竟发生了很大变化，因此，虽有官方加强舆论引导，但仍有少量质疑与批判性的网络舆情。

一、上海新高考综合试点改革的肯定性网络舆情

根据上海市教育考试院提供的资料，上海市人民政府在2014年发布《上海市深化高等学校考试招生综合改革实施方案》后，高度重视动员各类媒体进行舆论引导。比如，2014年9月20日，《人民日报》第4版刊发《上海浙江公布高考改革试点方案，不分文理，外语可报考两次——高考不再“一考定终身”》；《中国教育报》第2版发表《改变用一个分数评价录取学生——解读上海高考综合改革试点方案四大亮点》；《新民晚报》头版转第A5版发表《实现从招“分”到招“人”的嬗变——上海深化高招改革实施方案出台纪实》。之后，9月21日至25日，《解放日报》连续刊发五篇评论文章，分别论述上海新高考综合试点改革的创新价值，包括《“第一考”，实现更高水平的公平——上海新高考怎么看之一》《“指挥棒”调整倒逼基础教育改革——上海新高考怎么看之二》《高校选才有了更多自主设置权——上海新高考怎么看之三》《多元选择，让人才“立交桥”更通畅——上海新高考怎么看之四》《几年一个新台阶，让教育回归本质——上海新高考怎么看之五》。另外，在评论文章方面，《文汇报》在2014年9月20日第10版发表《改革考试招生制度 迈向高等教育强国》《对人才开展科学评价，上海进了一大步》；《文汇报》在9月22日第5版发表《努力释放高考改革对高中教育带来的红利》；《东方早报》在9月22日第A4版发表《支点就隐藏在这里》；《解放日报》在9月26日第5版发表《文理不分科，家长不必有顾虑》；《新民晚报》在10月14日第A2版发表《促进高校提高科学选拔人才能力》；等等。

2014 年 9 月《上海市深化高等学校考试招生综合改革实施方案》发布之后，新浪微博账号“央视新闻”“人民日报”“头条新闻”“上海教育”“上海国子监”等发布相关信息，引发网民热议。人民网、新华网、新民网、新浪网、网易等媒体也都对之进行关注与转载报道，大申网、新民网、上海教育新闻网等上海本地媒体纷纷开辟专栏聚焦上海新高考综合试点改革。另外，家长帮社区、篱笆网、宽带山、百度“上海吧”等论坛也有关注。总体而言，尽管当时网易、凤凰网等媒体存在一定负面评论，但多数网民对于上海新高考综合试点改革持肯定、支持态度。

二、上海新高考综合试点改革的批判性网络舆情

以笔者所掌握的情况来看，网络空间中专门关于上海新高考综合试点改革质疑、批判性的舆情，整体而言十分少见。一方面，上海新高考综合试点改革所引发的质疑与批判远远少于浙江；另一方面，同时涉及浙江与上海两地新高考综合试点改革的网络舆情，也经常是以关于浙江的居多。以下是上海新高考综合试点改革中所出现的若干批判性网络文章。

1）家长帮社区网名“静思虑远”的网络文章《上海新高考改革的批判性思考》。该文于 2017 年 7 月 10 日发表于“家长帮”社区，7 月 11 日被“豆瓣网”转载，但其他各大媒体没有转载。文章指称，上海新高考综合试点改革的弊端包括“课程开不齐，师资严重不足”“分值转换转化带来新的不公平”“新的选课制不利于高校选拔人才”“博弈与机会主义思想潮涌”“教育教学秩序被打乱”“考试频次增加，学生负担加重”①。该文的语言风格，与《闹剧一文》极其类似。对于上海新高考综合试点改革而言，这可以说是一篇值得关注的网络文章。但整体而言，其传播及影响力均相对有限，远远不及《忧虑一文》或是《闹剧一文》。

2）上海市政协委员施华的《关于改进和完善目前“3+3”高考模式的建

① 上海新高考改革的批判性思考［EB/OL］．［2022-05-08］．https://www.douban.com/note/628540364/?_i=2759727CvAb0zC.

议》。[①]该文指出，上海新高考综合试点改革存在“资源浪费严重”“分层走班收效不佳”“英语考2次不合理”“高二提前考生物、地理等级考不合理”“数学取消文理科考试不合理”“学生课业负担更重”等问题，并且建议“打破旧有中学课本藩篱，实施教材重构”“营造外部宽松环境，弱化升学率”“改变高考旧有方式，实施全新命题”“组建权威考试中心，建设试题库，分层选拔学生”。搜狐网以《从政协提案中，深度剖析“3+3”高考模式改革弊端》为题进行介绍，主要内容有物理遭抛弃、等级考计分不合理、地理和生物提前考不合理、文理不分科造成考入清北复交的男生大幅减少、高校理工类专业招生难等。[②]

3）复旦大学高等教育研究所陆一的《高考改革不应使选择高度复杂化》。该文认为，“此次高考改革有一项措施存在方向性失误：在赋予学生选择权的名义下，科目选考和多次考试。改革后，学生可以选考不同科目的组合，达数十种之多，严重损伤了高考作为统一准绳的本质”；等级赋分制仍无法有效解决可比性问题，“该操作理论上使不同科目按等级可比，实际上依旧不可比，因为每个科目的应考群体不同，在不同群体中取得的相对排位根本无法等价”。新高考造成大学生物理基础水平下降，“2017 级本科生的‘大学物理’第一次统考成绩刚出，上海、浙江生源学生不及格率比过去大幅提升（有的班高达 30%）”，“多次考试加重备考应试负担”。[③]不难看出，该文对于新高考综合试点改革中有关增加科目的选择性这一基本价值取向提出了质疑，认为高考应当保证一种“统一性”。该文发表之后，曾引起一些媒体以及学界的关注。

整体而言，上海新高考综合试点改革所引发的负面网络舆情，明显少于浙江。事实上，浙江新高考综合试点改革中所出现的问题，大多也存在于上海。但上海所引发的负面网络舆情，的确明显少于浙江。从这一意义上说，浙江充当了上海新高考综合试点改革的“挡箭牌”。

---

① 关于改进和完善目前“3+3”高考模式的建议[EB/OL].［2021-05-22］. http://www.shszx.gov.cn/node2/node5368/node5376/node5388/u1ai99551.html.

② 从政协提案中，深度剖析“3+3”高考模式改革弊端[EB/OL].［2021-05-22］. https://www.sohu.com/a/200122724_99982584.

③ 陆一：高考改革不应使选择高度复杂化[EB/OL].［2021-05-22］. https://www.sohu.com/a/228963954_507441.

第三节　高考改革网络舆情管控若干矛盾分析

高考是中国教育制度的一个矛盾交汇点、聚合点，高考改革一直是中国教育改革的一个核心问题。在新高考综合试点改革中，浙江与上海作为先行试点省份，两地改革进程为全国教育界所高度关注，直接牵动着两地社会民众特别是考生与家长的神经，稍有风吹草动即成为社会热点、焦点。相对于正面经验来说，负面教训所引起的关注更为广泛，所引起的社会舆论也更为尖锐。大众网络传媒是新高考综合试点改革利益相关者，尤其是高中教师和学生意见表达的重要平台。除了网络，高中教师与学生向全社会表达他们教育、教学、学习真实感受与体验的渠道其实并不多，正是网络传媒为他们提供了一种便捷、高效的平台。但高考网络舆情作为矛盾的交汇点、聚合点，本身又容易引发新的矛盾与对立，而对其进行管控也面临着多重矛盾。

一、自由表达与管制表达的矛盾

网络作为公共领域和大众媒体，为人们提供了一种广阔、多元的表达空间。在相对自由的网络环境中，人们借助于这一空间发表有关新高考综合试点改革的言论，应该说也是其行使话语表达权的一种表现。然而，此种网络空间的话语表达，并非必然成为高考改革的助力，同时也有可能产生某种阻力。通常，人们认为客观、理性与适度的网络舆情有助于增加动力和产生助力，但何为适度却十分抽象，更难以量化、难以操作，况且不同利益相关者对理性本身又有着不同的认识与看法。

一线高中教师与学生常常处于紧张而忙碌的教学、学习中，其实他们原本没有那么多时间讨论新高考利弊。他们之所以通过网络社区表达新高考综合试点改革的问题，某种意义上是其内心痛苦与质疑长期累积的结果。痛苦与质疑一旦超越某一心理阈限，必然突破临界点而向外宣泄。《闹剧一文》本身即是发布者的一种情绪宣泄，就其个人而言，这种宣泄有助于疏解其内心压力，降低更加过激行为发生的概率。此外，这种网络表达观点鲜明，语言犀利，其本身又成为一种重要的社会舆情，并且容易引发更大的舆情风险。而这种舆情风险的进一步发展，可能对正在进行的试点改革形成一种消极影响，从而成为高考改革的一种阻力。显然，高考改革舆情风险一旦超过某一阈值，便极有可能对新政策造成阻滞效应。

问题的关键在于，高考试点改革，即使在一个周期内某一方面的负面作用比较明显，但却可能无法对其做出即时调整。高考政策往往利弊共生，其调整直接影响到不同考生的利益。或者说，由于不同考生的偏好差异，政策调整在使部分考生受益的同时，可能使另外一些考生利益受损。即使政策调整的受益者占多数，受损者占少数，但后者同样也会反对这种调整。频繁的政策调整，不仅会造成考生及教师无所适从，也会直接影响考试的公平性。换言之，问题的棘手之处在于，高考改革作为一个时间序列，一旦启动便必须实施一个完整周期。这正是高考改革的一个难点所在。正是在这个意义上，我们不难理解为何相关部门有时会对高考改革的网络舆情进行一定的引导与规范。

二、网民“信弊不信利”的矛盾心理

在网络传播中，不少受众有一种“信丑不信美”的相信偏好。在这一偏好下，社会公众普遍“见弊忘利”，甚至是“信弊不信利”。具体到新高考综合试点改革上，人们似乎更相信一线高中教师和学生的意见，而相对不愿意相信专家的意见；更愿意相信质疑与批判高考改革的声音，而相对不愿意相信赞美与肯定高考改革的声音。在本章前两节所列举的几篇网络文章中，一线教师与学生多是质疑、批判高考改革，而专家则多是肯定、支持高考改革。当然，不排除有的专家学者其实也看到了其中的弊端，但不便于公开发表意见。

2016 年 10 月，笔者跟随国家教育咨询委员会和国家教育考试指导委员会联合调研组到浙江与上海调研新高考综合试点改革，当时不少高中校长与地方教育局人员纷纷反映诸如选考时间对于教学秩序冲击、跨级或跨届竞争的公平性问题、走班教学的软硬件资源限制、学生课业负担与考试压力、选考科目确定的功利性问题等，可谓是“大吐苦水”。但在网络空间，我们却看不到高中校长与教育局人员直接鲜明地揭示这些问题。当然，他们不便于通过网络公开讨论这些尖锐问题，至少不宜直接以自己真实身份表达、批判新高考综合试点改革存在的弊端及所面临的挑战、限制与困难。

在互联网时代，尤其是移动社交媒体迅速发展背景下，高考改革作为一项公共政策所引发的某种“批判性”社会舆情的传播与扩散，无疑是教育决策者与管理者必须予以高度重视的一个问题。

三、网络舆情表达的正负效应

高考改革网络舆情，不仅是有关新高考综合试点改革的事实反映，而且包括多角度、多层次的价值判断，故其基本价值在于增加了人们对于作为核心利益相关者的高中教师和学生有关试点改革态度与意见的认知。此种网络舆情，通过揭露来纠正部分高中学校的违规或不合理行为，进而产生一种纠偏作用，因而从长远看，其势必对以后的高考政策调整产生一种推动作用。值得注意的是，在网络传播中，关于高考改革的评论常常会产生一种放大效应，并且在某种意义上会形成裂变效应，尤其是当追问新高考综合试点改革决策的民主机制等尖锐问题时，情况更是如此。

在新高考综合试点改革实践中，大众网络传媒作为高中教师和学生的教、学状况表达与反馈的重要平台，本身面临着一个两难问题：一方面，其具有成为教师和学生的意见表达平台的天然优势，并且改革决策层与管理层也有必要借助这种平台获得他们真实的教与学状态；另一方面，由于高考改革高度灵敏，这种反馈同时具有正反两方面效应，也就是说，其既可能成为新高考综合试点改革的有效推动力，也可能成为影响改革的重要阻力。新高考综合试点改革制度，应当具有一定的稳定性，否则，高中教师与学生、高校都将无所适从。不仅如此，在一个改革周期内，规则前后必须保持一致。尤其是像浙江新试点高考选考制度通过设置四个考试节点，更是必须保持这种前后一致性。从价值判断的角度来说，如果高中教师和学生、家长或高校借助于大众网络传媒所表达的都是肯定、认同与支持新高考制度的意见，那么自然是有助于推进改革，并且也是符合改革决策者与执行者、教育行政部门期待的一种结果。但如果高中教师和学生、家长或高校借助于大众网络传媒所表达的都是质疑、批判与否定甚至是直接反对新高考制度的意见，那么必然将直接影响试点改革效果。即使是褒贬参半的反馈意见，也同样会对新高考综合试点改革造成一定的压力与阻力。

总之，在新高考综合试点改革中，媒体同时具有正反两方面效应。大众网络传媒如何发挥效用，又面临着一种两难选择：一方面，媒体应该允许民众表达关于新高考综合试点改革的感受、意见与建议；另一方面，民众的这种网络表达可能是客观、理性的，但也可能是不客观的，而一旦不客观的话，其对于如此敏感的高考改革，势必产生不利甚至是负面的影响。从相关部门的角度与立场出发，他们当然不希望公共网络空间出现对于高考新政策的不客观、不理性的评论，因为在网络传播如此迅速、影响面如此之广的今天，其必定会对新高考综合试点改革的稳步推进产生巨大的阻碍作用。更进一步说，高考改革不能过于频繁，不能朝令夕改，而应当保持一定的稳定性。由于高考改革具有一定的周期性，即使中肯、合理的网络意见，也可能无法在短期内以制度改进的方式进入新高考综合试点改革之中。

四、网络表达与反馈中的民主和集中问题

相关部门基于理论上的论证认为，新高考招生制度明显是利大于弊，具有诸多创新价值。而在学生和老师以及家长那里，既有肯定声音，也有质疑、批判乃至彻底否定的声音，并且后者似乎还居于多数。不同群体对于新高考招生制度的反应与基本判断分别如何？当不同群体持有不同的价值判断，而这些相互冲突的认识与判断又无法达成一致时，究竟应该是以“谁”的认识与判断、主张为基本标准？这是值得深入思考的问题。比如，对于某一变革，在专家看来是科学的、合理的、先进的，但在一线高中教师或学生看来却是他们无法承受的，甚至他们认为是不科学、不合理的。在这种情况下，究竟是应该坚持专家的意见继续推进改革，还是应当充分体谅一线高中教师或学生的感受而取消相关改革？

一线高中教师及学生，尽管大多不具有教育测量与评价学的专业理论知识，但对于新高考综合试点改革给高中教育教学所带来的利弊却十分清楚，有着切

身、深刻的体验。比如，他们可能不是特别了解等级赋分制度、标准分制度，特别是没有理科背景的文科教师，对于这些分数制度可能更加不了解。但他们对于诸如实践层面的走班教学、选考科目确定时间、选考时间及相应影响、学生课业负担、教学秩序等的了解，却比高校的教育学专家更加深刻。假如教育学专家极力主张、赞美某一改革，但一线高中教师与学生并不认同甚至是极力反对，并且无论如何协商都无法取得共识，那么，此时应该以谁的主张为最终决策依据？标准分被引入中国，后来又被各省份纷纷放弃，即是这一方面的典型案例。

再以《闹剧一文》为例，我们应当深入思考以下问题：其中哪些方面反映的是客观事实？哪些方面是主观体验？哪些属于理性表达？哪些属于情绪化的非理性体验？哪些方面的表述是准确的？哪些方面的表述是不准确乃至是错误的？此外，其是否代表了高中教师群体一种普遍、一致的认识？是否代表了学生一致的体验？如果高中校长、教师与学生的基本认知与意见不一致，那么首先应当尊重并满足大多数学生群体的意见与建议，还是应当以校长、教师群体的意见与建议为依据？

作为高考改革讨论空间的网络社区，与其说是一个虚拟空间，不如说是一个真实平台。参与者所讨论的问题为真，而非虚拟；有的参与者甚至直接实名参与互动，而没有刻意虚拟某一身份角色。参与跟帖讨论者，部分是一线高中教师或学生，他们对于新高考综合试点改革有着切身体验，故其意见即使没有典型性、代表性，也至少是一种切实的感知与体认。同时，我们也应看到，部分参与者其实对于新高考综合试点改革实践并不了解，他们参与跟帖只是一种从众行为，他们所表达的其实只是多年以来人们所共同批判的高考的不足。

再者，在浙江、上海新高考综合试点改革中，似乎还没有像娱乐界网络“大V”级意见领袖的参与。没有“大 V”级意见领袖的肯定、认同与支持，自然也少了一种助力。当然，没有“大V””级意见领袖的质疑与批判，也意味着新高考综合试点改革少了一种阻力。事实上，由于高考改革如此复杂，即使“大 V”级意见领袖肯定与支持改革，也十分可能引发相关争论与争议。从更现实意义上说，与其增加一份来自“大 V”级意见领袖的支持声音，毋宁少一份来自“大V”级意见领袖的质疑之声。“大 V”级意见领袖讨论新高考综合试点改革，即使其充分肯定、认同改革理念与制度、政策，在其所引发的关注与评论中也势必存在某些质疑与批判乃至否定声音。而这种质疑与批判之声一旦尖锐且产生较大范围的影响，那么其便可能成为高考改革的阻滞力。就此而言，没有网络“大V”参与评论浙江、上海新高考综合试点改革，对于两地改革的顺利推进来说并不见得是坏事。

在现代“风险社会”，任何一项公共制度与公共政策变革，都可能引发社会风险。高考改革不仅具有高复杂性、高灵敏性，而且牵涉诸多不同利益相关群体与机构。不同参与主体基于不同的立场与利益诉求，形成不同的网络舆情，其中掺杂着人们的情绪、态度、意见、建议。这些情绪、态度、意见、建议，有的高度一致，有的部分相同或相似，部分存在明显差异，有的也可能本身即呈现鲜明的对立与冲突。而无论相同、相似抑或是不同的网络表达，借助于网络空间的交互性得以相互碰撞，迅速传播，形成巨大的传播效应。如果改革幅度与力度过大、节奏过快，十分容易引发改革风险。从这一意义上说，采取渐进主义的改革思路成为一种应然选择。

第六章

新高考综合试点改革：来自高校的反馈调查

高考招生录取工作一旦完成，如何培养所录取考生就成为高校的一项系统任务。尤其是此次新高考综合试点改革，因自由选考而造成同一个专业所招收不同学生的知识结构与知识基础存在差异，如何克服这些差异并进行有效人才培养便成为新时期高校教育教学面临的一项新挑战。及时调查新高考综合试点改革背景下高校的反馈意见，不仅具有现实紧迫性，而且具有重要的学术意义。

第一节　高校招生部门的反馈意见

高校招生部门可以系统汇集新高考综合试点改革后不同专业的反馈意见。2017 年 8 月底至 9 月初，笔者跟随国家教育咨询委员会和国家教育考试指导委员会联合调研组，先后赴浙江、上海调研新高考综合试点改革，其中一个环节是与高校招生部门进行座谈，由此获得了两地高校招生部门关于新高考招生状况的反馈。以下将从高考科目改革对高校招生、人才培养产生的影响及应对举措，高校在使用综合素质评价信息方面存在的问题及解决策略，高校确定专业选考科目依据、存在的问题及改进举措等几个方面，梳理高校招生部门的反馈意见。

一、高考科目改革对高校招生、人才培养带来的影响及应对举措

新高考综合试点改革对于高校招生和人才培养的一个明显的影响就是高校生源结构的变化，即从原来相对单一、相对扁平的生源结构向多元化、多样化的生源结构转变，特别是学生的知识结构发生了根本性的变化。

关于这一方面，浙江省某师范大学学生处某副处长总结了新高考综合试点改革的影响：一是原先只招文科或理科的专业，在新高考综合试点改革背景下开始同时招收传统文、理科学生，生源结构呈现文理交叉渗透特点。二是同一专业（类）中的生源，由于学生的选考科目各不相同，其结识结构、学科特长、专业基础也不尽相同。在实际招生录取中，考生只要有 1 门选考科目符合专业报考要求即可填报相关专业，填报条件相对比较宽松，部分学生的专业基础“不扎实”。三是部分专业因为进行了多段录取后才完成招生计划，所以出现了同一专业学生的高考成绩和学业水平存在较大差异的现象。四是生源总体上呈现出由扁平化向多样化发展的特点。该校浙江省内以往的生源主要集中在重点线以上 20—50 分的区间，2017 年主要集中在一段线至一段线以上 50 分这个区间，生

源层次明显呈现出两极化的特点。

新高考综合试点改革带来的生源结构变化，势必给高校教学管理、学生管理等人才培养工作带来一定挑战。事实上，以往的专业人才培养方案已不能完全适应此种生源变化，高校在人才培养方面必须尽快做出调整。该校所采取的应对举措包括：一是加快实施教学改革，深化课堂教学创新，根据学生的选考科目、高考成绩、专业基础的差异，大力推进分类教学、分层教学，有条件的专业尝试推行小班化教学；二是针对部分专业基础比较薄弱的学生，在第一学期结束或专业分流后开设专业衔接课程，尽快弥补专业基础薄弱之处，帮助学生巩固专业基础。例如，该校在2017年统计了理工类专业没有选考过物理科目的学生，一些专业对其进行了衔接补课①；三是修订人才培养方案中的专业分流政策、转专业政策等配套政策。

上海市一所国家“双一流”建设高校招生办某副主任在谈到高考科目改革对高校招生、人才培养产生的积极影响时指出，在“3+3”不分文理科模式下，学生选考科目的组合打破了文理限制，可能出现大量文理交叉选考科目组合的情况。对于学生来讲，由于不受文理限制，其选择面更加丰富，也更有利于他们按照兴趣选择科目。对于高校而言，一方面，通过设置选考科目促使高校深入分析各专业特质、培养理念、核心素质要求，以及科目选考要求，这无形中为招生增加了新的考量维度，同时也有利于促进高校聚焦自身学科建设、人才培养和办学质量，以吸引更多考生报考。此外，高校可以参照学生的高考选考科目情况，针对不同学生群体设置相对个性化的成长路径，制定与人才培养目标相匹配的培养计划。另一方面，选考科目呈现出文理交叉特点的学生，其知识结构较之传统纯理科或纯文科学生相对更为宽广，这对于复合型人才培养十分有益。关于其消极影响，该副主任指出，不分文理及选考科目的改革使得学生的学业背景差异巨大，从而给入校后的统一培养带来了挑战。比如，该校 2017 年录取的物理组考生，物理成绩最高者为满分 A+（70 分），最低者仅为 C（52 分），物理成绩较低者是否能够适应未来专业学习的要求值得高度重视。再者，高考科目改革为以后转专业限制等教学管理方面提出了新的问题。比如，不同专业组之间如何实施专业互转等便是一种挑战。

---

① 2017 年，该校理工类专业录取人数 1046 人，其中有 678 人选考物理，828 人选考化学，640 人选考生物。相关数据由该校招生办提供。

二、高校在使用综合素质评价信息方面存在的问题及解决策略

综合素质纳入高校招生评价体系是新高考综合试点改革的一项基本内容，即所谓“两依据，一参考”中的“一参考”。如本书第三章所言，高中校长普遍认为高校招生对于学生综合素质评价信息的使用十分有限，目前还主要是在自主招生等特别类型招生中使用，而在统一高考招生中却几乎尚未使用。这样一种基本情形，直接影响了高中校开展学生综合素质评价实践的积极性。那么，高校作为招生评价的主体，对作为一项较新的教育评价实践活动的综合素质评价又有何意见？尤其是高中生综合素质信息作为高校招生评价的一种“参考”，目前还存在哪些问题与困难？

浙江省一所师范大学学生处某副处长认为，目前高中生综合素质评价存在以下问题：在评价结果的呈现上，全省还不统一、规范；中学综合素质评价结果的客观性和准确性还有待加强；中学综合素质评价信息化共享程度还不够；高校在审核时既要审核材料的真假，又要进行人工统计分析，工作效率比较低。比如，该校在“三位一体”招生审核时发现申请者材料存在造假情况，包括学考 A 等级数量、获奖证书等。基于此，该副处长建议加大中学综合素质评价信息化建设力度，高校可以根据自身的招生选才需要，在中学综合素质评价信息网上筛选和分析考生的综合素质评价内容，从而为招生录取提供有效参考，降低高校招生成本，提高高校招生选才效率。

浙江省另外一所师范大学招生办某主任坦言，目前普通类招生按高考分数投档，综合素质评价档案确实尚未能发挥有效作用。其同时指出，当前的综合素质评价在实际操作过程中存在“走过场”和“集中突击”等问题；综合素质评价没有纳入中学日常的教育教学活动；学生成长记录规章制度不健全，收集整理有关材料不及时；综合素质评价档案往往由教师“突击”完成；学生的个性特长难以得到充分展示；对高校录取招生的参考意义有限。另外，综合素质评价档案中的学考成绩可直接用于“三位一体”招生报名中，但档案中的文字叙述性评价结果难以直接用于高校招生考核中，且各地区之间的教育主管部门和各高中校之间的评价体系也存在差异。为此，该主任建议改进中学综合素质评价体系，开发全省

统一的综合评价信息系统，实行“学期登记制”。

上海市一所“双一流”大学招生办某副主任认为，在现有招考模式下，综合素质评价信息可发挥作用的范围比较小。其问题包括：面试专家对综合素质评价信息内容的理解及把握不足；综合素质评价信息本身过于模块化，难以体现不同学生的个性特点。例如，奖项仅有市级（指的是上海市）以上，缺乏可定制的经历和获奖项目等。再者，综合素质报告量大，学校招收学生人数众多，面试准备时间少。从最初的资料准备到面试，再到最后的复核分数等，每一环节紧紧相扣，时间十分紧迫。该副主任表示，今后几年该校将对考生的数据进行持续跟踪反馈，同时结合自身办学特色和人才培养要求逐步建立起对综合素质评价内容中各个信息点的价值判断；通过积累经验，培训一个经验丰富的专业化综合素质评价团队，不断完善综合素质评价使用办法，建立科学规范的综合素质评价体系。同时，其希望市教委继续对综合素质评价内容进行优化，此外还建议增加一些学校特色活动和指标，并应注意时效性等问题。

浙江省一所“双一流”建设高校招生办某副主任指出，综合素质评价的使用，最主要的难点源自对评价维度的选取、各维度比例的设置以及评判过程中公正性的把握。有些维度具有普适性，如获奖情况、社会实践等，考生之间具有可比性；有些维度具有差异性，因而不可用，如选修模块、先修课程等因校而异。

杭州市一所高校招生办某工作人员表示，高中综合素质评价表记录事项多，但关于学生对各项目的参与程度、取得的成绩和收获等表述不尽一致，评价尺度较难把握。目前该校采取的方法是在遴选不同类型的教师从多个维度进行评价的基础上，再取平均值，以尽可能达到评价尺度相对均衡的目标。该工作人员表示，加强使用高中综合素质评价，首先需要解决高中综合素质评价标准和尺度不统一的问题，避免仅仅以学校甚至以班级为单位进行评价，提高其信度和效度，使之具有一定的可比性。例如，写实性记录要准确完整，应有实践报告摘要，以及志愿服务项目、内容、时间和成效等。

杭州市一所职业院校招生办某工作人员表示，《浙江省教育厅关于完善浙江省普通高中学生成长记录与综合素质评价的意见》从学生的品德表现、学业水平、运动健康、艺术素养、创新实践等五方面进行综合评价，结果分为 A、B、C 三个等第，但在具体构成比例上高校并不十分清楚。该工作人员还担心学业水平的占比过大，提出高校直接将等第折算为成绩使用应当慎重，且比例不宜过大。

三、高校确定专业选考科目依据、存在的问题及改进举措

新高考综合试点改革着眼于增加学生与高校的自主选择权。高校招生自主权一个重要的体现在于，其可以自主设置不同专业的选考科目要求。目前，根据浙江、上海新高考综合试点改革方案，高校在某一专业上可以设置 0—3 门选考科目。其中，选考科目为 0 门者，没有任何要求，最为宽松；为 3 门者次之，考生选择其中任何 1 门即可报考；为 2 门者又次之，考生选择其中 1 门即可报考；为 1 门者最为严格，考生必须选考该门方可报考。就科学层面而言，高校招生专业确定选考科目的基本依据应当是人才培养的专业基础要求和学科相关性。但在实践层面，出于保障生源的考量，绝大多数高校往往不得不考虑选考科目设置要求对于报考生源的影响。除了顶尖的高水平大学外，绝大多数高校在纯粹性的科学考量与功利性的生源保障考量之间面临着难以调和的紧张与博弈，并且办学层次越低、招生越困难的高校，越是需要首先考虑生源保障。选考科目条件越低意味着生源越充足，条件越高意味着生源越少。改革试点阶段，高校在确定选考科目设置方面没有现成经验可供参考和借鉴。有的高校在确定专业选考科目时不够科学、严谨，而基于生源保障的考虑，不少高校普遍放宽选考科目设置，要么确定 3 门选考科目，要么完全不作要求。“最多只需一门符合即可报考”的刚性规定，造成某一专业所录取生源的知识结构不再像传统文理分科模式下的那么单一、一致，而是呈现出结构多元的特点，这样高校便面临着人才培养的新挑战。

浙江省一所师范大学学生处某副处长表示，该校确定专业选考科目的依据主要包括如下两方面：一是人才培养的专业基础要求和学科相关性；二是未来生源的覆盖面，即生源是否充足。从专业确定选考科目的初衷来讲，高校招生希望录取专业基础、专业性向与专业素养比较好的学生，希望选考科目比较明确，但同时不能不考虑选考科目定得“过少、过死”后，潜在生源就会减少，届时录取考生的高考分数比较低，甚至可能由于生源不足还需进行多段录取，结果势必降低生源质量。该副处长同时指出，高校在确定高考选考科目时如何平衡其中的“松”“紧”关系，实际上是一个理想与现实的矛盾问题。从高校确定选考科目的情况来看，总体上较为宽松，大多数的三种选考科目组合基本上都能覆盖 80%—90%的专业（政史地组合最少，能覆盖 66%以上的专业）。不少学生，特别是专业

意向不够明确者，在确定高考选考科目时首先考虑的往往是自身的学科特长和兴趣。此外，还有一个选考科目的科学性问题。比如，同一专业（类）在不同高校的选考科目设置要求存在差异，学生容易感到复杂、混乱，无所适从。尤其值得重视的是物理科目的选考问题。高校理工类专业众多，物理又是理工类专业的基础性科目，但从中学的选考情况看，选择物理的学生人数在不断减少。显然，这种“逃避”物理的现象，对高校理工类人才的培养极为不利。该副处长进一步指出，为了提高理工类专业学生的科学素养和科技创新能力，建议把物理作为理工类专业必须选考的科目；取消“最多只需一门符合即可报考”的选考基本规定，招生专业可以要求考生必须同时选考某 2 门甚至 3 门科目方可报考；针对同一专业（类）在不同高校的选考科目比较随意、多样的问题，有必要组织专家进行研究论证，由省里直接统一确定选考科目，这样不仅可以解决选考科目杂乱问题，提高专业选考科目的科学性，而且可以保障有更多的学生愿意选择物理、化学、生物等理科科目。

浙江省一所“双一流”大学本科生招生办某主任表示，浙江新高考的科目改革，不仅扩大了学生的选择权，使学生在高中阶段可以实现文理贯通，同时也使高校获得具有多元学科基础的生源结构，有利于满足各专业对学生基础知识的不同要求；新高考综合试点改革实行由高校专业设定选考科目要求的规定，细分了专业对基础知识与科目的前置需求，有利于不同专业招到优质生源。该校确定专业选考科目的依据是专业培养方案中的基础课程权重、招生专业大类的需求及院系学科专家的意见。在自由选考制度下，学生的选考科目体现出文理交融的特点。对于绝大部分专业来说，理科学生增强了人文素养，文科学生受过理科的逻辑思维训练，为学生的继续深造或后续交叉学科人才的培养打下了良好的基础。以该校人文科学试验班为例，该试验班包含人文学院汉语言文学、历史学、哲学、文物与博物馆学等 6 个专业，因兼顾招生专业大类中所有专业对于基础课程的要求，2017 年其选考科目为政治、历史、地理“二选　”。其中哲学专业需要学生具备较强的理科逻辑思维基础，这一问题在传统文理分科模式下一直不易解决，只能通过“三位一体”招生渠道得到一定缓解。但 2017 年该人文科学试验班招收的 122 名浙江籍学生中，66%的学生选考了物理或化学，直接满足了其中哲学专业对于学生文、理科基础的双重要求。

上海市一所“双一流”建设高校招生办某主任指出，在新高考综合试点改革背景下，物理科目被不断弱化，理工见长的高校人才培养遇到挑战。根据赋分规则，选考者普遍感觉“吃亏”，因而很多中学明确表示引导学生避开物理，这导致学生数理基础薄弱，不利于拔尖创新人才的选拔与培养。该招生办主任表示，2017 年新高考录取给人的一个直观感觉是语文、数学、外语的成绩所占比重较大。在一定意义上说，选考科目成绩较差的考生，只要语文、数学、外语成绩好也能被录取。根据以往的判断，该校录取的考生选考科目基本上都应该在 A+水平，但2017年并非如此，不少选考科目成绩比较差的考生借助语文、数学、外语的高分而获得录取机会。值得指出的是，该招生办主任建议：在选考科目的设计上，有必要要求物理、历史 2 门必选其一；选考科目在给出等第分的同时给出绝对分，由高校在综合评价中进行个性化使用，如该校的物理科目组招生计划占比较大，可以在物理组综合成绩合成中加入物理单科绝对分数项。

浙江省另外一所师范大学招生办某主任指出，高校首先根据专业特性与学生知识结构体系之间的关联性确定选考科目，同时应当考虑不同科目在学生选科中的占比问题。从该校2017年录取情况看，偏文科类专业考生分数明显高于偏理工类专业考生。该主任进一步指出，目前不少高校开始按类招生，但类别却“五花八门”，有的纯粹是为了吸引考生，内设专业“名不副实”，并且在志愿填报方面增加难度，形成一定误导，科学性和合理性值得斟酌。有鉴于此，该主任建议逐步实现“相同专业由省里统一设置某一必选科目”的目标，同时建议按照教育部专业目录，即专业大类或者学科分类，统一规范按类招生的名称。

杭州市某职业技术学院招生办主任表示，该校选考科目的选择主要基于两个方面的考虑：一是专业相近原则，选考科目与专业要求对口，如机械类专业一般需要选考物理，化工类专业一般需要选考化学；二是报考生源的最大化原则，每个专业一般设置 3 门选考科目，即“三选一”即可，但显然，这一原则与专业相近原则存在很大矛盾。

嘉兴市某职业技术学院招生办主任反映，招生专业确定选考科目的本意是选拔适合本专业学习的考生，因此，选考科目应该是与本专业学习密切相关的科目。但随着高校不断扩招与生源减少，高职院校普遍面临生源压力，尤其是地方性高职院校面临的生源压力更大，因此在确定高考选考科目时，必然出现有些学校、有些专业首先考虑解决生源数量问题，而把选拔合适人才放在“第二位”。

此外，高校普遍希望在自主招生评价中进一步扩大自主权。比如，浙江师范大学、浙江理工大学、杭州师范大学、浙江大学、上海交通大学、复旦大学等学校都希望进一步扩大自主招生权限。

第二节　不同专业录取学生选考科目的调查分析：以三所高校为例

为进一步深入了解新高考自由选考背景下不同专业录取学生选考科目情况，本研究选取了浙江省 A、B、C 三所高校进行量化分析。其中，A、B 两所大学招生以理工类专业居多，C 大学招生以师范教育和文理基础类专业居多。三所高校所依据的均为 2017 年在浙江省统一高考招生各专业（类）选考科目的数据。

一、A 大学 2017 年在浙江省统一高考招生各专业（类）选考科目统计分析①

A 大学是一所综合性大学，学校当时设有 66 个本科招生专业，学科涵盖哲学、经济学、法学、教育学、文学、理学、工学、农学、医学、管理学、艺术学等 11 大门类。A 大学 2017 年在浙江省统一高考招生各专业（类）选考科目的统计见表 6-1。

表 6-1　A 大学 2017 年在浙江省统一高考招生各专业（类）选考科目的统计

选考科目	招生专业（类）			
	电气通信与计算机类（人）（物理、技术②，共 519 人）	所占比例（%）	工业设计（人）（物理、历史、地理，共 38 人）	所占比例（%）
物理	500	96.34	24	63.16
历史	71	13.68	12	31.58
技术	80	15.41	4	10.53

① 本部分数据由该校招生办提供。

② 此处表示，考生只需在物理、技术 2 门科目中“二选一”即可报考该专业，下同。

续表

选考科目	招生专业（类）			
	电气通信与计算机类（人）（物理、技术，共519人）	所占比例（%）	工业设计（人）（物理、历史、地理，共38人）	所占比例（%）
政治	39	7.51	6	15.79
地理	182	35.07	21	55.26
化学	420	80.92	27	71.05
生物	265	51.06	20	52.63

选考科目	招生专业（类）			
	化工与生物类（人）（物理、化学、生物，共541人）	所占比例（%）	机械与工业工程类（人）（物理，共281人）	所占比例（%）
物理	344	63.59	281	100.00
历史	113	20.89	27	9.61
技术	29	5.36	31	11.03
政治	98	18.11	32	11.39
地理	207	38.26	93	33.10
化学	490	90.57	241	85.77
生物	342	63.22	138	49.11

选考科目	招生专业（类）			
	建筑类（人）（物理、历史、地理，共80人）	所占比例（%）	×试验班类（人）（不限，共62人）	所占比例（%）
物理	57	71.25	42	67.74
历史	15	18.75	16	25.81
技术	5	6.25	4	6.45
政治	21	26.25	16	25.81
地理	46	57.50	24	38.71
化学	60	75.00	47	75.81
生物	36	45.00	37	59.68

选考科目	招生专业（类）			
	经贸、法学与管理类（人）（物理、政治、历史，共443人）	所占比例（%）	理学与光电信息类（人）（物理、化学，共157人）	所占比例（%）
物理	222	50.11	127	80.89
历史	199	44.92	29	18.47
技术	13	2.93	16	10.19
政治	241	54.40	20	12.74
地理	156	35.21	55	35.03
化学	277	62.53	138	87.90
生物	221	49.89	86	54.78

续表

选考科目	招生专业（类）			
	土木类（人）（物理，共133人）	所占比例（%）	外国语言文学类（人）（历史、地理、政治，共142人）	所占比例（%）
物理	133	100.00	27	19.01
历史	20	15.04	89	62.68
技术	19	14.29	11	7.75
政治	10	7.52	95	66.90
地理	54	40.60	93	65.49
化学	102	76.69	54	38.03
生物	61	45.86	57	40.14
选考科目	招生专业（类）			
	新闻传播与中国语言文学类（人）（历史、地理、政治，共133人）	所占比例（%）	药学类（人）（物理、化学、生物，共180人）	所占比例（%）
物理	27	20.30	111	61.67
历史	89	66.92	43	23.89
技术	9	6.77	6	3.33
政治	91	68.42	23	12.78
地理	73	54.89	69	38.33
化学	54	40.60	166	92.22
生物	56	42.11	122	67.78

由表 6-1 可知，第一，A 大学统一高考招生所有专业（类）学生的选考科目均呈现出文理交融的特点。没有一个专业录取学生的选考科目为传统“三理”（即“物理+化学+生物”），也没有一个专业录取学生的选考科目为传统“三文”（即“历史+地理+政治”）。

第二，电气通信与计算机类所招学生总数为 519 人，其中选考物理者 500 人，占 96.34%；选考技术者 80 人，占 15.41%。应该说，绝大多数学生选考了物理，仅有 3.66%的学生未选考物理，但由于招生的绝对人数较多，所以即使是 3.66%的比例，未选考物理者仍达 19 人。

第三，化工与生物类所招学生总数为 541 人，其中选考化学者 490 人，占 90.57%；未选考化学者占 9.43%，达 51 人。选考生物者 342 人，占 63.22%；未选考生物者占 36.78%，达 199 人。

第四，建筑类所招学生总数为 80 人，其中选考物理者 57 人，占 71.25%；未选考物理者占 28.75%，达 23 人。

第五，理学与光电信息类所招学生总数为 157 人，其中选考物理者 127 人，占 80.89%；未选考物理者 30 人，高达 19.11%。选考化学者 138 人，占 87.90%；未选考化学者 19 人，高达 12.10%。

第六，药学类所招学生总数为 180 人，其中选考化学者 166 人，占 92.22%；未选考化学者 14 人，占 7.78%。选考生物者 122 人，占 67.78%；未选考生物者 58 人，占 32.22%。

第七，经贸、法学与管理类所招学生总数为 443 人，其中选考物理者 222 人，占 50.11%；选考化学者 277 人，占 62.53%；选考生物者 221 人，占 49.89%。外国语言文学类以及新闻传播与中国语言文学类所招学生中，也有一定比例的学生选考了物理、化学或生物。

二、B 大学 2017 年在浙江省统一高考招生理工专业（类）选考科目统计分析

B 大学是以工科为主，理、工、文、经、管、法、艺、教等多学科协调发展的省重点建设高校。该大学主要是依据专业培养需要确定选考科目，注重文理交融，向学生明确表达某专业是属于理工类抑或是文理交融。例如，理学、工学学科招生专业包括机械类、电气类、计算机类、电子信息类、土木类等，选考科目设定为物理、技术、化学“三选一”；部分艺工结合或具有一定历史特色的专业，如工业设计类、纺织类、建筑学、服装设计与工程、丝绸设计与工程等，选考科目设定为物理、化学、历史“三选一”。B 大学 2017 年在浙江省统一高考招生部分专业（类）选考科目的统计见表 6-2。

表 6-2 B 大学 2017 年在浙江省统一高考招生部分专业（类）选考科目的统计

（单位：人）

专业	选考科目范围	录取总数	未选物理	未选化学	物理化学生物	物理化学技术	物理	化学	生物	历史	地理	政治	技术
机械类	物理/技术/化学	148	13	30	46	9	135	118	72	23	62	14	20
电气类	物理/技术/化学	108	17	12	48	6	91	96	65	15	31	13	13

续表

专业	选考科目范围	录取总数	未选物理	未选化学	物理化学生物	物理化学技术	物理	化学	生物	历史	地理	政治	技术
电子信息类	物理/技术/化学	88	9	20	36	7	79	68	52	16	29	8	12
计算机类	物理/技术/化学	113	21	26	37	10	92	87	53	23	36	13	35
化学类	物理/化学/生物	108	47	3	43	2	61	105	79	20	41	11	7

资料来源：数据由 B 大学本科招生办提供

由表 6-2 可知，第一，B 大学所列招生专业（类）录取学生的选考科目均呈现出文理交融的特点。没有一个专业录取学生选考科目为传统“三理”（即“物理+化学+生物”），也没有一个专业录取学生的选考科目为传统“三文”（即“历史+地理+政治”）。

第二，机械类共计招收浙江生源 148 人，其中选考物理者 135 人，占 91.22%；未选考物理者 13 人，占 8.78%。选考物理、化学、生物即传统理科科目者 46 人，占 31.08%。

第三，电气类共计招收浙江生源 108 人，其中选考物理者 91 人，占 84.26%；未选考物理者 17 人，占 15.74%。选考物理、化学、生物即传统理科科目者 48 人，占 44.44%。

第四，电子信息类共计招收浙江生源 88 人，其中选考物理者 79 人，占 89.77%；未选考物理者 9 人，占 10.23%。选考物理、化学、生物即传统理科科目者 36 人，占 40.91%。

第五，计算机类共计招收浙江生源 113 人，其中选考物理者 92 人，占 81.42%；未选考物理者 21 人，占 18.58%。选考物理、化学、生物即传统理科科目者 37 人，占 32.74%。

第六，化学类共计招收浙江生源 108 人，其中选考化学者 105 人，占 97.22%；未选考化学者 3 人，占 2.78%。选考物理、化学、生物即传统理科科目者 43 人，占 39.81%。

三、C 大学 2017 年在浙江省统一高考招生各专业（类）选考科目统计分析

C 大学是一所地方性师范类大学。从学生选考科目看，2017 年，C 大学浙江

省统一高考招生选考科目同样也呈现出文理融合的特点。其典型的表现是所有专业都录取了一定数量的选考“二理一文”“二文一理”的学生。例如，汉语言文学（师范）专业，除了选考“三文”科目外，又分别有 5 名学生选考“二理一文”，12 名学生选考“二文一理”。即使是历史学（师范）专业，也有 1 名考生选考“三理”，3 名学生选考“二理一文”，而人文教育（师范）专业则有 2 名学生选考“三理”，5 名学生选考“二理一文”。

C 大学 2017 年在浙江省统一高考招生各专业（类）选考科目的统计见表 6-3。我们将“三理、二理一文、二文一理、三文”作为因素水平，进行单因素方差分析。结果表明，各专业（类）选考科目的学生数量在选择“三理”与“二理一文”、“三文”与“二理一文”、“三文”与“二文一理”因素水平上具有显著差异，而在“三理”与“二文一理”、“三理”与“三文”、“二理一文”与“二文一理”因素水平上不具有显著差异。也就是说，新高考之后，较之纯粹“三理”科目，选“二理一文”科目的学生更多，并且二者具有显著差异。同样，较之纯粹“三文”科目，文科专业生源的分化多样，选考“三文”与“二理一文”学生数、选考“三文”与“二文一理”学生数也分别具有显著差异。

表 6-3　C 大学 2017 年在浙江省统一高考招生各专业（类）选考科目的统计

（单位：人）

招生专业（类）	三理	二理一文	二文一理	三文	小计
汉语言文学（师范）	2	5	12	11	30
汉语言文学	2	7	10	9	28
历史学（师范）	1	3	14	17	35
人文教育（师范）	2	5	14	9	30
汉语国际教育	2	5	12	6	25
数学与应用数学（师范）	18	28	8	0	54
物理学（师范）	16	13	2	0	31
科学教育（师范）	8	22	5	0	35
数据科学与统计类	16	20	7	0	43
地理信息科学	1	8	12	7	28
生命与环境科学类	15	43	16	0	74
食品质量与安全	5	15	5	0	25
文化产业管理	0	12	16	12	40
英语（师范）	5	15	14	11	45
英语	9	25	41	18	93
日语	2	11	30	7	50

续表

招生专业（类）	三理	二理一文	二文一理	三文	小计
朝鲜语	0	9	6	9	24
翻译	1	13	9	3	26
思想政治教育（师范）	0	5	13	9	27
社会工作	3	13	28	22	66
经济学类	11	36	22	20	89
管理学类	0	14	22	17	53
法学类	9	33	53	44	139
小学教育（师范）	33	85	79	45	242
学前教育（师范）	6	23	23	13	65
特殊教育（师范）	2	7	17	4	30
教育技术学（师范）	5	16	5	0	26
应用心理学	2	11	7	0	20
临床医学	33	57	13	0	103
口腔医学	5	7	3	0	15
预防医学	7	12	4	0	23
药学	7	18	6	0	31
护理学	18	52	48	0	118
公共事业管理（健康管理方向）	6	21	18	7	52
公共事业管理（卫生事业管理方向）	2	9	6	6	23
化学类	55	100	19	0	174
电子商务类	20	37	42	31	130
信息技术与国际服务工程类	78	91	29	7	205
国际商务	5	10	18	7	40
小计	412	916	708	351	2387

资料来源：此处数据由 C 大学本科招生办提供

以上三所高校的统一高考招生中学生选考科目呈现出文理交融的特点，具有一定的普遍性。笔者认为，一方面，学生选考科目呈现出文理交融的特点，较之传统简单文理分科更有助于培养文理融通的复合型人才；另一方面，传统理工类专业录取的部分学生没有选考物理或者化学，又造成了高校人才培养的棘手难题。从本节所列举的相关数据来看，以上三所高校均有部分传统理工类专业录取的学生，或者没有选考物理，或者没有选考化学。理论上，这一部分学生可能因为其物理或化学基础薄弱而难以适应高校的课程学习。而从笔者的访谈调研来看，确实有高校招生办人员反映部分理工类专业学生因为物理或化学基础薄弱而难以适应大学专业课程学习，甚至需要补习高中物理或化学课程。

在新高考自由选考对大学理工类专业人才培养的影响这一问题上，已有部分学者做了学术探讨。倪忠强等认为，新高考综合试点改革启动后，对高中物理内容做了很多删减，其结果势必影响大学物理教学，以至于无法实现应有的教学目标。[①]倪晓冉等从多个角度对华东师范大学 2017 级学习“大学物理”课程的学生进行了测试，比较了新高考之后的第一届上海学生与其他地区学生在物理先修知识和后续学习成绩上的差异，结果发现，上海学生样本在大学数学和化学课程中的表现要优于其他地区的学生，但在大学物理先修知识的掌握程度上却显著低于其他地区学生；经过一学期大学物理课程的学习，上海学生的平均物理基础知识水平有了较大的提升，但和其他地区的学生相比仍然存在一定的差距。[②]

如何有效夯实部分理工类专业新生的物理或化学基础知识，如何有效进行大学教学，成为当前新高考自由选考背景下高校理工类人才培养的重要问题，未来还需要进一步加强相关的学术研究与教学研究。

① 倪忠强，吴天刚，顾牡，等. 新高考模式下“大学物理先导课”的设计与实践[J]. 物理与工程，2018（6）：53-56.

② 倪晓冉，朱广天. 新高考改革对上海学生大学物理学习的影响[J]. 物理与工程，2019（1）：93-97，103.

第七章

新高考综合试点改革的结构-功能及政策学分析

浙江与上海新高考综合试点改革，不是高考某一单个方面的改革，而是一场涉及考试科目、考试分值、考试时间以及招生与录取等不同方面和环节的结构性与系统性变革。从结构与功能的视域出发，分析两地新旧高考招生制度，对于深刻认识新高考综合试点变革，促进《国务院关于深化考试招生制度改革的实施意见》等政策的落地具有十分重要的价值。同时，从政策学的视角出发，系统剖析新试点高考政策的结构要素、高考政策执行路径、高考改革共识的达成，对于全面、深刻地认识与解决新高考综合试点改革中所出现的新问题具有重要意义。

第一节　新高考综合试点改革制度的结构-功能分析

在当代哲学社会科学领域，结构主义有着十分重要的影响。不同领域中的结构主义尽管呈现出一定的差异性，但仍具有一定的共通性。从一定意义上而言，与其说结构主义是一门哲学，毋宁说它是一种基本的方法论。“结构主义者相信，现实的本质并不单独地存在于某种时空中，而总是表现于此物与它物间的关系之中。”“单独的部分之所以有其自身的意义、功能，有其自身的确定性，是因为它的所有的一切，都归属于整体，都惟其参照‘整体’才能够表现出来。换句话说，脱离了整体，任何部分就无意义可言。”[①]结构主义强调整体性研究，反对孤立、局部的研究；强调认识事物内部的结构，反对单纯研究外部现象。这种注重“整体”、注重“关系”的分析方法，可以为新试点高考招生制度提供一种重要的认识视角。

一、浙江与上海新高考综合试点改革制度的基本结构

高考招生制度是一个复杂的结构系统，不仅需要进行历时性的结构分析，而且有必要进行共识性的结构分析。当高考招生制度发生结构性、系统性变革时，从纵向分析其动态变迁、从横向分析其新结构及新功能具有重要意义。2014 年，国家选取浙江与上海进行高考招生综合试点改革，新的高考招生制度呈现出明显的结构性变革。

（一）从“一依据”到“两依据，一参考”

传统高考只是以高考成绩作为录取的基本依据，而新高考综合试点改革则在高考成绩之外，将高中学业水平考试成绩作为录取的另一基本依据，即所谓“两

① 沃野. 结构主义及其方法论[J]. 学术研究，1996（12）：35-40.

依据”。除此之外，新高考综合试点改革又将高中生综合素质评价作为录取的基本参考。如果说传统高考“一依据”是一种相对单一、片面的评价，那么“两依据，一参考”则是一种立体、综合的评价，并且更加结构化。从这一意义上说，从“一依据”到“两依据，一参考”确实是一种结构性的变革。

（二）考试科目、考试分值与考试时间

1. 考试科目

上海高考在新高考综合试点改革之前实行“3+1”模式，即除语文、数学、外语必考科目以外，考生再从物理、化学、生物、历史、地理、政治 6 门科目中任选 1 门作为选考科目。在新高考综合试点改革之前，浙江高考实行“3+理综/文综”模式。换言之，在新高考综合试点改革之前，上海不分文理科，浙江则简单分为文科与理科；在新高考综合试点改革之后，则实行不分文理的“3+3”模式，即考生考试科目为语文、数学、外语 3 门必考科目，加上 3 门自由选考科目。在选考科目方面，上海实行“6 选 3”，即考生从物理、化学、生物、历史、地理、政治 6 门科目中任意选择 3 门；浙江实行“7 选 3”，即考生从物理、化学、生物、历史、地理、政治、技术 7 门中任意选择 3 门。上海“6 选 3”，总共可以构成 20 种选考科目组合；浙江“7 选 3”，共计有 35 种选考科目组合。在正式称谓上，上海将“+3”科目称为“学考等级性考试科目”，与之相对的是学考合格性考试。浙江则将“+3”科目称为“选考科目”，与之相对的是学考科目。此外，浙江的学考与选考实行“合卷”，即同一科目在一次考试中同时提供学考和选考两种试卷，学考满分 70 分，考“必考题”；选考是在学考“必考题”基础上再增加“加试题”（满分 30 分），两者满分 100 分。总体来说，上海选考科目从过去不分文理的单一科目变为多种科目组合，浙江则从简单文理分科发展到了多种科目组合。

2. 考试分值

浙江与上海新高考综合试点改革中，必考科目语文、数学、外语分值区间皆为 0—150 分。在“+3”选考科目上，上海分值区间为 40—70 分，浙江为 40—100 分。浙江高考选考科目与上海学考等级性考试，均实行等级赋分制。从区间上看，浙江高考选考科目以学考合格为赋分前提，最低分为 40 分，最高分为 100

分，以 3 分为一个等级，共分 21 个等级；上海学考等级性考试同样以通过合格性考试为基本前提，每 3 分为 1 个等级，共计 11 个等级。

3. 考试时间

为有效消除传统高考造成的高三学生压力过大问题，此次新高考综合试点改革在考试时间方面进行了创新。其中，浙江考生分别可以在高二上、下学期和高三上、下学期，具体是在每年的 4 月和 10 月参加高考选考科目的考试；上海考生可以在高二下学期参加地理和生命科学科目的学考等级性考试，在高三下学期参加所有“+3”科目的学考等级性考试。传统高考所有科目集中在每年 6 月上旬考试，如果将其看作一个“节点”，那么新高考综合试点改革设计则从时间维度上增设了多个“节点”，因而构成一个纵向序列，或者整体上可以看作一个立体性的时间结构。由于这种立体性时间结构的创新，高考不再是以往的“盛大节日”，传统意义上的高考期间交通全面管制现象也明显减少。在浙江，高考选考期间甚至呈现出一种“冷清”状态。与此同时，此种考试时间安排的制度创新，也是增加考试选择性的一种具体体现。而浙江、上海新高考制度的某些功能，正是源于所增加的历时性结构，诸如新应试主义、改革之初非完全竞争下的错位竞争及其所衍生出的相关问题等。

二、浙江与上海新高考综合试点改革制度的正功能

根据结构-功能理论，不同的结构具有不同的功能，新结构意味着新功能的产生。浙江与上海新高考综合试点改革，因其结构性的创新而带来功能性的变革。同时，结构主义理论提醒我们，应该注重事物之间的关系，而不是孤立地观察某一事物。我们不能只关注新高考制度的某一个方面，而必须同时结合其他方面进行综合分析，必须全面观察其整体功能。以一种整体、联系的思维观察浙江、上海新高考综合试点的结构性变革，有助于我们更加全面地认识两地新高考综合试点改革方案的新功能。另外，实践是检验思想与理论的最终标准，两地新高考综合试点改革方案的创新功能，能否从“潜功能”转化为“显功能”，需要诉诸实践进行判断。

时至今日，从正功能与负功能的角度剖析两地高考综合试点改革制度的新功

能，较之从“潜功能”转化为“显功能”的角度进行分析，无疑更具有学术价值与实践价值。

（一）赋予学生自由选择考试科目的权利而增加公平性

以生为本是一种基本教育理念。同样，考试制度的一个基本理念也应是以生为本。就高中教育教学而言，以生为本的具体体现之一就是加强学生的选择性，赋予其充分的自由选择权；对于高考而言，以生为本则是赋予考生选择考试科目的权利。放眼国际，奉行专业分化原则，实际上已成为高中教育和高考招生的一种惯例。

浙江新高考招生制度中，在以往文理分科模式下，学生或是选择文科，或是选择理科。如果说学生具有选择权，那么也就是对于文科或理科的选择。这种简单文理分科模式，对于恰好偏好“理化生”“史地政”两大类组合的考生来说是利好的，但对于除此之外的偏好其他科目组合的考生则是不利的。新高考选考制度显然不是只有利于偏好“理化生”“史地政”两类组合的考生。

综观浙江与上海新高考招生制度，一个共同核心理念是扩大考生选择权。这种选择权的价值，集中体现于高考选考方面。比如浙江，考生可根据自身兴趣特长和报考院校及专业要求自主确定选考科目，选考科目组合达35种之多。同时，选考科目的考试时间点也有 4 个，每一选考科目可以有两次考试机会。再如上海，学生选考科目组合类别也有20种。这样的制度设计，在中国统一高考历史上是一种前所未有的变革。在新高考综合试点改革方案出台之前，高中新课改即强调增加学生的选择权。从这一意义上说，高考制度赋予学生选择权，正与高中新课改赋予学生选择权相呼应，并且从更深层次、以更大力度推进了高中新课改。如果说以前的高考文理分科或合科模式对“人的差异”观照相对不够，那么现在的高考选考制度设计则通过贯彻“选择性”理念，充分观照考生的个体差异而得以彰显“个性”与“温度”。

（二）增加高校招生自主权

作为招生主体，高等院校本当行使自主权，彰显自主性。但长期以来，高校自身意志难以得到完全体现。近十多年的高校自主招生，尽管参与院校数不断增加，尤其是高职院校自主招生力度空前，但总体而言，除高职院校及个别研究型大学外，自主招生在高校招生中一直处于一种补充地位。

在浙江、上海新高考招生制度下，高校可以选择不同的考试招生模式，自主确定是按专业还是按专业（类）录取；同时，高校还可以自主设置某一专业考生的选考科目要求。这显然是一种普遍的、重要的权力回归。从一定意义上可以说，借助于这一回归，高校招生自主权正在由多年的呼吁变为现实。此外，高校在录取考生时，可以对学考科目考试等级做出规定要求，这也增加了高校的自主权。尽管高等院校自身可能在招生专业选考科目设置方面尚未做好充分准备，同时不同高校在专业选考科目方面的要求差异直接增加了学生了解某一专业报考规定的复杂性，但将不同专业的具体报考要求交还给高校自身，终究是增加了高校招生的自主权。此外，浙江、上海统一高考招生改革还将学生综合素质评价作为录取的参考依据，应该说在一定程度上也是高校行使招生自主权的体现。

（三）促进高校学科专业调整

在高等教育逐渐由“卖方”市场发展到“买方”市场的大背景下，高校招生主体之间呈现出激烈竞争状态。不过，以前统一高考制度没有赋予考生充分选择权且以院校投档优先，生源竞争与生源危机对高校学科、专业的激活效应相对有限。尤其是在公立高校，某一学科、专业一旦设置之后，即难以对其做出撤销、停招处理，因为来自学科、专业教师的阻力往往十分强大。即使某一学科、专业只能借助调剂招生，这种削减、停招处理也同样极为困难。

按照浙江、上海新高考招生制度，考生按专业（类）平行投档而且录取不分批次。随着院校投档优先发展到专业投档优先，过去学科、专业难以调整的困局迎来破解契机。在专业投档优先的制度设计下，热门专业拉动、带动冷门专业，进而为后者调剂生源的效应基本消失，冷门学科、专业将直接遭遇基于考生专业选择而带来的冲击。“专业+学校”的平行志愿模式，势必从根本上激活高校作为招生主体的主动性，并在高校学科、专业之间形成一种强劲的洗牌效应，这是新高考招生改革的又一重要价值。新高考综合试点改革启动之后，浙江与上海两地一些高校积极开展学科、专业的评估与论证，有的高校主动取消了某些专业的招生，正是新高考招生制度激活高校学科、专业调整的具体体现。

三、浙江与上海新高考综合试点改革制度的负功能

高考制度是一把锋利的“双刃剑”，其利弊效应均十分显著。不仅如此，由于高考制度极其复杂、敏感，在对其某一弊端进行改革的同时，往往又容易滋生出新的矛盾，且有时此种新矛盾的影响更大。从结构-功能主义的视角来看，对于高考系统某一部分的改革，可能会有效弥补某一不足，但因为其会影响高考制度的结构，因而最终将影响高考制度的功能。换言之，由于高考制度具有高灵敏性，其某一侧面的变动不仅仅牵涉这一侧面本身，同时也常常造成制度内部各个部分之间相互关系的变动，从而形成一种结构性变动。而结构性的变动，则意味着功能性的变化。

比如，选择性是贯穿我国新试点高考招生制度的一个关键词。从根本上说，此次浙江、上海新高考综合试点改革的突破与创新，诸如取消高考文理分科、实行“必考+选考”、扩大高校招生自主权等，均是借助于赋予考生、高校选择权而得以实现的。然而，物极必反，选择性意味着多元性、多样性，多元性、多样性意味着复杂性、不可比性。考生与高校的选择权与选择空间越多，高考招生制度也就越多元化、多样化，越多元化、多样化也就越复杂、异质，越复杂、异质也就越难以比较。如果说21世纪以来，在权限下放的基本改革思路下，中国高考制度本来即已呈现出统一性减弱、异质性增加的特征，那么，新一轮招生改革则更进一步弱化了高考制度的统一性，增加了其异质性。从教育测量与评价的角度来说，应当高度重视高考异质性所衍生出的诸如匹配、等值及效度、区分度等问题。概而言之，浙江、上海新高考招生制度下，源于选择性的矛盾包括选考科目确定时间的矛盾、选择性与应试性的矛盾、选择性与全面性的矛盾、选择性与匹配性的矛盾、选择性与等值性的矛盾等。另外，由于浙江省赋予考生同一科目两次选考的机会，且选考开考时间较早，而上海则非如此，因此两地新高考招生制度所存在的问题也不尽一致。

以下着重从新应试主义问题、选考科目分值偏低引发的理化基础学科地位弱化问题、学科专业录取要求与考生知识基础匹配问题、基于考生群体异质性的分

数不等值问题、不同科目之间的分数可比性及考生功利主义选科问题以及高二与高三考生选考科目共同考试、跨级赋分问题等几个方面，分析新高考综合试点改革制度的负功能。

（一）新应试主义问题

在应试主义的影响下，教育市场上面向自主招生的专业咨询、培训产业越来越发达。无论高考如何改革，考生与高中校一定会追求自身利益最大化。而追求高考利益最大化的行为，极有可能导致应试主义教育现象。

从浙江新高考综合试点改革实践来看，尽管其并未出现原本有学者所担忧的文理分科现象（至少在形式上没有出现严重的文理分科现象），但应试主义风气却仍然无法彻底根除。从学生角度来讲，选择最擅长的科目作为高考选考科目，其余只要能够通过学业水平考试，即有利于实现高考分数的最大化。从高中校角度讲，其一方面尽可能尊重并满足学生选考意向，另一方面也可能根据学校优势与特色引导甚至劝诫、要求学生选考某些科目。无论引导还是劝诫抑或是硬性要求，只要学生确定选考科目，便可能影响其整个高中阶段的基本学习“格局”。正是从这一意义上说，浙江高考选考方面存在“一选定终身”之弊。在高考利益最大化原则下，选考之外的学考科目难免重新沦为“鸡肋”。当然，由于以赋予学生选择权为前提，浙江新高考综合试点改革下的应试备考与以往文理分科意义上的应试问题不完全相同。以前高考备考时，学生在语文、数学、外语之外，或者备考文科科目，或者备考理科科目；而在新高考招生制度下，学生所备考的选考科目除了文科科目或理科科目外，还包括文理交叉组合。再者，问题的关键还在于，某一选考科目一旦完成考试，特别是获得理想的高分数之后，考生便可能不再将精力用到这一科目的学习上。2015 年下半年浙江省首次选考之后，获得等级赋分满分者以及其他自认为成绩理想的高分者，将不再在这些选考科目上花费时间与精力，而是全力学习、备考其他科目。从高二第一学期即开始“有意”忽视对某一科目的学习，究竟是不是一种合理的教育现象？这种策略性选择符合高考利益最大化原则，因此容易成为考生与家长、高中校的一种共识。而在笔者看来，这恰是新高考综合试点改革下值得警惕与反思的一种教育现象。

相对而言，上海高考选考最早安排在高二下学期进行，因此，所谓“一选定终身”之弊相对要轻一些。当然，其考生也一定追求高考利益最大化，因此必然也会出现重视高考科目、忽视非高考科目学习的问题，以及某一选考科目考试完成后便被“策略性忽视”的现象。总的来说，选择的同时意味着放弃，选择性教育与考试理念意味着放弃某些科目而专心于所选择的科目，这样自然也就会出现应试主义问题。

（二）选考科目分值偏低引发的理化基础学科地位弱化问题

此方面问题，在浙江与上海两地均存在。尤其是上海，物理、化学两科目总分值加起来为 140 分，较之外语 150 满分还要少 10 分。浙江高考选考科目分值设置，较之上海相对更加合理，但同样存在类似问题。比如，物理、化学等重要科目的分值也仅为外语的 2/3。长此以往，这势必影响理工类人才的培养，甚至可能带来难以弥补的重大、深远影响。在等级赋分上，浙江分值为 40—100 分，极差为 60 分；上海为 40—70 分，极差仅为 30 分。尤其是上海，极差仅为语文、数学、外语必考科目的 1/3。在这样的分值设置下，部分考生将更多学习时间与精力放在了语文、数学、外语必考科目上，结果造成其他科目地位的弱化。关于这一点，前些年江苏省的高考改革提供了前车之鉴：不仅造成语文、数学、外语之外的其他科目地位被相对弱化，还造成清华大学、北京大学等高校削减在该省的高考招生名额等问题。

以物理学科为例，近年来江苏省高中生在全国物理竞赛中的表现一度呈现下滑趋势。2004 年，第 21 届全国中学生物理竞赛一等奖获奖者为 29 人，其中 2 人来自江苏。[①]2009 年第 26 届全国中学生物理竞赛一等奖获得者中，3 人来自江苏。[②]但是，在 2013 年第 30 届全国中学生物理竞赛一等奖获得者 52 人中，无一人来自江苏。[③]2015 年第 32 届全国中学生物理竞赛获金牌人数总计 102 人，其中湖南、浙江分别位居全国第 1、2 名，获奖人数分别为 20 人、18 人；反观江苏，

---

① 第 21 届全国中学生物理竞赛决赛获奖名单[EB/OL]. [2021-04-15]. http://www.cps-net.org.cn/Science/Content/show/id/919.do.

② 2009 年第 26 届全国中学生物理竞赛总结[EB/OL]. [2021-04-15]. http://www.cps-net.org.cn/Science/Content/show/id/913.do.

③ 第三十届全国中学生物理竞赛决赛情况[EB/OL]. [2021-04-15]. http://www.sxswlxh.com.cn/ShowArticle.aspx?id=05891cc516014357.

则仅有3人，全国排名第9。①2016年第33届全国中学生物理竞赛前100名中，也仅有3人来自江苏。②与之密切相关的是，近年来在国际物理奥林匹克竞赛中，也几乎看不到江苏学子的身影。全国中学生物理竞赛和国际物理奥林匹克竞赛固然不是衡量高中物理教学水平的唯一指标，但却是一个重要指标。造成江苏省高中生表现平平甚至下滑的原因也很复杂，而该省高考改革无疑是其中一个重要原因所在。实际上，2008年江苏在出台高考改革方案时，便曾有江元生、陈懿等5名中国科学院院士联名向江苏省教育厅寄出了一份《关于修改2008年江苏高考改革计划的建议》，预警弱化理化等基础理科地位的弊端与危险。

（三）学科专业录取要求与考生知识基础匹配问题

正如前面所言，在新高考综合试点改革中，呼唤多年的高校招生自主权部分回归高等院校，主要体现在高校可以设置不同招生专业的选考科目规定。这一回归的价值，为高等教育界所普遍认同。然而，一个根本问题在于，长期习惯于按统一高考分数录取的高等院校，是否已经做好相应的准备？按照新高考综合试点改革方案，高校招生专业（类）设限选考科目范围最少为0门，最多为3门。具体而言，无选考科目设限要求的，考生无论选考什么科目均可报考该专业（类）；如果指定为1门的，只有选考了该科目的考生才能报考；指定为2或3门的，考生选考科目中只要有1门在高校确定的选考科目要求范围内，即可报考该专业（类）。2017年在浙江省招生高校的所有专业（类）中，不限选考科目者占54%；设限选考科目者占46%，其中设限范围为1门的占5%，2门的占8%，3门的占33%。③有学者指出，“实际上只有33%的高校专业具有明确的主体责任意识，对自身专业对学生知识结构和职业取向的独特性有明确完整的认识”④。根据有关统计，在2017年招生院校所提出选考科目要求的专业（类）中，选择最多的是物理，涉及设限专业（类）的81%；其次为化学，涉及64%；再次为技术，

---

① 全国中学生物理竞赛决赛报道[EB/OL].［2021-04-15］. http://www.sxswlxh.com.cn/ShowArticle.aspx?id=3f542c7901824f2f.

② 2016年全国竞赛获奖学生信息汇总表[EB/OL].［2021-04-15］. http://cpho.pku.edu.cn/info/1046/1155.htm.

③ 浙江2017年高校选考科目公布[EB/OL].［2020-05-20］. http://www.moe.gov.cn/jyb_xwfb/s5147/201503/t20150302_185977.html.

④ 傅维利. 高考改革与高校责任主体的回归[J]. 中国高等教育，2015（12）：12-14.

涉及 36%；生物、历史、地理、政治分别涉及 32%、19%、15%、13%。考生选考物理即可报考（包括高校设限选考科目为物理或没有设限选考科目）的专业（类）达到91%，选考化学即可报考的专业（类）达到83.5%，选考生物即可报考的专业（类）达到 68.8%，选考政治即可报考的专业（类）达到 59.7%，选考历史即可报考的专业（类）达到 62.8%，选考地理即可报考的专业（类）达到 60.9%，选考技术即可报考的专业（类）达到70.6%。考生选考任何3门，至少可以报考约66%的专业（类）。①

再如上海，其37所本科高校共设置1096个的专业（类），提出选考科目要求的专业主要集中在理工类。其中，规定 3 门科目要求中出现最多的组合是物理、化学、生命科学，达 217 个专业（类）；再次是物理、化学、地理组合，有 22 个专业（类）；没有提出科目要求的有655个，涉及专业（类）主要有管理、法学、艺术等。②由此可知，没有对选考科目提出任何要求的专业（类）所占比例高达约60%。

以上数据不能不引发我们思考：理论上某一专业是否存在最佳的科目报考要求？或者说是否存在学科专业录取要求与考生知识基础不匹配的问题？不同专业生源的知识基础与能力结构是否可以抑或应当存在某些差异？如果不存在这种差异，那么赋予高校招生专业报考科日设置权便没有实质性意义，高校自然也不必设置报考科目要求。显然，在高考选考制度设计下，学科专业录取要求与考生知识基础不匹配问题是客观存在的，至少在理工类专业如此。根据以上报考要求统计，对于未设定选考科目要求的专业（类），如果出现考生知识基础与专业培养基础要求不匹配的问题，应该如何解决？与之紧密相关的一个问题是，对于未设定选考科目要求的专业（类）所招收生源，其群体内部必定存在选考科目差异，而选考科目的差异又意味着学科知识结构与基础的差异。根据浙江与上海新高考综合试点改革实践，某些高校的理工类专业的部分学生没有选考物理或化学，因而面临高等教育阶段的专业学习困境。甚至在某些“双一流”大学的物理类专业，也存在考生物理基础薄弱的问题。自由选考背景下，某一专业新生的专业

① 浙江 2017 年高校选考科目公布[EB/OL]. [2020-05-20]. http://www.moe.gov.cn/jyb_xwfb/s5147/201503/t20150302_185977.html.

② 上海 37 所高校 2017 年高考选考科目要求公布[EB/OL]. [2020-05-20]. http://edu.sina.com.cn/gaokao/2015-02-03/1602456870.shtml.

（类）课程如何设置，如何开展具体的教学等，这些都是学科专业录取要求与考生知识基础间的匹配及相关衍生问题。至于学科专业录取要求与考生知识基础具体如何匹配，需要通过严谨的科学研究进行回答。此一方面，我们的学术研究明显滞后，由此必然面临实践层面的困境。

（四）基于考生群体异质性的分数不等值问题

浙江与上海新高考选考科目所采用的是等级赋分制。按等级赋分的确具有相对合理性，但不能忽视由考生群体异质性等原因造成的同一科目不同次考试之间的分数不等值问题。

事实上，高考从标准分回到原始分，本来即存在分数不等值问题。但在新高考选考制度下，由于不同次考试之间考生群体异质性的原因，分数不等值问题变得更加突出。以浙江为例，假设某一科目 A 次选考方面的学生能力整体比较低下而原始成绩均在 80 分以下，B 次选考学生能力整体优异且原始成绩均在 80 分以上，按照等级赋分原则，A、B 两次选考排名前 1%的考生都将获得 100 分。显然，B 次选考的 100 分与 A 次选考的 100 分不具有同样的意义。统计意义上相同的 100 分，并不必然保证在教育与心理上具有相同意义。当然，出于辨析需要，这一案例中的考生群体异质性比较典型。但浙江新高考招生制度确实无法有效应对这一基本矛盾。当前，浙江高考选考方面出现的“田忌赛马”应考策略，在一定程度上造成了同一科目不同次考试之间基于考生群体异质性的分数不等值问题。高校招生时不应采信“田忌赛马”竞争策略下低能力者的高分成绩，而是应以实际能力为基础择优录取。“田忌赛马”选考策略，同时削弱了高考招生科学性与公平性双重价值。同样，根据上海新高考综合试点改革方案，地理与生命科学在高二、高三下学期均可进行选考，这样理论上也存在同一科目不同次考试之间的分数不等值问题，只不过由于其首次选考安排在高二下学期，相对而言，此时竞争相对充分，因此同一科目不同次考试之间的分数不等值矛盾，较之浙江相对缓和。

按照浙江省 2014 年新高考综合试点改革方案，选考包括四个考试时间点，分别为高二上学期 10 月、高二下学期 4 月、高三上学期 10 月、高三下学期 4 月。对于高考竞争力排名靠前的高中校，如果根据选考时间进行错位竞争，那么这对这些高中校而言是普遍有利的。假如某次选考，仅有一所“优质学校”报考，其余均是“中等学校”与“薄弱学校”，那么该“优质学校”就成为获益者。如果某次考试，报考“优质学校”较多，那么参加此次考试的“中等学校”与“薄弱学校”就无法“过度获益”。等级赋分制对于中等及偏上水平的高中校和高中生的影响可能更大。对于此类学校和学生而言，若是与较多“薄弱学校”和较多“低能力考生”竞争，那么他们可以获得高分；如果与较多“优质学校”和较多“高能力、高水平考生”竞争，那么他们获得的分数将下降，或者说难以得到高分。不同水平高中校同一科目选考报考博弈分析、不同能力考生选考报考博弈分析，分别见表 7-1、表 7-2。

表 7-1　不同水平高中校同一科目选考报考博弈分析

类别	优质学校	中等学校	薄弱学校
优质学校	0，0	+1，−1	+1，−1
中等学校	−1，+1	0，0	+1，−1
薄弱学校	−1，+1	−1，+1	0，0

表 7-2　不同能力考生选考报考博弈分析

类别	高能力考生	中能力考生	低能力考生
高能力考生	0，0	+1，−1	+1，−1
中能力考生	−1，+1	0，0	+1，−1
低能力考生	−1，+1	−1，+1	0，0

从博弈论分析新高考选考制度，两个基本前提假设为有限理性假设、自利动机假设，即每一位考生只有有限理性而非无限理性，每一位考生都期望自己的高考收益最大化。从博弈类型来看，新高考选考博弈包括以下几种：①不完全信息博弈。也就是说，并非所有考生都相互了解彼此的策略，包括何时进行高考选考。②静态博弈和动态博弈的混合博弈。高考选考预备期间，或者说正式考试之前的一段时期，某些学校和学生通过获得其他学校，包括学生的考试安排等信息来调整自己的策略，且报名时间为较长一个周期，从这一意义上说，新高考选考博弈包含动态博弈。同时，没有参考其他学校和学生考试安排等信息而采取应对策略的学校和学生之间的博弈，可被视为静态博弈。③大规模博弈。由于高中教育规模巨大，无论是浙江还是上海，两地每次选考、学考等级性考试中的博弈，可以说均为大规模博弈。

（五）不同科目之间的分数可比性及考生功利主义选科问题

新高考综合试点改革，由于考生选考科目不同，从而不可避免会出现某一专业投档考生选考科目不同，并由此引发分数的可比性问题。选考科目虽是按等级赋分，但仍存在是否可比的问题。如果某一选考科目某次出现高能力、高水平考生“扎堆”报考的现象，那么，其中某一优秀考生可能获得低分；如果某一选考科目某次出现报考人数少，且考生总体能力、水平较低或一般的现象，那么，其中某一中等考生却可能得到高分。质言之，同一次考试不同科目的相同等级分数，其含金量可能不同；不同次不同科目的相同等级分数，其含金量可能不同。“因为每次测试的难度是很难掌控的。这个问题在涉及到合成高考总分，或者在容许一年多次考试时将变得十分突出。”①

再者，不同科目之间的分数可比性难题，直接带来了高校录取方面的挑战。报考某一专业（类）的不同考生，具体选考科目的差异可能很大。尤其是对于未设置任何科目要求的专业，可能出现考生之间选考科目组合类别多样，甚至是完全不同的现象。在这种情况下，高校究竟应该如何进行录取成为一个重要难题。如果直接按总分高低排名录取，显然同教育与测量基本原理相悖。与此同时，如何录取总分相同但选考科目不同的考生，也是新高考选考制度设计下应当预先考虑的重要问题。

（六）高二与高三考生选考科目共同考试、跨级赋分问题

在浙江新高考综合试点改革方案下，2016 年 10 月首次出现高二、高三学生学考、选考跨级赋分现象。由于浙江同一科目学考与选考的“合卷”设计，其跨级赋分不仅仅包括高二、高三学生在某一科目的学考之间、选考之间共同赋分，还包括高二学生某一学考科目与高三学生同一选考科目的学考成绩之间一体赋分的问题。对于不同年级考生共同考试、共同赋分问题，浙江省高中校的师生大多认为既不科学也不公平，因而普遍建议分开赋分。2017 年 11 月，《浙江省人民政

---

① 文东茅，鲍旭明，傅攸. 等级赋分对高考区分度的影响——对浙江“九校联考”数据的模拟分析[J]. 中国高教研究，2015（6）：17-21，72.

府关于进一步深化高考综合改革试点的若干意见》发布①，对于选考考试时间做了调整，规定考生必须先完成学考再参加选考，而且选考考试组织次数也由四次减少至两次，即高三上学期与下学期各一次，具体安排在每年的 1 月和 6 月。如此，高二与高三考生在选考考试上不再存在共同考试、跨级赋分问题。

与之相类似，当上海市 2015 级高中生进入高二学年下学期时，地理和生命科学两个科目也出现高二、高三学生共同考试、跨级赋分的现象。根据笔者调研，少数考生家长呼吁取消跨级赋分做法，他们认为考试可以共同进行，但赋分应该分开。针对此种呼吁，上海市将选择权交由学生，即若是考生选择在高二参加地理或生命科学的学考等级性考试，那么必须接受与高三考生共同考试、共同赋分规则；若是不打算与高三考生共同考试、共同赋分，那么，应当选择在高三参加此两个科目的学考等级性考试。

此外，在学生课业负担与考试压力方面，浙江省 2014 年的高考综合试点改革方案，尽管比较有效地分散了高三考生的考试压力，但由于为考生提供了同一科目可以参加两次考试的机会，并且考试时间安排过早（高二上学期），结果造成高一、高二学生普遍感到课业负担与考试压力过大。至于上海，高考科目由“3+1”调整为“3+3”模式，自然不可避免地加重了学生的课业负担与考试压力。这也是浙江、上海新高考综合试点改革制度新功能中的一个重要方面。

在新高考综合试点改革方案出台之初，人们更多的是关注其积极的一面，即正功能方面。当然，也有少数人，特别是专家学者，提醒人们应该注意其负功能。而随着新高考综合试点改革实践的展开，负功能开始显现，并逐渐从“潜功能”演变成“显功能”。

在理想层面，新高考招生制度应该是正功能压倒性地超过负功能，或者说负功能在可接受范围之内。换言之，新高考招生制度应该具有确定性、有序性、公平性、科学性、可比性，否则便没有生命力。如果新高考招生制度负功能的影响明显超过正功能，那么就意味着必须进行持续改进与完善。浙江与上海新高考招生制度所具有的以上负功能，决定了两地后续必将进行进一步的变革。

---

① 浙江省人民政府关于进一步深化高考综合改革试点的若干意见[EB/OL].[2021-09-12]. https://www.zj.gov.cn/art/2017/11/28/art_1229017138_64634.html.

第二节 新高考综合试点改革制度的结构性调整

作为国家新高考首批试点省份，浙江与上海自2014年下半年正式启动相关改革，经过三年实践，至2017年首次完成新高考招生录取。应该说，经过三年试点实践，高中教育一端的利弊效应大部分已经比较充分地暴露了出来。浙江与上海两省份针对试点改革中发现的新问题，及时进行了结构性调整。同时，教育部也根据高校招生专业选考科目改革实践，出台了相关指引意见。

一、浙江省完善学考、选考制度的调整

浙江省学考与选考制度，赋予学生同一科目两次考试机会，并且分别在高二、高三的上、下学期设置了四个节点，学生可以在四次考试组织中任意选择两次参加同一科目的考试。此种制度设计体现出诸多创新性，并且得到相当比例学生的认同。但与此同时，这一制度变革带来的学段制，又造成一种教学秩序上的混乱，并且又确实有不少学生不认同考生在高二甚至是高二上学期即可参加选考科目考试的制度设计。

根据浙江省教育考试院的调研，约70%的被调查学生比较认同学考与选考考试时间安排在每年的4月和10月，30%的学生表示不认同此种安排设计。[①]“相当比例学生认同”与“不少学生不认同”浙江省学考与选考制度设计的现象，并不矛盾。恰恰相反，这正是高考制度内在矛盾复杂性的具体体现。中国高考是一种大规模的考试，即使像浙江省每年大约30万名考生的规模，其30%比例的考生的绝对人数也达9万人，不可谓不庞大。这提醒我们，即使是30%比例的考生的意见，也同样应当加以高度重视。问题的关键还在于，浙江约有70%的高中教师普遍不赞成学考与选考考试时间安排在每年的4月和10月。这与学生意见恰好相反，形成一种“倒三七”的结构。

---

① 此处数据来自笔者到浙江省教育考试院进行调研时，时任院长孙恒在调研会上所报告的数据。

“以生为本”是一种基本的教育理念，但如果为多数学生所认可的某一制度设计足以影响到正常的教育教学秩序，甚至可能造成严重混乱问题，那么，最终的选择必然只能是以确保正常教育教学秩序优先。因此，浙江高中校校长普遍反映，多数高中教师建议将学考、选考考试时间从每年的 4 月和 10 月调整至每年的 1 月和 6 月，从制度根源上消除将学考、选考考试安排在学期中间而对教学秩序造成的冲击与影响。2017 年 6 月，笔者曾向浙江省政府相关领导上报了一份《浙江省新高考综合改革：问题及政策建议》，其中也是直接提出“调整学考、选考科目的考试时间：从每年 4 月、10 月改为 1 月、6 月”。

此外，浙江省学考与选考实行“合卷”制度设计，不仅存在科学性缺陷，而且容易造成公平性问题。教育学者以及高中教师普遍质疑此种制度设计，并建议将学考与选考进行“分卷”设计，即同一科目的学考与选考在同一次考试中不宜出现 70%比例的考试题目与分值完全相同的情形。

浙江省在全面分析 2014 年新高考综合试点改革利弊，并在充分征求全省高中校师生、高校招生部门以及教育测量与评价、教育政策与管理专家意见的基础上，对新高考综合试点改革方案进行了调整。2017 年，《浙江省人民政府关于进一步深化高考综合改革试点的若干意见》正式发布，其中规定“为有利于高中学校按教学规律组织教育教学，从 2017 级高中学生起，学考与选考分离，实行分卷考试。考试安排在每年 1 月、6 月举行。学生首次学考不早于高一第二学期，科目不多于 3 门，须于高三第一学期结束前完成各科目学考，每科 1 次机会，不合格者可申请再次考试。学生高三起参加选考科目考试，学考合格方能报考相应科目的选考”①。

针对学考与选考制度，浙江省通过一种制度性“分卷”，即通过推迟选考科目的考试时间，来具体调整每年学考与选考的考试月份，可以说进行了一种结构性的优化。这种结构性调整，必然带来学考与选考制度功能性的变化。比如，学考与选考“分卷”可以极大地减缓因二者“合卷”而造成的选考考试区分度不足问题；学考、选考考试时间从每年的 4 月、10 月调整为 1 月、6 月，可以有效消除“四学段”制对教学秩序造成的冲击与影响；选考科目的考试统一限定至高三学年，则可以在很大程度上减少因安排在高二学年而造成的学校与学生“赶进

---

① 浙江省人民政府关于进一步深化高考综合改革试点的若干意见[EB/OL]. [2021-09-12]. https://www.zj.gov.cn/art/2017/11/28/art_1229017138_64634.html.

度”及师生压力过大和负担过重问题，如此等等。此种针对学考与选考制度进行的结构性调整，无疑可以消除多重负功能，产生多重正功能。

二、浙江与上海选考科目保障机制的建立

在学生选考科目不同的背景下，为了实现选考科目成绩的可比性，浙江、上海采用了等级赋分这一相对科学合理的分数制度。但等级赋分制对于命题难度提出了很大挑战。如果等级之间的分差过小，那么等级赋分的不规则问题就会变得非常突出，甚至可能出现分数相同但等级不同的极端情况。[①]另外，等级赋分制难以避免学生选考的投机主义行为。这是目前学界关于等级赋分制弊端方面比较一致的看法。除此之外，不少人认为选考投机主义行为是等级赋分或者其他相对评价制度（如标准分制度）的独有产物。这种认识是片面的，学生选考的投机行为不是等级赋分制的独有产物，标准分制度以及原始分制度下都有可能出现此种现象。

目前，浙江、上海选考物理的学生人数出现减少趋势，但此种现象并非为等级赋分制所独有。即使采行原始分与标准分制度，同样也会造成此类问题。以往的高考改革经验表明，只要增加科目的类别及科目的选择性，无论采用等级赋分还是采用原始分抑或标准分制度，都不可避免地造成学生趋易避难的投机行为，即客观上必然诱发学生舍弃物理等学习难度大且相对耗时的科目，从而出现理科学生减少、文科学生增加的问题，并最终形成与整个社会文理大类人才需求“结构倒挂”的矛盾。例如，江苏省高考在 2003—2007 年曾实行与浙江现行“3+3”模式相似的“3+2”模式，当时“+2”选考科目直接采用原始分数，由于物理一科本身高度抽象，学习、备考较之其他科目更加耗时，甚至还一度出现物理考生平均分比地理低 20 分的现象，结果学生纷纷舍弃物理、化学而选择其他相对容易的地理、生物等科目。而之后的江苏“2008 年高考方案”，由于仅有语文、数学、外语计入高考总分，其余科目仅以等级形式作为基本的志愿填报门槛，结果同样造成学生趋易避难的投机选考行为，并进一步影响了物理等基础理科人才的培养与选拔。再如广东，在实行“3+X”高考模式时采用了标准分制度，同样也

① 李金波. 新高考招生制度下的等级赋分制[J]. 教育测量与评价，2016（4）：48-51.

存在学生“弃理选文”难题。江苏、广东、浙江三省的高考改革实践表明，在为学生提供多种选考组合并且在自由选择考试科目的基本制度设计下，无论采用原始分数还是标准分数或等级分数，结果都造成了学生趋易避难的投机选考行为。

在自由选考制度下，高考选考等级赋分制是一种相对科学、合理的制度，我们暂时还难以找到其他更加科学、合理的分数制度，也不可能找到一种没有任何弊端的替代制度。通过整个选考制度的调整以及具体赋分规则的改进，等级赋分制的不足可以得到部分减缓甚至消除，从而使之更加科学、合理与完善。

（一）浙江物理选考保障机制

在自由选考制度下，“弃理选文”成为浙江省新高考综合试点改革中一个十分突出的问题。其中，物理一科的选考人数下滑尤其明显，由此，建立科学、合理的选考科目保障机制成为一种必然选择。

2017 年 11 月，《浙江省人民政府关于进一步深化高考综合改革试点的若干意见》指出，应当“按照国家专业人才培养标准，推进高校科学选拔学生”，“从 2019 年高考招生起，全省高校要参照指引，结合培养目标要求，遵循人才培养规律，科学合理设置相关专业的选考科目”，与此同时，“高中学校要尊重学生自主选择权，保护和促进学生兴趣特长发展，加强职业生涯规划指导，引导学生在确定选考科目时把国家需要、高校要求和自己的爱好特长、未来专业学习的学业要求结合起来”，“建立科学合理的选考科目保障机制，确保学生专业学习基础要求与国家专业人才培养需要相适应。当选考某科目某次考试赋分人数少于保障数量时，以保障数量为基数进行等级赋分。保障数量按国家相关学科人才培养需求确定”。①

根据学生选考科目实际，浙江省率先建立了物理选考科目保障机制。保障数量则按高校授予理学、工学学位专业最近五年在浙江省高考录取考生的平均人数确定。浙江省建立物理选考保障机制以来，人数一直确定为 6.5 万人。②如果物理选考科目某次考试赋分人数多于 6.5 万人，则以实际人数为基数，按规定比例、

① 浙江省人民政府关于进一步深化高考综合改革试点的若干意见[EB/OL]. [2021-09-12]. https://www.zj.gov.cn/art/2017/11/28/art_1229017138_64634.html.

② 浙江新高考物理科目实行保障机制 6.5 万人是底线[EB/OL]. [2021-09-12]. https://zjnews.zjol.com.cn/zjnews/hznews/201711/t20171129_5852646_ext.shtml.

规定办法进行赋分。当物理选考科目某次考试赋分人数少于 6.5 万人时，则以 6.5 万人为基数，按规定比例计算各等级人数，从高到低进行等级赋分。目前保障机制主要针对物理科目制定，当其他科目出现类似情况时，可参照此办法建立并执行保障机制。

需要指出的是，此种保障机制当然并非完美无缺，但其终究可以在一定程度上阻止物理选考人数急剧下滑，或者说至少阻断了物理选考人数大幅下滑。

（二）上海市物理选考保障机制

上海市在新高考综合试点改革中所遇到的主要困难，不少方面都与浙江省十分类似。比如，其同样出现考生新应试主义现象；同样面临同一科目不同次考试之间的等值性问题，以及不同科目之间分数可比性问题；同样面临考生“弃理选文”，尤其是物理选考人数下滑的功利性选科问题；同样面临专业所要求考生知识结构与考生选考科目匹配性问题；同样存在学生课业负担与考试压力增大，以及不同年级考生共同考试而又跨级赋分问题。与浙江省相似，上海市新高考综合试点改革实践所遇到的最紧迫问题之一，也是物理选考人数下滑问题。如何有效阻断物理选考人数迅速下滑，成为当前上海市新高考综合试点改革所必须着重研究与解决的一个首要问题。

2018 年 4 月，上海市人民政府发布了《关于进一步深化本市高考综合改革试点工作的若干意见》。这一文件在坚持公平性与科学性的基础上，立足“两个促使”，即促使学生选学选考情况与国家选才育才相统一，促使高校育人方式改革与高中课程教学改革相统一，着力发挥好高考综合改革作为上连高等教育育人模式改革和学科专业布局、下引基础教育课程教学改革的“枢纽”作用。该意见主要包括三个方面内容：一是建立引导机制，引导和促进高校精准合理地提出高中学业水平考试选考科目要求；二是建立保障机制，促使学生的选学选考情况与国家专业人才选拔培养的需求相统一；三是完善育人模式，引导促进高中学校课程教学改革，优化高中学生综合素质评价机制。在选考科目保障机制方面，根据学生选考科目实际情况，首先建立的也是物理选考科目保障机制。[①]选考科目保障

① 上海市人民政府印发《关于进一步深化本市高考综合改革试点工作的若干意见》的通知[EB/OL]. [2021-09-12]. https://www.shanghai.gov.cn/nw12344/20200813/0001-12344_55501.html.

基数确定的规则是：根据2013—2017年在上海招生院校理工类专业录取人数，保障基数确定为 1.5 万人，基本可以满足招生高校在上海选拔培养理工类专业人才基本生源的需要。[①]建立选考科目保障机制，可以在一定程度上提高学生选考科目情况与国家专业人才选拔培养需求的适应性与匹配度。其基本规则与浙江类似，即当某一选考科目考试人数少于保障基数时，以保障基数为准，从高到低进行等级赋分；当某一选考科目考试人数多于保障基数时，以实际参加该选考科目考试的人数为准，从高到低进行等级赋分。

三、教育部关于高考招生专业选考科目要求的指引

全国在浙江、上海招生的专业科目选考要求，总体上保持了一种稳定性，部分专业选考科目要求有所调整。以浙江为例，其教育考试院官网发布的2019年在浙江省招生专业选考科目要求范围涵盖 1383 所高校、2.63 万个专业（类）。其中，选考科目要求范围为 1 门的占 6.8%，2 门的占 8.8%，3 门的占 23.3%，不限的占 61.1%。与 2017 年招生相比，2019 年部分高校对培养要求明确、与中学所学科目关联度较高的专业提出了更为明确的选考科目要求，因此将选考科目要求范围确定为 1 门或 2 门的专业有所增加，分别提高了 2.0 个、1.1 个百分点；对基础素养要求比较宽泛的专业则适当放宽了选考科目要求范围，不限选考科目的专业提高了 6.9 个百分点。各科目可报专业范围均有所扩大，平均增幅为 3.16 个百分点。可报专业最多的仍是物理，可填报 93.5%的专业；排在第二位的仍是化学，可填报85.5%的专业。考生选考任何3个科目，至少可填报67.7%的专业，比2017年提高了 1 个百分点。[②]

以北京大学在浙江的招生为例，2019 年电子信息类的选考科目要求为物理或化学，2020 年则调整为物理；2019 年城乡规划专业选考科目要求为物理或化学，2020 年则不设要求；2019 年理科试验班类选考科目不设要求，2020 年的选考科目要求为物理，详见表 7-3。

---

① 上海今年为高考物理科目建“保底机制”，1.5 万是底数！刚刚，上海发布《关于进一步深化本市高考综合改革试点工作的若干意见》[EB/OL].[2023-06-05]. https://www.whb.cn/zhuzhan/xue/20180404/194277.html.

② 浙江省教育考试院：2019 浙江招生高校专业选考科目要求[EB/OL].[2023-06-05]. https://www.thea.cn/xgkfd_zx_1431031-1.htm.

表 7-3 北京大学 2019 年、2020 年在浙江招生专业科目选考范围

专业（类）名称	2019 年选考科目范围	2020 年选考科目范围
电子信息类	物理/化学	物理
城乡规划	物理/化学	不提科目要求
理科试验班类	不提科目要求	物理
法学	物理/历史	不提科目要求
国际政治	思想政治/历史	不提科目要求
社会学类	历史/地理	不提科目要求
中国语言文学类	物理/化学/生物	不提科目要求
历史学类	历史	不提科目要求
考古学	化学	不提科目要求

资料来源：根据浙江省教育考试院官网所公布“选考科目查询”栏目统计

再以北京航空航天大学为例，其理科试验班类和工科试验班类的选考科目范围呈收紧趋势，规定学生必须选考物理，而不像之前只需从物理、化学、生物 3 门中任选 1 门即可，详见表 7-4。

表 7-4 北京航空航天大学 2019 年、2020 年在浙江招生专业科目选考范围

专业（类）名称	2019 年选考科目范围	2020 年选考科目范围
理科试验班类	物理/化学/生物	物理
理科试验班类（高等理工学院）	物理/化学/生物	物理
工科试验班类（航空*航天类）	物理/化学/生物	物理
理科试验班类（中法工程师学院）	物理/化学/生物	物理
工科试验班类（信息类）	物理/化学/生物	物理
工科试验班类（医工交叉试验班）	物理/化学/生物	物理
工科试验班类（国际通用工程学院）	物理/化学/生物	物理

资料来源：根据浙江省教育考试院官网所公布“选考科目查询”栏目统计

在浙江与上海新高考选考改革实践中，考生最多只需满足 1 门选考科目即可报考相关专业。比如，如果某专业的选考科目范围为物理、化学、生物，考生只需选考其中 1 门即可报考这一专业，而并不要求必须选择其中的 2 门或 3 门。实际上，“最多只需一门符合即可报考”是一个硬性规定。在这一规定下，高校无法为某一专业限定考生必须选考某 2 门或 3 门选考科目。一个关键问题恰恰在于，不少理工类招生专业需要考生同时具有较好的物理和化学基础，或者是物理与生物基础，或者是化学和生物基础。笔者在对浙江、上海两地的调研中发现，不少高校的招生工作人员反映，很多专业要求学生必须同时具有较好的 2 门学科基础，尤其是理工类专业。针对这种问题，教育部对“最多只需一门符合即可报考”的硬性规定做了调整。2018 年 1 月，教育部针对“3+3”模式出台了《普通高校本科招生专业选考科目要求指引（试行）》（以下简称“2018 版选考科目要求指引”)。[①]

“2018 版选考科目要求指引”规定，计划于 2020 年在上海、浙江、北京、天津、山东、海南等 6 个高考试点改革省份招生的所有本科院校，需要在规定时间内按照指引相关要求编报选考科目要求。根据“2018 版选考科目要求指引”，高校可以自主确定某一专业的选考科目数量，如要求考生必须同时选考某 2 门或 3 门科目方可报考，而不再局限于仅可要求 1 门。具体说来，这种新规定包含以下几种情况：第一类，1 门科目，考生必须选考方可报考；第二类，2 门科目，考生均需选考方可报考；第三类，2 门科目，考生选考其中 1 门即可报考；第四类，3 门科目，考生均需选考方可报考；第五类，3 门科目，考生选考其中 1 门即可报考；第六类，不提科目要求。

根据“2018 版选考科目要求指引”，医学和药学类专业绝大多数须设置至少 1 门选考科目。其中，基础医学类和临床医学类的专业必须设置 2—3 门选考科目，考生必须同时选考 2—3 门方可报考。综观全国在浙江、上海招生专业的科目选考要求，可以发现确实开始出现一定的变化。尤其是像医学类、食品工程类、地质类等跨学科招生专业，出现了要求考生必须同时选考 2 门甚至 3 门的要求。比如，温州医科大学 2020 年在浙江招生时，其眼视光医学（“5+3”一体化）、临床医学（“5+3”一体化，儿科学方向）、临床医学（“5+3”一体化）、临床医学、医学影像学、精神医学、麻醉学、儿科学、眼视光医学专业，均要求考生必须同时选考化学和生物才可报考。浙江中医药大学 2020 年在浙江招生的儿科学、临床医学专业，要求考生必须同时选考物理和化学，医学影像学专业要求考生必须同时选考物理和生物。首都医科大学 2020 年在浙江招生的基础医学、临床医学、精神医学、口腔医学（“5+3”一体化）、儿科学、临床医学（“5+3”一体化）、儿科学（“5+3”一体化）等专业，均要求考生必须同时选考物理和化学。同样，南京医科大学 2020 年在浙江招生的专业中，眼视光医学、眼视光学、基础医学、法医学、医学影像技术、医学检验技术、康复治疗学、儿科学、口腔医学等专业，也均规定考生必须同时选考物理和化学。

再如，浙江大学理科试验班（生命、环境、化学与地学）、医学试验班、海洋科学、应用生物科学等 2020 年在浙江招生的专业，均要求考生必须同时选考物

① 教育部. 普通高校本科招生专业选考科目要求指引（试行）[Z]. 教学厅[2018]1 号.

理和化学。北京林业大学2020年在浙江招生的给排水科学与工程专业，要求考生必须同时选考物理和化学。

然而，应该看到，地方性院校大多尚未有招生专业要求考生必须同时选考某2门或3门科目。比如，浙江工业大学、杭州电子科技大学、浙江理工大学、中国计量大学、浙江农林大学，2020年在浙江招生的所有专业（类），均无必须同时选考某2门或3门科目的规定。浙江海洋大学的生物技术专业要求考生必须同时选考化学和生物方可报考，除此之外的专业，均未要求考生必须同时选考某2门或3门科目。与此同时，综观“双一流”建设高校的招生专业，绝大多数专业也无考生必须同时选考某2门科目的要求（医学类等除外）。

此外，值得注意的另一现象是同一所院校同一专业（类）在浙江与在上海招生的科目选考要求不同，且这种差异不在于是否涉及“技术”一科。以中国地质大学（北京）2020年在浙江的招生为例，石油工程、安全工程、土木工程、地质工程、资源勘查工程、地球化学、地质学、宝石及材料工艺学、地下水科学与工程、水文与水资源工程专业要求考生必须同时选考物理和化学2门，环境工程专业要求考生必须同时选考物理、化学和生物3门。但与此同时，其2020年在上海招生的石油工程、土木工程专业，却仅要求考生选考物理或化学其中1门即可。之所以出现此种现象，主要是基于保障上海生源的考量。但此种差异化的选考科目设置显然削弱了招生选拔的科学性，因而有必要进行调整，将同一专业（类）在浙江与上海招生的科目选考要求统一起来。

第三节　新高考综合试点改革的政策学分析

高考是一项大规模的公共教育考试制度，高考政策是一种典型的公共政策。研究新高考综合试点改革，有必要从政策学的角度详细分析作为公共政策的高考政策结构要素、政策执行路径、改革共识的有效达成等方面问题。从政策学的角度出发，这有助于我们更加全面、理性、深刻地认识新高考综合试点改革实践。

一、新高考综合试点改革影响不同群体的利益

一般而言，公共政策是社会利益的调节器。然而，新高考综合试点改革在考试层面，尤其是科目与分值及考试时间设置方面进行的变革，初始目的并非着眼于高考利益的调整与再分配。在笔者看来，其首先既不着眼于调整城乡考生之间的高考利益，也不在于调整不同能力考生之间的高考利益；既不在于调整不同地区之间的高考利益，也不在于调整不同高中校之间的利益，甚至也主要不在于调整高校之间的招生利益。新高考综合试点改革在考试层面的变革，其基本价值取向在于赋予考生作为教育主体的主体性尤其是选择权，在于增加高校作为招生主体的自主权。当然，新高考综合试点改革的目的也包括消除简单文理分科造成的积弊，如所谓培养"半个人"甚至"四分之一个人"的问题，在于解决"一考定终身""高三压力过大"等问题。

但是，新高考综合试点改革在考试层面的变革，客观上势必引发高考利益的变动。浙江在高考科目与分值及考试时间设置方面进行的改革，较之之前的制度安排发生显著变化，尤其是基于选择性引发的诸如不同科目可比性及竞争难易不同、同一科目前后不同次考试之间的等值及竞争难易不同，造成不同能力考生高考利益的变动，造成不同高中校高考利益、高校生源状况的变动，造成不同学科任课教师需求的变动，以及教育与考试培训市场的变动。上海新高考综合试点改革，客观上同样引发了不同群体与机构的利益变动。

二、新高考综合试点改革政策执行的结构要素

学者王学杰在《我国公共政策执行力的结构分析》一文中，从政策执行主体、政策执行客体、政策执行制度、政策执行资源、政策执行环境几个方面，分析了我国公共政策的执行问题。[①]笔者在此借鉴这一结构，并加上"新高考政策制定主体"，共六个方面来分析新高考综合试点改革政策制定与执行的结构要素。

① 王学杰. 我国公共政策执行力的结构分析[J]. 中国行政管理，2008（7）：62-65.

第一，新高考政策制定主体。统一高考时代，教育部是高考政策制定主体。在高考改革权力下放格局下，省教育厅特别是教育考试院及其人员成为政策制定主体。但政策制定主体并非绝对的，而是具有相对性。比如，如果上级部门的新高考政策比较模糊，需要下级部门制定具体的政策，此时下级部门也就成为事实上的新高考政策制定主体。甚至包括高中校长，也可能成为新高考政策制定主体。

第二，新高考政策执行主体。其主要包括教育行政部门和人员。具体言之，新高考政策执行主体包括省教育厅（教委）、省教育考试院、地方教育局、地方教育考试院、高中校、高校等机构以及机构内人员。尽管某部门内工作人员隶属于部门，但毕竟他们可能有着自己的个人或小群体的利益考量，而这种个人或小群体利益考量很可能与他们所属的整个机构的利益诉求不尽一致。所以，对教育行政部门和部门内人员作一区分，对于分析、讨论新高考综合试点改革具有重要意义。

第三，新高考政策执行客体。所谓政策执行客体，是指政策所面向的目标群体和所要解决的问题。新高考综合试点改革政策执行客体，即新高考政策所面向的目标群体，通常主要是高中生及高中教师。需要特别指出的是，新高考政策执行主体与执行客体有时候是辩证统一的。在某一语境下，高中教师可能是政策执行客体，但在另一语境下，其又可能是政策执行主体。政策执行主体与政策执行客体在有些情况下可以相互转化。

第四，新高考政策执行制度。新高考综合试点改革制度设计，具体包括“两依据，一参考”的基本模式，以及不同科目的分值设置、考试时间与次数等。浙江与上海在新高考政策执行制度方面既存在一定相似性，又存在一定差异性。而《浙江省人民政府关于进一步深化高考综合改革试点的若干意见》对于浙江省学考、选考制度进行的调整与完善，实际上是借鉴了上海新高考综合试点改革政策将学考分为合格性考试与等级性考试的做法。与此同时，针对改革实践中所出现的物理选考人数下滑问题，浙江与上海两地都建立了选考科目的保障机制，这也可以说是两地新高考政策执行制度，并且体现出较多的相似性。

第五，新高考政策执行资源。所谓政策执行资源，主要是政策执行中的人财物等资源。换言之，也可以将其理解为新高考综合试点改革的各类供给，如师资等软件资源，教室、场地、实验仪器设备等硬件资源。新高考综合试点改革，由于赋予学生自由选科权，因而实行走班教学成为一种必然。而这种教学形式，较之传统的固定班级授课制，对于各种软硬件资源的需求都大幅增加。这一点，在浙江、上海两地新高考综合试点改革实践中都有所反映。

第六，新高考政策执行环境。一般而言，政策执行环境主要是指包括意识形态、社会习俗和政治潜规则等与政策执行相关的非正式制度因素。在新高考综合试点改革中，分析政策的执行环境，应当重视应试文化、条块分割的教育行政文化以及不同部门之间、同一部门的不同人员之间的利益博弈与合谋问题。

三、新高考综合试点改革政策执行的问题分析

政策制定本身固然重要，但仅仅重视政策制定还并不够，必须重视政策的具体执行过程。美国政策学家 G. 艾利森（G. Allison）指出："在达成政策目标的过程中，方案确定的功能只占 10%，而其余的 90%取决于有效的执行。"①"为了能够有效地贯彻落实上级的政策，上级政府部门和领导必须赋予下属对政策进行进一步细化的权力，对下级实行授权，使下一层级的官僚拥有一定的自由裁量权。这样，下属在落实上级政策的过程中就能够把原则性、抽象性的规定逐渐具体化，使之具有针对性和可操作性。为此，在官僚层级体制中，每一个层级的官僚都具有一定的自由裁量权，而这种自由裁量权实质上也就是一种决策权。这种逐层决策的过程实际上就是对上级的政策进行'再决策'、'再创造'的过程。"②教育行政部门本身有自己的利益诉求，其内部人员也有自己的利益诉求。"政府本身有其自身的利益，政府各部门也各有其利益，而且中央政府与地方政府也有很大的区别。政府行为和国家公务员的行为与其自身利益有密切关系。"③公共选择理论认为，"同样的人怎么可能仅仅因为从经济市场转入政治市场之后就由仔细求利的自利者转变成'大公无私'的利他者呢？这是绝不可能的事"④。分析新高考综合试点改革政策的执行过程，无疑具有重要意义。

---

① 转引自：林水波. 政策分析评论[M]. 台北：五南图书出版公司，1984：165.

② 袁明旭. 官僚制视野下的公共政策冲突原因解析[J]. 云南民族大学学报（哲学社会科学版），2009（6）：43-48.

③ 齐明山. 转变观念界定关系——关于中国政府机构改革的几点思考[J]. 新视野，1999（1）：37-39.

④ [美]丹尼斯·C. 缪勒. 公共选择理论[M]. 杨春学等译. 北京：中国社会科学出版社，1999：3.

一方面，高考政策制定主体、高考政策执行主体、高考政策执行客体利益诉求存在不一致性。另一方面，新高考综合试点改革政策执行主体的不同层级的教育行政部门之间的利益诉求存在不一致性，新高考综合试点改革政策执行主体的不同层级的教育行政部门内部人员之间的利益诉求存在不一致性，不同地区之间的利益诉求存在不一致性。至于不同高中校之间、不同高校之间，则更是存在利益博弈。

以浙江省新高考综合试点改革实践为例，2016 年 10 月发布的文件《浙江省教育厅办公室关于纠正部分普通高中学校违背教育规律和教学要求错误做法的通知》中列举了新高考综合试点改革背景下部分高中所存在的违规行为，包括如下方面：①并开科目超过要求。高一年级每学期开设的学考科目超过 8 门，抢赶教学进度，严重加大学生课业负担。②限制学生选择权。在高一年级结束时，强制要求学生确定所有 3 门选考科目，限制学生自主选择时间，或用所谓的“选考套餐”限制学生选择范围。③挤压选修课程课时。各年级每周选修课程课时比例少于 20%，或用考试科目暗中替代，甚至搞“阴阳课表”。④考试前全面停课复习。在学考选考前，不执行既定的教学安排，全面停课，集中时间搞“学考会战”。⑤延长教学时间。增加课时，占用学生晚间和节假日时间组织复习。诱导或要求学生参加社会培训机构各类迎考学习。①

新高考综合试点改革政策，主要问题首先在于政策设计本身。例如，政策设计目标是否合理？政策是否科学与公平？是否本身潜含新的甚至是无法调和的矛盾？抑或是基本制度设计科学、合理，仅仅在于执行过程出现偏差？很显然，浙江与上海新高考综合试点改革政策设计本身即潜含着多重无法调和的基本矛盾。不仅如此，在新高考综合试点改革中，无论上级教育行政部门还是高中校，乃至于高校，都面临着缘于人的有限理性的不确定性和不可控性，很多情况下只能“摸着石头过河”。

以走班教学为例，在新高考综合试点改革背景下，高中校实施走班教学成为一种必然。但实际上，省教育厅（教委）与地方教育局对于走班教学究竟如何进行并非“了然于胸”，更难以谈得上“胸有成竹”。尽管在中国早已有部分高中校开展过走班教学，但大多并不那么成功，尤其是很少有大规模走班的成功经验。

---

① 浙江省教育厅办公室关于纠正部分普通高中学校违背教育规律和教学要求错误做法的通知[EB/OL].[2021-09-12]. http://jyt.zj.gov.cn/art/2016/10/25/art_1229266336_2379980.html.

相反，大部分高中校关于走班教学的经验严重不足，并且各类软硬件资源供给不足。在新时代高中新课改背景下，浙江省已在高中阶段增加选修课，选修走班确实算是走班教学的经验，然而其规模毕竟有限。一旦大规模实行走班教学，师资、教室、实验设备等方面的需求将迅速增加。理论上，高中校规模如果过大，那么走班教学便会遇到诸多难以克服的困难。但同样，如果高中校规模过小，如某一年级只有 100 多名学生，这种情况实际上也很难照顾学生十几种以上的选考科目组合。在这种情况下，走班教学对于师资、教室以及实验设备的需求成倍增加，由此就造成成本过高、效率过低的问题。

新高考综合试点改革背景下高中校走班教学的实践困境，在上海与浙江两省份均不同程度地存在。笔者在与两省份的部分高中校长以及地方教育局负责人的座谈中发现，全面实施走班教学目前还存在诸多限制，包括师资、教室及教学设备、仪器。作为中国经济最为发达、教育资源最为丰富的地区之一，上海也还有相当多的高中校面临走班教学各种软硬件资源的限制，更何况全国其他中西部省份。应该承认，浙江、上海两地对于新高考走班教学改革下有关师资、教室等各种教育教学资源的需求估计明显不足。既然估计与预判不足，那么显然不应该“一刀切”地要求全面走班，而应考虑到如何联动、协同相关部门解决这些问题。

一方面，浙江与上海新高考综合试点改革政策设计本身存在一定缺陷。比如，以浙江省为例，一个重要弊端在于选考开考时间过早，并由此而引发一系列的问题，包括高一学业负担与课业压力问题、考试竞争不充分问题、考试的等值性问题；其所存在的另一重要弊端在于将学考与选考实行“合卷”，即试图通过“一张卷”而同时完成毕业考试与升学考试，由此造成考试的难度与区分度方面的问题。另一方面，浙江与上海新高考综合试点改革都面临资源不足的问题，既包括师资等软件资源的缺口，也包括教室、实验仪器设备的不足。在政策执行过程中，不仅人普遍具有自利性，而且不同部门、不同学校也都存在逐利性，尤其是在高考这样一种高利害性的大规模考试中，加之自古以来的应试主义文化环境，出现各种问题可以说在所难免。

四、新高考综合试点改革政策执行的理论剖析

萨巴蒂尔（P. Sabatier）提出，政策执行研究有“自上而下”和“自下而上”

两种途径。希尔（M. Hill）指出，政策执行研究的发展有两波：第一波是以“自上而下”的模式为主，肯定政策制定者设定明确目标的权威和能力，目的在于形成完美的执行；第二波则针对此论点加以批判，认为政策目标是由政策制定者和政策执行者共同协商达成的，目的在于找出执行缺失。①

“自上而下”与“自下而上”的政策执行研究模式，既是政策学者关于政策执行的理论提炼与建构，同时也是他们关于政策执行的理论主张。“自上而下”的政策执行研究模式，以行政组织科层制、政治与行政相分离、行政管理的科学效率为基本分析思想。这一模式注重政策制定过程中政策本身的科学性与合理性，并且认为科学、合理的政策可以由政策制定者通过行政组织的科层制而有效下达、落实至下级部门以及最终的政策目标群体。“自下而上”的政策执行研究模式，则注重分析政策执行过程中基层官员的自由裁量权，注重政策进入目标群体的实际情形，因此也就重视政策在政策制定者与政策执行者以及政策目标群体之间的差异，注重分析作为文本状态的政策与最终进入实践状态的政策之间的差异。不仅如此，“自下而上”政策执行研究模式较之“自上而下”政策执行研究模式更加强调政策执行者，尤其是基层官员对于政策的认知及认同态度，注重分析他们的利益诉求。而为了增强政策执行力，这一模式强调充分考虑基层官员在政策执行方面的各类主客观条件及资源。

按照韦伯的官僚制理论，官僚制结构为金字塔式，层级分明，组织严密，上级所制定的政策可以在下级如实、高效地得以执行，下级需对上级负责，必须在规定期限内有效完成上级所指派的任务。②高考政策执行以科层制为基础，以行政命令为主要方式，以省（自治区、直辖市）—市—县—学校为基本执行路径。新高考综合试点改革方案的执行是一种“自上而下”的模式。具体言之，包括两条基本线索：一是由试点省（自治区、直辖市）根据《国务院关于深化考试招生制度改革的实施意见》制定具体改革试点方案，由省教育厅、考试院传达，经由地方教育行政部门包括教育局与考试院，再传递至高中校；二是试点方案从省教育厅、考试院直接至高等学校。其执行过程中的政策反馈，则是沿着一种“自下而上”的路径。科层制是迄今为止一种最为有效、最为合理因而也是最为普遍的

① 转引自：李允杰，丘昌泰. 政策执行与评估[M]. 北京：北京大学出版社，2008：41.

② 陈国富. 官僚制与政府治理模式的变革[J]. 南开学报（哲学社会科学版），2006（4）：21-28.

行政组织形式。中国行政系统包括教育行政系统，典型地体现出科层制的特点，行政组织制度具有强大的政策执行力，因此，在中国各个领域的改革包括教育改革中，问题通常首先并不在于政策执行力问题。

在新高考综合试点改革过程中，高中校长是一个应当给予高度重视的群体。高中校长的身份以教育行政官员为主，或者说教育行政官员身份占主要方面；同时，不少校长又担任任课教师，因此又以教师身份为次，或者说教师身份占次要方面。也就是说，高中校长的身份主要为教育政策执行主体，同时又具有客体（目标群体）身份。上级教育行政部门不可能对一个校长所有的决策、行为及相关教育改革实践进行全方位的监督与管理，更不可能对于一个地区所有校长的所有决策、行为及所有的教育改革实践进行全方位、全天候的监督与管理。

笔者认为，新高考综合试点改革的主要问题并不在于政策执行力问题。那么，问题是否主要是在于高考政策方案本身？上级教育行政部门负责宏观指导与管理，把握政策改革的基本方向与价值取向，下级教育行政部门尤其是县市教育局与高中校长则具有一定的自由裁量权。上级教育行政部门尽管可以充分调动与发挥政策专家、教育专家制定基本政策，但这些各类专家并非具有“完全理性”，而仅仅具有“有限理性”，因此，新高考综合试点改革方案存在一定的缺陷与不足也就在所难免。尤其是高考改革高度复杂、灵敏，以一种稳健的节奏推进就成为一种必要的基本方略。

以浙江为例，其新高考综合试点改革方案本身即存在一定的问题。比如，根据学考与选考制度设计，学生在高二上学期10月即可参加学考与选考考试。而在学生自由选择、自主决定学考与选考时间的政策下，有的学生即选择在此时参加学考与选考。这样，在学生需求与上级要求之间便出现矛盾与冲突。如果满足学生需求，那么势必将违反上级关于“并开科目不得超过 8 门”、不得赶进度等要求；如果严格遵守上级规定，那么学生诉求便无法得到满足，以学生为中心，赋予学生充分自由选择、自主报考的制度设计便大打折扣。很显然，高二上学期 10月即可进行学考与选考的制度设计，必然造成压缩课时赶进度、削减某些非高考科目课时、额外补课等教育教学异化行为。

由于新高考综合试点改革政策本身存在某些内在缺陷，部分地区的高中校或是替换性执行，或是选择性执行，或是象征性执行，或是附加性执行。在新高考综合试点改革政策执行过程中，经常存在“上有政策，下有对策”现象。一方面，下级部门往往拥有自己的利益考量，当不执行上级政策的收益大于执行上级政策的收益时，其便可能“暗中抵制”上级政策。另一方面，下级部门往往受制于人力、物力和财力等各类资源，无法完全如实执行上级规定而选择进行“良性变通”。当前浙江、上海在新高考综合试点改革中，某些高中校没有完全执行两地相关要求，一方面因为政策设计本身存在漏洞，另一方面确实也是因为受到各种软硬件资源的限制。

再者，在新高考综合试点改革中，高中校长既是基层干部又是目标群体，具有相当自由裁量权。不仅如此，地方教育局与本地高中校的高考升学业绩具有利益一致性，因此，对于高中校包括校长为提升学校高考升学业绩而采取的诸如违反课程开设数目、压缩课时赶进度、削减非高考科目课时、额外补课等行为，有时采取的是一种默认态度。

刚性、强制性的政策规定，优点是保持统一要求，增强政策执行力，但也可能因某些无法克服的困难与限制而流于形式，从而造成政策阻滞与政策异化等问题。比如走班教学，从学生规模来说，规模过小与过大都不适合走班。有的学校，根本无法进行走班。同时，软硬件资源比较丰富的学校，或许可以满足一个年级实行走班的需求，但却无法满足两三个年级同时走班的需求，这也是一类比较普遍的问题。此外，政策的刚性规定与弹性规定之间存在一定矛盾：刚性规定过多，则难以顾及各地的实际困难与特殊情形；弹性规定过多，可能造成与改革基本精神相背离的政策漏洞。

“自下而上”的新高考综合试点改革政策反馈中，包括专家的追踪与评价。但实际上，在执行过程中有时又难以将专家意见及时吸纳并使之直接进入高考政策中。一定时期内，必须保持高考基本规则的前后一致性与稳定性。正所谓“开弓没有回头箭”，有时即使发现或预判到某一比较严重的问题，但却只能在下一周期内进行深化和完善。另外，专家对于新高考综合试点改革方案及政策的担忧，在正式改革开启前尚只是一种预研、预判，方案及政策效果究竟如何终究是尚未经过实践检验的，如此，专家充其量也只能是表达某种“担忧”“忧虑”，抑或直接“沉默”。从这一意义上说，新高考综合试点改革方案及政策的实际效果如何，最终只能诉诸改革实践来回答。而这正是浙江与上海新高考综合试点改革的价值与意义所在。

五、新高考综合试点改革政策完善共识的达成

在个体权利意识觉醒的现代社会，任何一项教育改革都应当以民意为基础，充分体现民意。尤其是，高考作为一种典型的具有高竞争性、高利害性、高敏感性的选拔性考试，相关改革更应谨慎，更应充分了解民意、吸收民意、体现民意。新高考综合试点改革力度大，影响广泛、深刻，针对其原有方案及政策负面效应进行优化与完善，应当在充分调研、尊重民意的基础上进行，即应在系统调研的基础上取得一种改革共识，形成新的深化与完善方案及政策。

然而，高考改革历来具有复杂性，完美无缺的高考改革政策往往只能是一种理想。不同办学水平的优质学校、中等学校、薄弱学校，对于某一高考政策的认同度不尽一致，甚至可能截然相反；不同学术性向、不同能力的学生对于某一高考政策的价值判断可能存在差异；不同任课教师对于某一高考政策的价值判断可能存在差异；不同的教育政策研究专家对于某一高考政策的价值判断可能存在差异；不同地区，如城乡之间的师生对于某一高考政策的价值判断可能存在差异。与此同时，教师和学生之间对于某一政策的认同度与支持度也可能存在差异。从不同的视角观察，人们往往会得出不同的价值判断，因此，高考改革经常是“横看成岭侧成峰，远近高低各不同”，“公说公有理，婆说婆有理”。从这一意义上说，高考改革共识往往只能是一种相对共识，而非绝对共识；只能是一种有限共识，而非无限共识。

在高考利益总量（尤其是优质高等教育入学机会）一定的框架下，增加一部分人的利益，必然是以减少另一部分人的利益为代价。不同考生从各自的利益标准出发，形成不尽相同甚至完全相反的价值判断。在通过错时竞争，即通过选择在高二上学期与下学期选考从而避开与重点高中校、高能力学生竞争，以及错科竞争，即通过选择“技术”一科从而避开与高能力学生竞争从而获得高分者看来，错时竞争、错位竞争策略属于合理利用高考选考规则。但对于其余考生而言，则可能认为通过利用竞争不充分的错时竞争策略获得高分，属于“能力与分数不相符”，即“不当获益”。至于错科竞争，一般来说，人们对其负面评价不及

错时竞争那般激烈，但其终究属于相对评价的一种弊端。正像标准分制度的弊端，选考科目实行等级赋分造成很多考生避开物理，长期下去可能对于理工类人才的培养造成难以估量的负面影响。

新高考综合试点改革赋予考生充分的自由选择权，意味着必然引发学生选科的不可控性。人与物不同，在相同条件下，同一种物质的物理构成与化学属性是相同的，所以，人对于物的控制相对更加容易。但具体到人自身则不一样，因为每一个人都是独特的，而教育本身必须以人的差异性与独特性为基本前提，并尽可能地顾及这种差异。正是由于人的独特性与差异性，所以，对人的行为的研究与预测就不像对物的研究与控制那样容易。人的理性的有限性，这一点在对人自身行为的预测方面，较之对物的研究与控制方面，表现得更加鲜明。浙江省每年的高考考生规模在30万人左右，如此大规模的考生群体在自由选科政策下，必然会出现考生偏好及意见的分化。当然，我们改革的初衷本来就是要赋予学生自由选择权，而不是对其进行控制。但悖谬的是，自由选科带来了高考改革的宏观调控困境。

浙江与上海新高考综合试点改革方案公布之初，社会各方大多不吝赞美之词，肯定性声音可以说是铺天盖地。后来则开始出现质疑、批判的声音，或者至少应该说是赞成与质疑之声同时并存。这种情形，恰恰是高考这一把“双刃剑”效应的反映。新高考综合试点改革，其利弊效应有的方面需要经过一个较长时期才能充分显现，而有的方面则在短期内即可充分显露。比如，高中校走班教学、选考科目如何确定、学考与选考具体考试安排及后续影响、选考科目分值设置及评分制度等，均早已对高中教师与学生产生了广泛而深刻的影响。事实上，像走班教学、选考科目如何确定等对于高中校包括教师与学生的影响，可以说几乎自高考改革启动的那一刻即已开始出现。至于新高考综合试点改革背景下高等学校人才培养所面临的新挑战与新问题，随着 2017 级、2018 级学生的入学也逐渐开始显现。如何解决新高考综合试点改革背景下学生学科知识背景与所录取专业之间不匹配的问题，成为当前高校人才培养所面临的一个重要挑战。

高考改革，一方面必须实行民主制，充分听取包括下级政策执行主体、政策目标群体等各利益相关方的意见，另一方面必须实行集中制，否则难以甚至无法统筹、协调来自各方的诉求与主张；一方面必须在专家论证基础上，由上级教育决策与政策制定部门把握教育改革的价值取向、宏观策略与基本思路，另一方面，由于人类理性的有限性，必须赋予基层政策执行者一定的自由裁量空间。

浙江、上海两地在充分调研教育测量与评价研究专家、高校师生、高校招生部门意见与建议的基础上，分别出台了新高考综合试点改革深化与完善方案、政策。实践是检验真理的唯一标准。两地新高考深化与完善方案、政策具体效果如何，最终还需诉诸实践才能做出科学的评判。

第八章

新高考综合试点改革的理论反思与政策启示

高考是一种复杂、系统的考试制度，利弊效应均十分显著。浙江与上海两省份依据2014年《国务院关于深化考试招生制度改革的实施意见》基本框架进行的试点改革，在取得明显创新性的同时，也遭遇了诸多挑战。理论上，诸如师资、教室及实验仪器与设备不足等问题，随着财政投入的加大可得到有效解决，但除此之外，仍存在若干两难乃至多难矛盾问题。本章从自由选科中的个体理性与集体非理性矛盾、专业科目选考要求设置的多重矛盾、“两依据，一参考”基本招生评价框架角度进行理论层面的反思，并就选考科目分值设置与考试次数、保障机制等进行讨论及提出若干政策建议。

第一节　自由选科：个体理性与集体非理性的矛盾及矫正

新高考综合试点改革，一个根本的创新之处在于增加了科目的选择性。自由选科制度设计的出发点在于以学生为本，充分顾及学生的学术兴趣与专长，即所谓“学其所好”“考其所长”。然而，一方面，学生在确定高考选考科目时往往面临着兴趣爱好、高校目标专业关于科目选考要求、高中校师资力量与教学水平、潜在竞争对手的科目选择、上一级学生的选科情况以及自己的竞争实力等之间的复杂冲突与抉择矛盾；另一方面，学生在确定选考科目过程中出现了“弃理选文”，尤其是“弃考物理”现象，因此，个体基于理性的选择行为又导致了一种集体非理性的困境。

一、考生确定选考科目的若干考量因素

（一）高考选考科目确定依据

新高考综合试点改革强调以学生为中心，通过赋予学生自由选择权而彰显因材施教、因材施考的教育与选拔理念。文理分科较之完全的合科固然更能顾及学生的个体差异，但浙江、上海新高考自由选科制度较之简单的文理分科无疑又更能照顾学生的个体差异。从某种意义上说，简单的文理分科模式对于人的个体差异的观照相对不足，甚至在很多情况下抹杀了人的个性。新高考综合试点改革，赋予学生自由选择语文、数学、外语以外的考试科目的权利，基本上可以照顾到每一个学生的个体差异，这是新高考自由选科制度最根本的价值所在。但高考制度本身复杂、灵敏，某一制度改进往往同时会衍生出若干新的制度弊端。新高考自由选科制度在充分尊重学生个体差异的同时，也面临着选考科目的依据如何确定以及具体考试时间如何安排等重要问题。

从理论上说，高考选考科目的确定至少涉及学生兴趣爱好、高校目标专业关于科目的要求、高中校师资力量与教学水平、潜在竞争对手的科目选择、上一级学生的选科情况以及自己的竞争实力等几个方面。在最理想的层面上，对于某一学生来说，这几个方面可能基本一致，不存在根本性冲突，即选择某科作为高考选考科目，既符合学生兴趣爱好，又符合高校目标专业的科目选考要求；既是其所在学校擅长的科目，又能避开强者或者是胜出对手。但这几个方面恰好一致的情况，在现实中恐怕极少存在。那么，在这几个方面存在冲突的时候，究竟应该以哪一方面依据为主呢？或者换个思考问题的角度：高中校知道每一个学生该如何确定选考科目吗？学生家长知道吗？学生本人知道吗？学生当然应该学会选择，包括在选择的过程中成长，但这终究像是在一个“似乎什么还都不知道”的年龄却要确定“人生大事”。从抽象的意义上说，高中校师资力量与教学水平、竞争对手的选考科目以及自己的竞争实力，可以合并归结至高考分数收益最大化。这样，除了高校目标专业的必选科目要求外，影响学生确定高考选考科目的主要因素可以化约为学生兴趣与考试分数最大化。同样，两大因素既可能是一致的，也可能是冲突的。据笔者了解，在某些高中校，考生无法依据自身的兴趣选择高考选考科目，因为他们不得不迁就学校的现有师资力量以及其他硬件资源。而在某些高中校，学校甚至劝导学生或者选择“全文”或者选择“全理”，或者说要求学生服从学校的意志与安排。一些考生原本根据自身兴趣确定了选考科目，但最终却被学校劝退。这是新高考综合试点改革实践中值得予以高度重视的一个问题。另外，客观地说，高中校也确实有其师资、教学设施等方面的苦衷与困难，一味苛求与批判而不关注其改革软硬件短板，无助于问题的实际解决。无论如何，“以学生为本”是一条基本教育原理，教育首先应该尊重并发展学生的兴趣与爱好。可是在这里，兴趣却因为师资力量、教学设施，因为考试分数最大化需求而被压抑，高考的教育功能被异化。①

（二）高考选考科目确定时间问题

时间是浙江与上海新高考自由选考制度设计中至关重要的另一变量，直接影

① 刘希伟. 关于浙江新高考改革的若干思考[J]. 教育与考试，2016（3）：29-33.

响到学生高中三年的基本学习格局，特别是时间结构。以浙江省为例，其2014年新高考综合试点改革方案中，高考选考最早安排在高二上学期，确切来说为当年10月，因此，在高一确定高考选考科目成为高中校的一种普遍做法。在此背景下，在高一下学期结束之前确定3门选考科目成为高中校一种普遍甚至必然选择。正如前文所言，很多情况下，无论是高中校还是学生及家长，都不知究竟应该如何权衡、如何选择高考选考科目。尤其是在高一即完全确定选考科目，应该说存在过早之弊。但在当时高考选考制度设计下，又不能延迟至高二才确定，否则根本来不及参加第一次选考及学考。因此，高考选考科目确定时间的下限，即是高一下学期结束之前。当然，即便如此，对于参加第一次选考与学考的学生而言，也是仅有有限时间进行备考。2017年出台的《浙江省人民政府关于进一步深化高考综合改革试点的若干意见》规定，"学生高三起参加选考科目考试"[①]，从而在制度层面推迟了选考考试时间。

（三）高考选考科目是否可以更改问题

还有一个关键的问题在于，高考选考科目一旦确定之后是否可以进行更改？关于这一点，目前多数高中校仅是提供极少数更改名额，大多数学生一旦确定选考科目后便再不能进行变更。高中校之所以做出这种规定，主要是基于教学秩序的考虑。确实，如果大量学生可以任意改动选考科目，对于正常的教学秩序的影响很大，高中校甚至无法开展正常、有序的教学。同样，对于学生来说，在未正式参加选考之前或许还可以修改选考科目，但只要正式参加了选考科目考试，那么一方面，该门科目的考试成绩将直接计入高考总成绩；另一方面，在等级赋分制度下，其成绩又不仅是"自己的"，同时还将直接影响其他学生的成绩排名与等级分数。这也是为什么考生在参加完某一选考科目考试之后，不得再申请变更的缘由之一。此外，在确定选考科目之后，如果任意变动某科目，对于学生本身也可能形成不利影响，并不见得必然有利于其考试收益的最大化。

---

① 浙江省人民政府关于进一步深化高考综合改革试点的若干意见[EB/OL].[2021-09-12]. https://www.zj.gov.cn/art/2017/11/28/art_1229017138_64634.html.

二、个体理性与集体非理性矛盾及影响

在选考科目实行等级赋分制下，浙江与上海两地学生出于高考收益最大化的考量而出现了弃选物理、化学的现象。

根据笔者从浙江省教育考试院所获数据，该省2017届考生中，选考思想政治的为10.47万人，占41.87%；选考历史的为10.88万人，占43.48%；选考地理的为11.95万人，占47.79%；选考物理的为8.95万人，占35.78%；选考化学的为12.5万人，占50%；选考生物的为12.53万人，占50.08%；选考技术的为7.28万人，占29.12%。①弃考物理这种现象，在传统重点高中校（尤其是顶尖级高中校）相对不是特别明显，但在一般的优质高中校、普通高中校，特别是原来"本一"批次升学率低的薄弱高中校，则相当严重。2017年8月，在国家教育咨询委员会和国家教育考试指导委员会联合组织的调研座谈会上，杭州某区一位普通高中校长称该校选考物理的人数出现了"断崖式"下滑。该校长还反映，该区另外几所普通高中校的物理选考人数也都出现骤减，一个有六七百名学生的年级大约只有二三十人选考物理。2018届物理选考人数为7.3万人，下降比例达18%。而据了解，2018年11月的物理选考，其考试人数不及6.5万人。②即使以6.5万人计，较之2017届选考人数也下降了27%，接近1/3的比例，已经呈现出"断崖式"下滑。

再看上海，根据其教育考试院提供的数据，2017届考生各科选考人数为：政治1.52万人、历史2.04万人、地理3.07万人、物理1.95万人、化学2.31万人、生命科学2.52万人；2018届考生各科选考人数为：政治1.49万人、历史2.12万人、地理3.62万人、物理1.53万人、化学1.99万人、生命科学2.84万人。其中，物理下降幅度达22%，同样也是呈现出一种"断崖式"下滑。另外，化学也遭遇到了类似物理的弃考困境，如2018届选考化学的人数较之2017届下降了14%。③

① 此部分数据来自浙江省教育考试院内部资料。

② 刘希伟. 新高考综合试点改革的四重审视[J]. 中国教育学刊，2019（6）：13-18.

③ 此部分数据是笔者咨询上海教育考试院内部人员获得的。

追溯以往的高考改革可以发现，在自由选考制度下，弃选物理的困境往往难以避免。2003 年，江苏省高考曾实行“3+1+1”模式，即除语文、数学、外语三科外，考生根据高校要求并结合自身的兴趣、特长，再从物理、化学、生物、政治、历史、地理 6 门科目中选择 2 门。理论上，“+2”总共有 15 种组合。在这一模式下，考生纷纷弃选物理，选择其他相对容易的科目，尤其是文科，因而整体上出现历史、地理、政治选考人数增加，理科尤其是物理选考人数减少的问题。为有效阻断物理选考人数下滑，同时也着眼于为高校理工类专业人才培养奠定必要基础，江苏省在其之后的“2008 高考方案”中将物理、历史作为必考科目之一。这种制度调整意味着，报考理科专业的考生必须选择物理，而报考文科的考生必须选择历史。然而，问题的棘手之处在于，实践表明，江苏“2008 高考方案”并未能够有效消除考生功利性选科问题，“弃理选文”现象仍然相当明显。一个重要的原因在于，其高考总分数仅包括语文、数学、外语三科。所以，尽管将物理作为必选科目之一，但仍无法有效扭转选考人数减少、考生物理素养整体下滑的局面。

自由选考制度下，考生纷纷弃考物理、化学的功利主义行为，可以说是一个典型的个体理性造成集体非理性的问题。根据亚当·斯密的理论，以理性人假设为基础的个体追求私利的结果，在“看不见的手”的指引下，同时也增进了社会利益。换言之，在市场机制下，个人追求收益最大化的同时也实现了社会收益。“在这场合，像在其他许多场合一样，他受一只看不见的手的指导，去尽力达到一个并非他本意想要达到的目的……他追求自己的利益，往往使他比在真正出于本意的情况下更有效地促进社会的利益。”[①]必须承认，有的考生确实是不擅长物理、化学，抑或是本身对这两个学科没有兴趣。但同样无法否认，大量的考生本身对于物理、化学有着浓厚的兴趣，只是基于高考收益最大化的考量而纷纷弃考物理、化学，也就是说，这种行为是一种基于个人理性的选择。我国高校的招生自主权相对有限。在目前的等级赋分制下，自由选科制度必然造成物理、化学弃考困境，换言之，也就是必然会出现个体理性与集体非理性相矛盾的问题。

再者，在自由选考制度下，不仅出现物理、化学选考人数下滑问题，而且因

① [英]亚当·斯密. 国民财富的性质和原因的研究（下卷）[M]. 郭大力，王亚南译.北京：商务印书馆，1974：30.

为考生的物理、化学素养整体下降又造成高校理工类专业人才培养的困境。从长远来看，此种问题必然将影响中国理工类人才的培养，因此，这不仅仅是一个简单的高考选考问题，同时也是一个可能影响未来中国科技人才培养的大问题、战略性问题。站在国家战略的立场，弃考物理、化学无疑是一个应当引起高度重视的重大问题，若不能及时阻断、转变此种弃考困境，必将影响到中国科技人才的选拔与培养。

三、个体理性与集体非理性矛盾的矫正

个体理性导致集体非理性，而集体非理性在最终意义上也必将影响到每一个个体的利益。马克思指出，当现代市民社会中每个人都在追求自己的私人利益时，“每个人都互相妨碍别人利益的实现，这种一切人反对一切人的战争所造成的结果，不是普遍的肯定，而是普遍的否定。关键倒是在于：私人利益本身已经是社会所决定的利益，而且只有在社会所设定的条件下并使用社会所提供的手段，才能达到；也就是说，私人利益是与这些条件和手段的再生产相联系的。这是私人利益；但它的内容以及实现的形式和手段则是由不以任何人为转移的社会条件决定的”①。

尊重个体的选择与利益，一个基本前提是以集体利益得到保障为基本前提。在这种集体利益中，首先必须考量的无疑是国家利益。如果新高考综合试点改革不仅造成某一学校、某一地区、某一省份整体上的非理性选考，而且造成整个国家利益受损，那么，这种改革必然也就丧失了合理性与合法性基础。个体追求私利的基本前提是不损害集体利益，尤其是国家利益。如何有效解决个体理性和集体非理性之间的矛盾问题，成为新高考综合试点改革深化与完善方案必须解决的一个重要问题。

笔者认为，解决新高考综合试点改革中学生选考造成的个体理性与集体非理性矛盾，至少有两种解决思路：一是取消选择性或弱化选择权；二是调整选考科目赋分制度。目前，浙江与上海都是采取了第二种办法，即在选考科目赋分制度

① 中共中央马克思恩格斯列宁斯大林著作编译局. 马克思恩格斯全集（第四十六卷，上册）[M]. 北京：人民出版社，1979：102-103.

方面制定保障机制。两地首先建立的是物理选考保障机制，其中浙江以 6.5 万人为保障基数，上海以 1.5 万人为保障基数。尽管两地具体的赋分规则没有发生根本改变，但建立选考人数托底机制，实际上可以说是围绕赋分制度而进行的一种完善。

关于具体的选考保障机制，在保底人数方面，可以有多种算法，但每一种算法都是各有利弊。因此，目前浙江与上海两地的物理选考人数保障机制并非完美无缺，同样也有一定弊端。只是在自由选考制度下，浙江与上海两地目前还无法为等级赋分制度找到一种没有任何弊端、完美无缺的保障机制。从这一意义上说，尽管浙江与上海的选考人数保障机制并非完美无缺，但终究具有重要价值。这种价值在于，其至少在一定程度上可以为保障物理选考人数发挥效力，至少在一定意义上可以对选考物理者的利益形成保障作用。具体保障效果如何，需要接受实践的检验，届时可根据实际情况而做进一步的优化与调整。

第二节　选考要求：基于匹配考量的设置矛盾及其完善

在自由选考制度下，考生的知识基础与所录取专业要求之间存在一个匹配性的问题。这种匹配问题，在理工类专业方面体现得尤其明显。在一般的文科类专业中，实际上并不存在明显的考生知识基础与专业要求之间的匹配性问题。当然，文科类专业，也有不少设置选考科目要求，考生必须选考某一科目才可报考。不仅如此，部分高校的诸如哲学、法学专业还要求考生必须选考物理。从这一意义上说，有的文科类专业同样存在考生的知识基础与所录取专业要求匹配与否的问题。整体而言，理工类招生专业科目选考要求设置中的矛盾问题，较之文科类而言，相对更加突出、紧迫。

一、专业科目选考要求设置的四重矛盾

（一）专业科目选考设置中数量维度的矛盾

在这一方面，存在“有”与“无”、“和”与“或”的矛盾。

首先，“有”与“无”的矛盾。总体而言，文科类不设选考科目要求十分普遍，无论在“双一流”建设高校还是一般地方性院校都是如此。同时，相对而言，理工类专业不设科目选考要求的现象，在一般地方性院校，较之在高水平大学尤其是“双一流”建设高校更为普遍。浙江与上海两地均规定选考科目范围不超过 3 门，学生只需符合其中任意 1 门即可报考。某一专业（类）的科目范围为什么不超过 3 门？这一上限是如何确定的？似乎并无明确的科学依据。在“最多只需一门符合即可报考”这一前提下，选考科目范围越大，意味着考生的选择越多，如果扩展到极限（上海 6 门，浙江 7 门），那么也就等于是没有任何限制，因为学生必定是“6 选 3”或“7 选 3”。

其次，“和”与“或”的矛盾，实际上也就是“多”与“少”的矛盾。也就是说，一个专业（类）最多可以设置 1 门还是 2 门乃至 3 门必选科目。这一矛盾的棘手之处在于，如果某一专业同时设置 2 门必考科目，那么势必意味着对学生的选考科目形成一种限制，或者说可能影响到学生的专业报考范围。而如果是同时设置 3 门必考科目，那么势必意味着对学生的报考形成更大的限制。在一个专业（类）设置 3 门必考科目（必须同时选考）的规定下，为了保障学生广泛的专业报考范围，结果很可能又要向传统二元文理分科模式回归。

（二）不同院校同一专业科目选考要求不同的矛盾

尊重学生的自主选择，倡导学生多元发展，尽管反映了不同高校同一专业人才培养目标与规格的差异，但其背后是否有着必要的、共同的要求？笔者认为，应该是有的。特别是理工类专业，多数需要以具有扎实物理知识为基础。但那些没有将物理设置为必考科目的理工类专业，势必遭遇人才培养实践的困境。更何况，有的理工类专业还需考生同时具有良好的物理与化学知识抑或化学和生物知识。而这也正是教育部出台“2018 版选考科目要求指引”的缘由所在。

一个有趣的现象是，新疆农业大学2018在上海招生的所有专业，包括大量理工类专业，均无科目选考要求。而作为独立学院的新疆农业大学科学技术学院，却在上海招生的理工类专业设置了科目选考要求，或者是必考物理，或者是化学与生命科学“二选一”。

（三）同一院校同一专业在不同省份科目选考要求不同的矛盾

同一院校同一专业针对浙江、上海两地考生科目选考要求不同，是新高考综合试点改革中的又一矛盾问题。例如，新疆农业大学，2018 年在浙江招生的电气工程及其自动化、土木工程、水利水电工程专业，要求考生必考物理；化学工程与工艺、食品质量与安全专业，要求考生必考化学；农学、园艺、动物科学、动植物检疫专业，要求考生必考生物。同在2018年，该校在上海所招收以上相同专业却没有任何科目选考要求。除此之外，新疆农业大学还有其他诸多理工类专业在上海进行招生，同样也是没有任何科目选考要求。

又如，内蒙古科技大学，2018 年在浙江招生的公共事业管理专业的选考科目范围为历史、思想政治与技术，金融学专业为物理、技术。但在上海招生的相同专业，却无任何选考科目要求。

再如，北京体育大学，2018 年在浙江招生的运动人体科学、应用心理学专业，选考科目范围均为物理、化学、生物，但在上海招生的相同专业没有任何科目选考要求。不过，其2020年在上海招生的这三个专业均增设了相同选考科目范围，即物理、化学、生物。

复如，上海建桥学院，2018 年在上海招生的所有专业均无任何科目选考要求，其中也包括宝石及材料工艺学、软件工程两个专业。但同样是在2018年，这两个专业在浙江招生的选考科目范围为物理、化学、技术。

2018 年，重庆医科大学在浙江招生的专业中，临床医学、临床医学（“5+3”一体化）、麻醉学、医学影像学、精神医学、儿科学、口腔医学、药学、药物制剂、临床药学、中药学专业，均规定学生必选化学。其余诸如生物信息学、医学信息工程、生物医学工程、基础医学、预防医学、食品卫生与营养学、法医学等专业，均规定为物理、化学“二选一”。同年，其在上海招生的麻醉学、基础医学、临床医学、医学影像学、口腔医学、食品卫生与营养学、药学、药物制剂等专业，则无任何科目选考要求。

同样的专业对上海考生不设要求，而对浙江考生则设选考科目范围要求，其科学性与合理性显然值得商榷。

（四）同一院校同一专业选考要求的稳定性与变化性的矛盾

同一院校同一专业选考要求，总体上保持了一种稳定性。但高校录取后学生知识结构性缺失与深度性不足的问题，反证了我们目前的高考科目选考要求是存在问题的。这就意味着，必须对现存的科目选考要求，特别是“最多限考一科”的硬性规定做出调整。当然，不同招生专业（类）选考要求的科学、合理、理想状态是什么，需要学者以扎实的学术研究为基础进行深入探究。

此外，个别学校的某些专业选考要求有所变化，或者是“收紧”，或者是“放宽”。比如，复旦大学2018年在浙江招生的社会科学试验班、法学类专业选考科目要求为物理、思想政治、历史，哲学类专业则为物理、化学、历史；2020年，哲学类和法学类、社科类试验班不再提任何科目选考要求。西北大学法学专业在浙江的招生，2017年、2018年选考科目范围为物理、化学、生物，2019年、2020年则不做要求。

又如，兰州大学2018年在浙江招生的计算机类、电子信息类专业，选考科目范围为物理、地理和生物，考生只需选择其中 1 门即可；生物科学类专业，选考科目范围均为物理、化学、生物，考生任选其中 1 门即可。2019 年，计算机类专业选考科目范围为物理、地理、生物，电子信息类要求考生必选物理，生物科学类专业选考科目范围为生物、化学、物理。2020 年，计算机类和电子信息类专业要求必选物理，生物科学类专业要求选考化学或生物。简言之，2019年较之2017年、2018年收紧了电子信息类专业的选考科目范围，2020年又收紧了计算机类专业的选考科目范围，均是要求必须选考物理1门。

再如，青海大学2018年在浙江招生的专业没有任何科目选考要求。像机械设计制造及其自动化、材料成型及控制工程、机械电子工程、冶金工程、电气工程及其自动化、计算机科学与技术、土木工程、给排水科学与工程、水利水电工程、测绘工程、制药工程、食品科学与工程、临床医学、麻醉学、口腔医学、预防医学、中医学、医学影像学以及药学、护理学等专业，均无选考科目要求。2019 年，临床医学、预防医学、中医学类专业的选考科目范围为物理、化学、生物；食品科学与工程类专业的选考科目范围为化学、生物；计算机科学与技术、电气工程及其自动化、生物工程、麻醉学、口腔医学专业的选考科目范围则均为生物、化学。

二、“2018 版选考科目要求指引”的意义

“2018 版选考科目要求指引”的重要意义在于，高校可以为某一专业设置 2 门甚至 3 门选考科目，考生必须同时选考所规定的 2 门或 3 门科目才能报考这一专业。换言之，“2018 版选考科目要求指引”突破了之前“一个专业最多只设置 1 门必考科目”的做法，特别是基础医学类和临床医学类的多数专业需要同时选考化学和生物 2 门。在“2018 版选考科目要求指引”下，我们确实可以看到有的高校已经对部分专业提高了选考要求。

例如，浙江大学 2020 年在浙江招生的理科试验班（生命、环境、化学与地学）、海洋科学、应用生物科学、医学试验班，均规定考生必须同时选考物理和化学才可报考。浙江工业大学 2020 年在浙江招生的材料类专业，规定考生必须同时选考物理和化学。浙江海洋大学 2020 年在浙江招生的材料类、生物技术专业，要求考生必考化学和生物。浙江中医药大学 2020 年在浙江招生的材料类、儿科学专业，要求考生必须同时选考化学和生物；临床医学要求考生必考化学和生物；医学影像学要求考生同时必考物理和生物。

再如，淮北师范大学 2020 年在上海招生的数学与应用技术、数字传媒技术、物理学、信息安全、材料化学、材料类、电子信息类、光电信息科学与技术、计算机类、应用化学等专业，均规定考生必须同时选考物理和化学。

总之，一方面，少数专业已经开始要求考生必须同时选考 2 门或 3 门科目；另一方面，原来没有任何科目选考要求的理工类招生专业，也开始增设了选考要求。我们相信，未来随着试点经验的不断积累，不同招生专业的选考科目设置一定会越来越合理、越来越完善。

第三节 “两依据，一参考”：基本框架的理论反思

国家新高考综合试点改革将除了语文、数学、外语的其他科目，以学考方式纳入高校招生评价，因此，高考成绩和学考成绩成为高校招生评价的“两依据”。这种做法的依据与理由在于所谓的“增强高考与高中学习的关联度”。笔者认为，这仍值得进行理论层面的思考与辨析。同时，将高中生综合素质评价纳入高校招生评价体系，还存在若干根本性的理论层面的难题。在浙江、上海已经进行多年试点改革的背景下，针对“两依据，一参考”基本框架进行理论反思，既具有必要性，也具备一定的实践基础。

一、从“一依据”到“两依据”：何以“增强高考与高中学习的关联度”

在传统会考时代，会考与高考二者功能泾渭分明，会考负责高中毕业鉴定功能，高考承担高校招生选拔功能。相应地，高校招生所依据的是高考成绩，其具体科目在 20 世纪 90 年代普遍为“3+2”，之后尝试过“3+X”。但是，“3+X”最后不约而同地演变为“3+文综/理综”。无论“3+2”还是“3+X”，皆为高考科目。按以往的理解，高考本身就是高校招生所进行的一种选拔性考试，或者说主要是从常模参照测验的角度来使用考试分数的。

新高考综合试点改革以“必考+选考”的“3+3”为基本模式，其中前面的“3”为高考科目与高考成绩；后面的“+3”为选考，具体言之是学考科目与学考成绩。也就是说，新的招生制度在基本依据方面增加了考生高中学业水平考试方面的成绩，因此，从形式上看也就不再是以往只有高考成绩“一依据”，而是“两依据”。很明显，从过去的“一依据”到现在的“两依据”，一个重要变化是高考科目少了，只剩下语文、数学、外语。我们应当深入思考的几个关键问题包括：高考成绩与学考成绩，二者直接相加，其科学性与合理性如何？为什么要将

语文、数学、外语之外的科目以学考的形式纳入高校招生评价体系，并将其作为另一基本依据？较之于以往物理、化学、生物、历史、地理、政治皆作为高考科目，其差异究竟在哪里？应然差异与实然差异究竟如何？

2014 年发布的《国务院关于深化考试招生制度改革的实施意见》在“启动高考综合改革试点”一节指出，“增强高考与高中学习的关联度，考生总成绩由统一高考的语文、数学、外语 3 个科目成绩和高中学业水平考试 3 个科目成绩组成”。传统高校招生以“语文、数学、外语+物理、化学、生物（以理综科目形式呈现）”或“语文、数学、外语+历史、地理、政治（以文综科目形式呈现）”，较之新一轮高考科目“语文、数学、外语+选考科目（“6 选 3”或“7 选 3”）”的差异就在于，除语文、数学、外语的其余科目是以学考形式进行的。那么，与当前学考（“6 选 3”或“7 选 3”）相比，物理、化学、生物（以理综科目形式呈现）或历史、地理、政治（以文综科目形式呈现）所体现出的“与高中学习的关联度”更少吗？或者反过来说，新一轮高校招生评价所依据的学考科目，即“+3”科目（“6 选 3”或“7 选 3”），与物理、化学、生物（以理综科目形式呈现）或历史、地理、政治（以文综科目形式呈现）相比，在“与高中学习的关联度”方面体现得更多、更充分吗？如果答案是肯定的，那么，其究竟又是通过什么而得以体现得更多、更充分的？

第一，其显然并不在于是否以分科形式体现，即并非因为新一轮“+3”科目（“6 选 3”或“7 选 3”）是以单科形式考试而体现得更充分、更充足。若是如此，那么，直接将原来的文综、理综科目直接改回单科形式，是否即可体现得更多、更充分？更何况，实施综合科目考试，本身即是上一轮高考改革即 1999 年启动的“3+X”科目改革的目标之一，并且也基本上实现了改革的初衷。现在，若是将文综或理综科目改回以单科的形式考试，是不是意味着对于过去发展综合科目的一种否定？如果不是，那么是否又意味着现在以单科形式考试是以牺牲综合科目命题为代价？“6 选 3”可达 20 种组合，“7 选 3”可达 35 种组合，在这样一种基本格局下，显然难以形成 20 种综合科目的命题，更难以形成 35 种综合科目的命题。

第二，按照《国务院关于深化考试招生制度改革的实施意见》的基本逻辑，在“与高中学习的关联度”方面，学考较之高考体现得更多、更充分。如果将其抽象出来，是否可以说学考较之高考更能体现“与高中学习的关联度”？如果是的话，那么是否意味着新高考综合试点改革中，语文、数学、外语因为是高考科目，较之“+3”学考科目，在“与高中学习的关联度”方面体现得更少？或者说，在新高考综合试点改革中，“+3”学考科目，较之必考科目语文、数学、外语，可以更多、更充分地体现“与高中学习的关联度”？

第三，如果说学考可以更加充分地体现考生高中学习状况，那么，其究竟是如何、通过什么来体现的？一般说来，高中学业水平考试的难度系数通常要低于高考考试。那么，学考是因为难度系数低，从而可以比高考更多地体现“与高中学习的关联度”吗？似乎也不是。如果是这样，那么，直接降低原来文综/理综科目的难度，或者再往前降低20世纪90年代的“3+2”科目改革中“+2”科目的难度，是不是也意味着可以更加充分地体现考生的高中学习状况？而尤其关键的是，在浙江省2014年高考综合试点改革方案中，学考与选考实行“合卷”设计，即同一科目同一次的学考与选考试题，二者有70%分值的考试内容完全相同，结果遇到考试难度与区分度方面的困难。2017年的《浙江省人民政府关于进一步深化高考综合改革试点的若干意见》规定，学考与选考分离，实行分卷考试。[①]换言之，高中学考作为另一基本依据被纳入高校招生评价体系，必须保障适当的难度，而这也是为什么上海直接把学业水平考试分为合格性考试与等级性考试的考量所在。现在，另一个基本的疑问在于：如果说高中学业水平考试的难度系数，大体应当与高考保持相当，其与高考的区别便不在难度方面，那么，二者差异又在哪里？

第四，高考与学考，二者是否为不同性质的考试？这一点在以往似乎没有什么疑问，即人们普遍认为高考应当是一种选拔性考试，而学考则是一种达标性考试。如果说学考也要有一定选拔性，那么，这种选拔性与高考的选拔性，二者的差异是什么？人们所规定或设定的差异与实际的差异相比又如何？或者说应然差异与实然差异分别如何？如果说高考与学考二者为性质不同的考试，那么，高考科目分数与学考科目分数直接相加，其教育测量与评价学方面的依据是否充分？换言之，原始分数与等级分数直接相加，其教育测量与评价学方面的依据是否充分？如果是性质完全相同的考试，那么，学考科目又何以能够较之高考科目更

① 浙江省人民政府关于进一步深化高考综合改革试点的若干意见[EB/OL].[2021-09-12]. https://www.zj.gov.cn/art/2017/11/28/art_1229017138_64634.html.

多、更充分地体现“与高中学习的关联度”呢?

笔者认为，浙江省“三位一体”高校招生评价模式，在很大程度上体现了增加“与学生高中学习的关联度”，可以说是真正的“两依据，一参考”的评价模式。一方面，其基本依据是考生的高考科目，即“语文、数学、外语+文综/理综”科目考试成绩；另一方面，其基本依据为高中会考或学考科目考试成绩。由于之前实行文理分科模式，所以，所谓体现“与高中学习的关联度”，在很大程度上是因为其学考成绩包括高考选考科目之外的其他科目。也就是说，对于理科考生而言，其学考（会考）成绩还包括高中阶段政治、历史、地理 3 门科目的学业表现；对于文科考生而言，其学考（会考）成绩还包括高中阶段物理、化学、生物 3 门科目的学业表现。同时，对于理科生而言，其招生评价依据还包括物理、化学、生物 3 门科目的学考成绩；对于文科生而言，其招生评价依据还包括历史、地理、政治 3 门科目的学考成绩。当然，对于理科生而言，在高考理综科目之外，其学考成绩也包括物理、化学、生物 3 门，终究是多了一种评价，因而应该说也是增加了“与高中学习的关联度”的体现。但这一方面的体现显然不及前一方面充分，即对于理科考生而言，其学考（会考）成绩还包括高中阶段政治、历史、地理 3 门的学业表现，因而在增加“与学生高中学习的关联度”方面体现得更加充分。同样，文科生亦是如此。

质言之，浙江省“三位一体”高校招生评价，之所以说可以更多、更充分地体现“与高中学习的关联度”，首先在于理科生增加了历史、地理、政治科目的学业表现评价，文科生增加了物理、化学、生物科目的学业表现评价；其次在于理科生也增加了物理、化学、生物学考成绩，文科生也增加了历史、地理、政治学考成绩。

与浙江省“三位一体”高校招生评价不同，新一轮“高考+学考”统考招生方面，并未在考生 3 门选考科目之外再增加剩余 3 门（上海）或 4 门（浙江）学考成绩评价，而只是将“+3”科目以学考形式纳入。何况，现在的“+3”学考科目既然与高考成绩硬挂钩，在一定意义上应该说也具有了与高考类似的选拔属性。因此，恐怕还很难说可以有效增加高校招生与学生高中学习的关联度。或者至少可以说，新一轮“高考+学考”统考招生在体现学生高中学习状况方面，不及浙江省“三位一体”高校招生评价模式。

二、从“唯分数主义”录取到综合性评价录取及其实践困境

长期以来，中国高校招生以考生统一高考分数作为基本依据，尽管高校在招生过程中一直重视思想政治品德考核，但这一方面仅为我们当前所谓综合素质评价的部分内容。高校招生存在“只招分，不招人”“唯分数主义”录取等现象。

在批判高校招生的这些现象时，我们首先应当考虑的一个问题是：中国统一高考招生，为什么长期以考试分数作为基本依据？要回答这一问题，不能不回到1977年之前即“文化大革命”期间的高校招生实践。“文化大革命”期间的高校招生，主要采取一种推荐制。从一定意义上说，这也是一种综合评价，因为这种推荐制不仅仅注重学生的考试成绩，而且注重学生的思想品德及其实践经验。

例如，1966年7月24日的《中共中央、国务院关于改革高等学校招生工作的通知》规定，“首先由中学根据统一规定的政治审查标准、健康检查标准和高中毕业生的平时成绩，经过学校领导、教师和学生的党团组织共同评议，把德智体三方面条件较好的学生推荐出来，然后由县委或市（区）委组织的由各有关部门参加的招生委员会进行审查，最后集中到省、市、自治区，在省、市、自治区党委的领导下，由高等学校统一招生委员会按照基层党委和中学的推荐意见，并参考学生的志愿择优录取”①。1970年6月27日的《中共中央关于北京大学、清华大学招生（试点）的请示报告的批示》规定：第一条标准为“政治思想好”。“在三大运动中，特别是在近四年无产阶级文化大革命中，能活学活用毛泽东思想，突出无产阶级政治，密切联系群众，有阶级斗争和路线斗争觉悟。”“要贯彻党的阶级路线，既反对忽视成分，又要反对唯成分论，要重在表现。”②

后来，高校招生开始重视对于考生文化的考查。1973年4月的《国务院批转国务院科教组〈关于高等学校一九七三年招生工作的意见〉》规定，“报名者都要经本单位（生产队、班组、科室）的群众评议推荐。要按德、智、体几方面条件的规定，提出推荐意见”。“各地应遵照毛主席关于‘又红又专’的指示，在群众推荐、政审合格的基础上，重视文化程度，进行文化考查，了解推荐对象掌握基

① 杨学为. 高考文献（上）：1949—1976[M]. 北京：高等教育出版社，2003：627.
② 杨学为. 高考文献（上）：1949—1976[M]. 北京：高等教育出版社，2003：632.

础知识的状况和分析、解决问题的能力，保证入学学生具有相当于初中毕业以上的实际文化程度。同时也要防止‘分数挂帅’。考查的内容与方法，各省、市、自治区可根据本地具体情况和各专业的不同要求进行试验。”①

1977 年高考制度重新恢复之后，高校招生开始重视分数的作用，其实是对“文化大革命”期间推荐制的一种“反弹”。从这一意义上说，不能简单否认高考以分数作为录取的基本依据。但时至今日，应当需要追问的是：这种“反弹”应该持续多久？我们是否永远只能以考试分数作为录取的基本依据？是否必须坚持“唯分数论”？如果说答案是否定的，那么，究竟什么时候可以在考试分数之外，全面考查学生的综合素质？

事实上，1977 年高考制度重新恢复之后不久，在低录取率下，高中教育教学很快就出现了应试教育的弊端。关于这一方面，本书第一章第一节曾以 1983 年浙江省八所重点中学高三学生毕业统考为例进行说明，一个基本的事实与判断是：文科生在理化生方面学习成绩极差，而理科生的史地成绩极差，甚至一定意义上可以说“理科生不学史地”，“文科生不学理化生”。为解决这种极端的应试主义弊端，国家开始重建高中会考制度，试图以会考保障高中基本教育教学质量，但在高校招生层面，仍然是以高考分数为基本依据。后来，教育界对应试教育的批判不断深入，素质教育理念开始出场。在 1993 年的《中国教育改革和发展纲要》中，“素质”作为一个关键词，使用次数高达 20 次。尤其是其中提到，“中小学要由‘应试教育’转向全面提高国民素质的轨道，面向全体学生，全面提高学生的思想道德、文化科学、劳动技能和身体心理素质，促进学生生动活泼地发展，办出各自的特色”②。

1999 年的《中共中央国务院关于深化教育改革全面推进素质教育的决定》指出：“实施素质教育，必须把德育、智育、体育、美育等有机地统一在教育活动的各个环节中。学校教育不仅要抓好智育，更要重视德育，还要加强体育、美育、劳动技术教育和社会实践，使诸方面教育相互渗透、协调发展，促进学生的全面发展和健康成长。”“加快改革招生考试和评价制度，改变‘一次考试定终身’的状况。改革高考制度是推进中小学全面实施素质教育的重要措施，按照有

---

① 杨学为. 高考文献（下）：1977—1999[M]. 北京：高等教育出版社，2003：653.

② 中国教育改革和发展纲要[EB/OL]. [2020-05-22]. http://www.jyb.cn/zyk/jyzcfg/200602/t20060219_52788.html.

助于高等学校选拔人才、中小学实施素质教育和扩大高等学校办学自主权的原则，积极推进高考制度改革。进行每年举办两次高等学校招生考试的试点。高考科目设置和内容的改革应进一步突出对能力和综合素质的考查。鼓励有条件的省级人民政府进行多种形式的高考制度改革试验，扩大学校的招生自主权和考生的选择机会。逐步建立具有多种选择的、更加科学和公正的高等学校招生选拔制度。”①

2001 年的《基础教育课程改革纲要（试行）》提出，“高等院校招生考试制度改革，应与基础教育课程改革相衔接。要按照有助于高等学校选拔人才、有助于中学实施素质教育、有助于扩大高等学校办学自主权的原则，加强对学生能力和素质的考查，改革高等学校招生考试内容，探索多次机会、双向选择、综合评价的考试、选拔方式”。2002 年的《教育部关于积极推进中小学评价与考试制度改革的通知》提出，建立以促进学生发展为目标的评价体系，评价标准主要包括基础性发展目标和学科学习目标，其中前者包括道德品质、公民素养、学习能力、交流与合作能力、运动与健康、审美与表现，后者则是指各学科课程标准所要求达到的学习目标。同时指出，“高考内容改革将更加注重对考生素质和能力的考查，积极引导中学加强对学生全面素质的培养。高考科目设置改革要将统一性与选择性相结合，在满足高等学校选拔人才的同时，促进学生全面发展与个性发展。高等学校选拔方式的改革要进一步探索建立在文化考试基础上综合评价、择优录取的办法”。2003 年的《普通高中课程方案（实验）》指出：“学校应根据目标多元、方式多样、注重过程的评价原则，综合运用观察、交流、测验、实际操作、作品展示、自评与互评等多种方式，为学生建立综合、动态的成长记录手册，全面反映学生的成长历程。”

2014 年 12 月，《教育部关于加强和改进普通高中学生综合素质评价的意见》发布，将综合素质评价分为思想品德、学业水平、身心健康、艺术素养、社会实践五个方面。2015 年 4 月 22 日，《浙江省教育厅关于完善浙江省普通高中学生成长记录与综合素质评价的意见》发布。②2015 年 4 月 24 日，上海市教育委员会发

① 中共中央国务院关于深化教育改革全面推进素质教育的决定[EB/OL].[2020-05-22]. https://xsc.jhun.edu.cn/f1/7c/c1472a61820/page.htm.

② 浙江省教育厅关于完善浙江省普通高中学生成长记录与综合素质评价的意见[EB/OL].[2020-05-22]. http://jyt.zj.gov.cn/art/2015/4/22/art_1229106823_612296.html.

布《上海市普通高中学生综合素质评价实施办法（试行）》。[①]浙江完全依据教育部文本框架，也是将学生综合素质评价分为这五个方面。上海在具体表述与分项上稍作调整，将学生综合素质评价分为品德发展与公民素养、修习课程与学业成绩、身心健康与艺术素养、创新精神与实践能力四大方面。

经过四年试点，浙江与上海两省份的高中校为学生综合素质评价做了大量的工作。然而，综合素质评价在纳入高校招生评价体系过程中，仍面临着诸多困难。这些困难至少包括投入成本巨大与使用范围有限的矛盾、综合素质评价划分等第的科学性与公平性矛盾、不同高中校的认可度与支持度矛盾、城乡公平性矛盾。[②]在这四对矛盾中，如果说第一方面可以通过增加高校招生的人财物资源而得以有效缓解的话，那么，后面三个方面基本上是一种内在的、固有的矛盾，也可以说是两难选择。除此之外，笔者认为，还有两个基本问题值得再斟酌探讨。

其一，综合素质评价与高考招生“硬挂钩”还是“软挂钩”的问题。若是综合素质评价与高考成绩捆绑，二者进行“硬挂钩”，那就意味着其将成为一种高利害、高风险、高敏感的评价，并且具有巨大的导向功能。同时，由于社会诚信体系尚未有效建立，如何保证综合素质评价的真实性与客观性，同样也面临诸多困难。而若是“软挂钩”，则综合素质评价难以避免沦为“鸡肋”的处境。这也是一种两难选择。

其二，综合素质评价的量化与可比性问题。为了在高校招生录取环节提高使用高中生综合素质评价结果的效率，不少研究者，甚至也包括浙江、上海两省份教育管理部门主张将学生综合素质评价进行量化。上海市教育委员会考虑为学生提供一种“数字画像”，也就是说，将学生综合素质评价的几大方面进行数字化，并试图借此增加不同学生之间综合素质的可比性。但笔者认为，像思想品德与社会实践方面，首要的还不是能否在技术上实现量化的问题，而是该不该量化的问题。量化与写实描述之间存在不可调和的矛盾，思想品德与社会实践这两方面不应进行量化。同时，对艺术素养进行量化比较，也应注重科学性、可比性与公平性。

---

① 关于印发《上海市普通高中学生综合素质评价实施办法（试行）》的通知[EB/OL]. [2020-05-22]. http://edu.sh.gov.cn/xxgk2_zdgz_jcjy_02/20201015/v2-0015-gw_402162015002.html.

② 刘希伟. 试点省市高考改革研究[M]. 杭州：浙江教育出版社，2017：162-167.

第四节　选考科目分值设置与考试次数、保障机制的讨论及启示

在新高考综合试点改革中，上海学考等级性考试的分值设置、浙江选考科目有两次考试机会，均是值得进一步讨论的重要问题。上海学考等级性考试的分值设置，由于直接关系到高考科目与学考等级性考试科目的地位，因而影响更大、更直接。相对而言，浙江选考科目考试由于限制在高三进行，对于某一届考生而言，考试组织已经由 4 次减少至 2 次，应该说在很大程度上减缓了考试等值保障方面的压力。但其 2018 年 11 月的英语考试舆情，再次提醒我们还是应当重视同一科目不同次考试的分数等值问题。除此之外，浙江与上海选考科目保障机制尚存在一定制度漏洞，即可能成为低能力、低水平考生“过度受益”的工具。

一、选考科目分值设置的经验及启示

在上海新高考综合试点改革中，学考等级性考试的分值区间为 40—70 分，高考必考科目分值为 0—150 分。在浙江新高考综合试点改革中，选考科目的分值区间均为 40—100 分，高考必考科目分值均为 0—150 分。笔者认为，上海学考等级性考试的分值区间偏小，由此势必对考试区分度产生影响。尽管实施等级赋分的一个初衷本身正在于淡化分分计较的观念，但仅有的 30 分分值区间显然会影响考试评价的科学性。此种分值设置，在很大程度上相当于人为地提高语文、数学、外语的地位，弱化选考科目的地位。其表征之一为：上海部分学习水平较低的考生，直接“有意”忽略作为学考等级性考试科目的地理、生命科学的学习，因为他们只需通过合格性考试即可在等级性考试上得到 40 分。换言之，一个考生只需勉强通过某一科目的合格性考试，即可获得该科等级性考试 40 分的成绩。尽管按等级进行赋分是一种相对评价，该生获得 40 分也就意味着其处于当次考试全体考生最后 5%的位置，但学习水平极低的考生（只要通过合格性考试）最低

也可获得 40 分；而像物理、化学、生物科目的等级性考试，即使原始分获得满分，转换成等级分之后也仅有 70 分。如果按照原始分数来计算，学考等级性考试的最高分和最低分之间可能相差 60—70 分，但转换成等级分之后，其最大分差也只有 30 分。质言之，学考等级性考试中将原始分数转换成等级分，某种意义上压缩了原始分差。

现在，语文、数学、外语应该作为共同必考科目，成为多数人的一种共识。当然，也有一部分人认为，外语不应该成为必考科目；或者即使作为必考科目，其分值也不应与语文、数学等同。尤其是，一般认为女生比男生相对更擅长语言类考试。雷新勇基于上海高考英语的研究发现，“上海高中生男、女生群体在高考英语中的成绩存在明显的差异，且男生成绩明显低于女生。这种差异不但反映在各个大题水平上，也反映在整卷水平上”[①]。在等级赋分将学考等级性考试原始分差“压扁”的情况下，上海高考招生对于女生而言更加有利；从学科的角度而言，则是物理、化学、生物等自然科学相对受损，不利于科技人才的选拔与培养。根据笔者调研，像复旦大学、上海交通大学，已经有考生物理、化学成绩十分优异，但因语文、外语成绩相对不高而无法录取的现象，同时也有考生物理、化学成绩不高，但语文、外语成绩较高而得以录取的现象。可是，后一类考生在入学后，又面临着物理、化学基础不够扎实的学习困境。

浙江省高考选考科目的分值设置，与上海相比相对科学、合理一些。但与语文、数学、外语 3 门必考科目相比，其选考科目的分值区间也仍然较小，这样不仅容易造成选考科目的区分度不足，也在事实上过度矮化了选考科目的地位。从长远影响来看，这种分值设置也可能对物理、化学等基础理科拔尖人才的培养与选拔带来不利影响。

为此，笔者建议上海将学考等级性考试科目的赋分区间从现在的 40—70 分调整为 40—120 分，建议浙江将选考科目赋分区间从现在的 40—100 分调整为 40—120 分。这种政策调整，可以从根本上提高选考科目的地位，引导考生加大对选考科目的重视程度，从而有助于物理、化学等基础理科拔尖人才的培养，并且不会对语文、数学、外语学科产生任何实质性的不利影响。

---

① 雷新勇. 上海高考英语分数的性别差异及其原因[J]. 上海教育科研，2007（6）：43-46.

二、“两次考试”制度设计的经验及启示

根据2014年浙江新高考综合试点改革方案，需要为某一级考生在同一选考科目上组织安排 4 次考试，这样，如何保障不同次考试的等值就是一项很大的挑战。2017 年《浙江省人民政府关于进一步深化高考综合改革试点的若干意见》发布后，选考科目限定在高三学年进行，但仍保持同一科目两次考试机会，这样仍面临着不同次考试之间的等值问题。浙江省 2018 年 11 月的英语科目考试结束后，浙江省高等学校招生委员会在评卷过程中发现部分试题与2017年同期相比难度偏大。为保证不同次考试之间的试题难度大体相当，浙江省高等学校招生委员会在经过组织专家研究论证后，对难度较大的第二部分（阅读理解）、第三部分（语言运用）的个别试题进行了难度系数调整，实施加权赋分，结果造成巨大的社会舆情。[①]针对这一问题，浙江省委、省政府高度重视，成立专门调查组进行研究。调查结果认为，该次高考英语科目加权赋分是一起因决策严重错误造成的重大责任事故，最终取消了加权调整后的分数，改回原始分数重新予以发布，并且规定以原始分数为准。[②]

上海一直是中国教育改革的先锋，但出于谨慎，其在学考等级性考试上仅为学生提供一次考试机会。当然，高二学年的地理和生命科学等级性考试，与高三学年这 2 门科目的等级性考试之间，也同样存在如何保障等值的问题。在考试测量与评价领域，英语被公认为是技术相对最为成熟的一个科目。但由于中国考试测量与评价技术发展水平所限，2018 年 11 月浙江英语考试的难度与 2017 年同期考试相比明显增大。事实上，其他物理、化学、生物、历史、地理、政治、技术 7 门选考科目，在等值保障方面的难度较之英语可能更难。基于此，笔者认为，从长远考虑，为了防治、杜绝类似浙江英语考试舆情事件的发生，可以考虑暂时不必在每一门选考科目上为学生提供两次考试的机会。

---

① 浙江调查高考英语“赋分”省长任组长[N]．新京报，2018-12-03，第 A11 版.

② 浙江省教育厅致歉：取消加权赋分 恢复原始得分[EB/OL]．[2023-05-14]．https://www.chinanews.com.cn/sh/shipin/cns-d/2018/12-05/news794873.shtml.

三、选考科目保障机制的可能漏洞及其预防

为遏制物理选考人数下滑，浙江与上海都出台了选考人数保障机制。其中，浙江的物理选考保障基数为6.5万人，上海的物理选考保障基数为1.5万人。这种保障机制，一方面确实有助于减少选考物理的优秀学生利益受损；但另一方面，其也可能被低能力、低水平学生所利用，成为他们“钻空子”的工具。

以浙江为例，假设某一考生学习水平属于最低的一个档次，对他来说，无论选择什么科目都是处于最后 1%的比例。在此情况下，该考生若是选择物理之外的其他科目，则只能得到最低分40分；但若选择了物理一科，那么，在选考总人数不超过 6.5 万人的情况下，其将“过度收益”，并且选考人数越少，其收益越多。换言之，物理选考保障机制，原本是为了保障优秀学生的利益，但结果却可能为学习能力薄弱者所利用。学习能力薄弱者当然可以自由选择考试科目，这意味着其有权利利用此种制度漏洞。既然如此，如果某一学习能力薄弱者选考物理，并且利用保障机制的赋分规则而大幅受益，那么，教育管理部门基本上可以说没有任何方法能够制止此种看似不无“荒谬”的现象。笔者在浙江新高考综合试点改革调研中了解到，的确有此种情况存在：某中学的一名学生，平时物理成绩极低，属于垫底水平，但却选考了物理，因为在其看来，无论选考什么科目都是“垫底”，结果就随意选考了物理。按照物理选考保障机制，这类考生在选考人数低于6.5万人的情况下将“大大受益”。

为此，教育管理部门应当预先考虑如何防范选考保障机制异化为学习能力薄弱者过度获益的通道。此种问题一旦出现，必然十分棘手，相关决策部门应当未雨绸缪，提前设计相关预防、解决方案。“两利相权取其重，两害相权取其轻。”也许，随着招生专业选考科目指引的不断发展与完善，物理选考人数将有所回升，届时相关问题也可能得到一定程度的缓解，或者说得以部分解决。

附　录

附录一　浙江省新高考综合试点改革调查问卷

亲爱的同学：

您好！这是一项关于“浙江省新高考综合试点改革”实施进展状况的调查。本次问卷调查采取匿名方式，请您安心填写。谢谢您的合作！

1. 您的性别______。

A. 男生　　B. 女生

2. 您是来自______。

A. 农村　　B. 城市　　C. 城镇

3. 您父亲的受教育程度______。

A. 小学及以下　　B. 初中　　C. 高中或中专　　D. 专科

E. 本科　　F. 研究生（硕士或博士）

4. 您母亲的受教育程度______。

A. 小学及以下　　B. 初中　　C. 高中或中专　　D. 专科

E. 本科　　F. 研究生（硕士或博士）

5. 您父亲的职业______。

A. 工人　　B. 公司、企业职员

C. 公司、企业管理人员　　D. 公务员

E. 军人、干警等　　F. 科技/文艺体育/卫生等专业工作者

G. 教育工作者　　H. 个体户

I. 农民或农民工　　J. 企业老板

K. 其他

6. 您母亲的职业______。

A. 工人　　B. 公司、企业职员

C. 公司、企业管理人员　　D. 公务员

E. 军人、干警等　　F. 科技/文艺体育/卫生等专业工作者

G. 教育工作者　　H. 个体户

I. 农民或农民工　　　　　　　　　J. 企业老板

K. 其他

7. 您家庭的年收入为______（元）。

A. 3 万以下　　　　　　　　　　B. 3 万—6 万

C. 6.1 万—12 万　　　　　　　　D. 12.1 万—20 万

E. 20.1 万—30 万　　　　　　　F. 30.1 万—50 万

G. 50 万以上

8. 您的学习成绩在班级处于______水平。

A. 上游　　　B. 中上　　　C. 中等　　　D. 中下

E. 下游

9. 下面几类中，您最喜欢哪一类？______。

A. 文学作品　　B. 艺术作品　　C. 科幻作品　　D. 无明显差异

E. 以上都不喜欢

10. 您的高考选考科目包括____________。（多选）

A. 思想政治　　B. 历史　　C. 地理　　D. 物理

E. 化学　　F. 生物　　G. 技术

11. 在确定高考选考科目时，您觉得以下几个考虑因素中最重要的一个是______。

A. 自己的兴趣、爱好　　　　　　B. 老师的教学实力

C. 竞争的难易程度（高考分数最大化）

D. 将来报考院校及专业的要求　　E. 其他因素

12. 在确定高考选考科目时，当自己的想法与家长、老师的意见不同时，您更倾向于相信______。

A. 自己的想法　　B. 家长的意见　　C. 老师的意见

13. 您在确定高考选考科目时，当家长与老师的意见不同时，您更倾向于相信______。

A. 家长的意见　　　　　　　　　B. 老师的意见

14. 您在确定高考选考科目时是否曾感到迷茫、纠结？______。

A. 非常迷茫、纠结　　　　　　　B. 稍微有些迷茫、纠结

C. 一点都不迷茫、纠结

15. 假如您非常喜欢某一选考科目，但听说很多“学霸”也选考这一科目，您是否会因此放弃这一科目？______。

A. 会　　B. 不会

16. 职业生涯规划课，对您确定高考选考科目是否很有帮助？______。

A. 非常有帮助　　B. 有一定帮助，但不大

C. 没有什么帮助

17. 您所在的学校是否曾强制要求必须选考某一科目？______。

A. 有　　B. 没有

18. 您所在的学校是否曾强制要求不得选考某一科目？______。

A. 有　　B. 没有

19. 您是在______时确定高考选考科目的。

A. 高一上学期　　B. 高一下学期　　C. 高二上学期　　D. 高二下学期

20. 您觉得高考选考科目的确定时间是否过早？______。

A. 过早　　B. 有些早，但还可以接受

C. 不早，当时已经全面考虑好了

21. 高考选考科目确定以后，您后悔选择某一科目的原因是______？（可多选）

A. 没有后悔过

B. 对这门科目越来越没兴趣，对其他科目更感兴趣

C. 选这门科目的“学霸”很多，和他们一起竞争太难了

D. 专业覆盖面不够宽

E. 任课老师我不喜欢

F. 其他后悔原因

22. 您觉得高一时的教学进度______。

A. 太快　　B. 比较快　　C. 一般　　D. 不快

23. 高一时，您的课业负担______。

A. 非常重　　B. 比较重　　C. 一般　　D. 不重

24. 您觉得高二时的教学进度______。

A. 太快　　B. 比较快　　C. 一般　　D. 不快

25. 高二时，您的课业负担______。

A. 非常重　B. 比较重　C. 一般　D. 不重

26. 高二时，您的考试压力______。

A. 非常大　B. 比较大　C. 一般　D. 不大

27. 高三时，您的课业负担______。

A. 非常重　B. 比较重　C. 一般　D. 不重

28. 高三时，您的考试压力______。

A. 非常大　B. 比较大　C. 一般　D. 不大

29. 关于走班教学与非走班教学，您觉得哪种模式下老师更关心您的作业完成情况？______。

A. 走班教学　B. 非走班教学　C. 没什么差异

30. 实行走班教学，您是否觉得在学习上比以前更加积极了？______。

A. 更积极　B. 没有变化　C. 积极性降低

31. 走班教学模式下，您是否经常在课间或课后向老师请教问题？______。

A. 经常请教　B. 请教过，但比较少

C. 从来不请教

32. 走班教学模式下，您觉得向老师请教问题时是否存在时间上的不便？______。

A. 非常不方便　B. 有些不方便，但还勉强可以

C. 完全没有不方便

33. 关于走班教学，您是否觉得有些“混乱”？______。

A. 非常混乱　B. 有些混乱　C. 不混乱

34. 关于走班教学，您觉得总体上是利大于弊，还是弊大于利？______。

A. 利大于弊　B. 弊大于利　C. 说不清

35. 您对于高考选考科目实行等级赋分的基本态度是______。

A. 非常赞成，按等级赋分十分科学、合理

B. 比较赞成，等级赋分虽然有弊端，但是一种相对科学、合理的分数制度

C. 不赞成，按等级赋分很不科学、不合理

36. 您如何看待“田忌赛马”错位竞争，即通过选考“技术”一门在科目上避开与“学霸”竞争，而造成的中等能力考生获得较高等级赋分的现象？______。

A. 公平，这是合理利用考试规则

B. 不公平，一项好的考试制度应该是高能力者得高分、低能力者得低分

37. 您如何看待有的学校学生通过选择高二 10 月份的首次选考，在时间上错开与重点、优质高中学生一同竞争，而造成的中等能力考生获得较高等级赋分的现象？______。

A. 公平，这是合理利用考试规则

B. 不公平，一项好的考试制度应该是高能力者得高分、低能力者得低分

38. 您觉得新高考综合试点改革背景下，同学之间的竞争意识______。

A. 非常强烈　　B. 比较强烈　　C. 一般　　D. 不强烈

39. 关于高二与高三考生在学考、选考上一同考试、一同赋分，您觉得是否合理？______。

A. 合理，既然同一科目考题相同就可以一同赋分

B. 不合理，无论学考还是选考，高二考生都没有办法与高三考生一同竞争

C. 无所谓合理不合理，因为每个人都可以在高三时与高二考生一同考试竞争

40. 您是否赞成“高二与高三考生在学考、选考上一同考试，但分开赋分”的观点？______。

A. 赞成　　B. 不赞成

41. 高考必考科目每门分值为 150 分，选考科目每门分值为 100 分，您觉得这样设置是否科学？______。

A. 十分科学，语数外最重要，分值本来就应该更高

B. 不够科学，选考科目分值过低

C. 无所谓科学不科学，反正规则对所有考生都是一样的

42. 您觉得高考数学试卷是否有必要设置不同的难度水平，如区分难度 1、难度 2 等不同水平的试卷？______。

A. 有必要，因为偏爱文科与偏爱理科的考生的数学能力不一样，而且大学里的不同专业对数学的要求也不一样，不应该使用同一张试卷

B. 没必要，数学作为必考科目至关重要，应该坚持统一的难度与标准

43. 选考试卷是在 70 分学考“必考题”的基础上增加 30 分“加试题”，您觉得这样设置是否科学？______。

A. 不科学，十分容易造成区分度不高的问题

B. 科学，70 分“必考题”用作毕业达标考试，30 分“加试题”用作高考选拔考试

C. 不清楚是否科学

44. 学考最早可以在高二上学期进行考试，您觉得这在时间安排上是否有些过早？______。

A. 过早　　B. 有些早　　C. 不早

45. 选考最早可以在高二上学期进行考试，您觉得这在时间安排上是否有些过早？______。

A. 过早　　B. 有些早　　C. 不早

46. 高二上学期 10 月份，在选考科目方面，您报考了______门。

A. 0　　B. 1　　C. 2　　D. 3

47. 高一暑假期间，您所在学校是否曾为准备高二 10 月份的学考、选考而进行补课？______。

A. 有　　B. 没有

48. 高二下学期 4 月份，在选考科目方面，您报考了______门。

A. 0　　B. 1　　C. 2　　D. 3

49. 高三上学期 10 月份，在选考科目方面，您报考了______门。

A. 0　　B. 1　　C. 2　　D. 3

50. 高三下学期 4 月份，在选考科目方面，您将会参加______门考试。

A. 0　　B. 1　　C. 2　　D. 3

51. 高二暑假期间，您所在学校是否曾为准备高三 10 月份的学考、选考而进行补课？______。

A. 有　　B. 没有

52. 为了准备学考，您是否曾暂停其他一些课程的学习？______ 。

A. 有　　B. 没有

53. 学考与选考的考试时间安排在每年的 10 月份和 4 月份，您觉得是否造成了学习节奏上的混乱？______。

A. 非常混乱　　B. 有些混乱　　C. 不混乱

54. 您觉得每门学考科目可以考试两次的制度设计，______。

A. 非常有价值　　B. 价值不大

55. 您觉得每门选考科目可以考试两次的制度设计，______。

A. 非常有价值　　B. 价值不大

56. 您是否赞成“取消高二可以进行选考，将选考科目的考试时间统一调整到高三”？______。

A. 赞成　　B. 不赞成

57. 您觉得高考外语可以考试两次的制度设计，______。

A. 非常有价值　　B. 价值不大

58. 您对新高考综合试点改革（包括高中阶段的学习），总体上是否适应？______。

A. 非常适应　　B. 比较适应　　C. 一般　　D. 不适应

E. 非常不适应

59. 您觉得学考、选考制度下的考试次数______。

A. 太多了，感觉疲于应付　　B. 比较多，但还可以应付

C. 不多

60. 总体上，您对于新高考方案是否满意？______。

A. 非常满意　　B. 比较满意　　C. 一般　　D. 不满意

E. 非常不满意

61. 您更喜欢现在“必考+选考”即“3+3”模式，还是过去“3+大综合”文理分科模式？______。

A.“必考+选考”即“3+3”模式　　B.“3+大综合”文理分科模式

C. 没有明显差异

62. 您觉得谁来对您进行综合素质评价比较合适？______。（可多选）

A. 自己　　B. 班主任及任课老师

C. 同学　　D. 高校

E. 其他人或社会机构

63. 您觉得综合素质评价可以反映学生的真实情况吗？

A. 完全可以　　B. 部分可以，但不完全

C. 完全不可以

64. 关于综合素质评价，您觉得可信度高的方面是_______，低的方面是______。（可多选）

A. 品德表现　　B. 学业水平　　C. 运动健康　　D. 艺术素养

E. 创新实践

65. 您父母对于新高考综合试点改革的基本态度是______。

A. 非常满意　　B. 比较满意　　C. 一般　　D. 不满意

E. 非常不满意　　F. 不清楚他们是否满意

非常感谢您的参与和支持，祝您 2017 年金榜题名，考入理想的大学！

附录二　上海市新高考综合试点改革调查问卷

亲爱的同学：

您好！这是一项关于“上海市新高考综合试点改革”实施进展状况的调查。本次问卷调查采取匿名方式，请您安心填写。谢谢您的合作！

1. 您的性别______。

A. 男生　　B. 女生

2. 您是来自______。

A. 农村　　B. 城市　　C. 城镇

3. 您父亲的受教育程度______。

A. 小学及以下　　B. 初中　　C. 高中或中专　　D. 专科

E. 本科　　F. 研究生（硕士或博士）

4. 您母亲的受教育程度______。

A. 小学及以下　　B. 初中　　C. 高中或中专　　D. 专科

E. 本科　　F. 研究生（硕士或博士）

5. 您父亲的职业______。

A. 工人　　B. 公司、企业职员

C. 公司、企业管理人员　　D. 公务员

E. 军人、干警等　　F. 科技/文艺体育/卫生等专业工作者

G. 教育工作者　　H.个体户

I. 农民或农民工　　J. 企业老板

K. 其他

6. 您母亲的职业______。

A. 工人　　B. 公司、企业职员

C. 公司、企业管理人员　　D. 公务员

E. 军人、干警等　　F. 科技/文艺体育/卫生等专业工作者

G. 教育工作者　　H. 个体户

I. 农民或农民工　　J. 企业老板

K. 其他

7. 您家庭的年收入为______（元）。

A. 3 万以下　　B. 3 万—6 万

C. 6.1 万—12 万　　D. 12.1 万—20 万

E. 20.1 万—30 万　　F. 30.1 万—50 万

G. 50 万以上

8. 您的学习成绩在班级处于______水平。

A. 上游　　B. 中上　　C. 中等　　D. 中下

E. 下游

9. 下面几类中，您最喜欢哪一类？______。

A. 文学作品　　B. 艺术作品　　C. 科幻作品　　D. 无明显差异

E. 以上都不喜欢

10. 您的学考等级性考试科目包括______。（多选）

A. 思想政治　　B. 历史　　C. 地理　　D. 物理

E. 化学　　F. 生命科学

11. 在选择确定学考等级性考试科目时，您觉得以下几个考虑因素中最重要的一个是______。

A. 自己的兴趣、爱好　　B. 老师的教学实力

C. 竞争的难易程度（考试分数最大化）

D. 将来报考院校及专业的要求　　E. 其他因素

12. 您在选择学考等级性考试科目时，当自己的想法与家长、老师的意见不

同时，您更倾向于相信______。

A. 自己的想法　B. 家长的意见　C. 老师的意见

13. 您在选择学考等级性考试科目时，当家长与老师的意见不同时，您更倾向于相信______。

A. 家长的意见　　B. 老师的意见

14. 您在选择学考等级性考试科目时是否曾感到迷茫、纠结？______。

A. 非常迷茫、纠结　　B. 稍微有些迷茫、纠结

C. 一点都不迷茫、纠结

15. 假如您非常喜欢某一学考等级性考试科目，但听说很多“学霸”也选考这一科目，您是否会因此放弃这一科目？______。

A. 会　　B. 不会

16. 职业生涯规划课，对您确定学考等级性考试科目是否有帮助？______。

A. 非常有帮助　　B. 有一定帮助，但不大

C. 没有什么帮助

17. 您在选择学考等级性考试科目时，是否曾因学校师资力量或其他原因而不得不放弃某一科目？

A. 有　　B. 没有

18. 关于学考等级性考试，您所在学校是否曾要求必须选考某一科目？______。

A. 有　　B. 没有

19. 关于学考等级性考试，您所在学校是否曾要求不得选考某一科目？______。

A. 有　　B. 没有

20. 您是在______时确定学考等级性考试科目的。

A. 高一上学期　B. 高一下学期　C. 高二上学期　D. 高二下学期

21. 您觉得学考等级性考试科目的确定时间是否过早？______。

A. 过早　　B. 有些早，但还可以接受

C. 不早，当时已经全面考虑好了

22. 学考等级性考试科目确定以后，您是否曾后悔选择某一科目？______。

A. 有　　B. 没有

23. 您觉得高一时的教学进度______。

A. 太快　　B. 比较快　　C. 一般　　D. 不快

24. 高一时，您的课业负担______。

A. 非常重　　B. 比较重　　C. 一般　　D. 不重

25. 您觉得高二时的教学进度______。

A. 太快　　B. 比较快　　C. 一般　　D. 不快

26. 高二时，您的课业负担______。

A. 非常重　　B. 比较重　　C. 一般　　D. 不重

27. 高二时，您的考试压力______。

A. 非常大　　B. 比较大　　C. 一般　　D. 不大

28. 高三时，您的课业负担______。

A. 非常重　　B. 比较重　　C. 一般　　D. 不重

29. 高三时，您的考试压力______。

A. 非常大　　B. 比较大　　C. 一般　　D. 不大

30. 关于走班教学与非走班教学，您觉得哪种模式下老师更关心您的作业完成情况？______。

A. 走班教学　　B. 非走班教学　　C. 没什么差异

31. 实行走班教学，您觉得在学习上是否比以前更加积极了？______。

A. 更积极　　B. 没有变化　　C. 积极性降低

32. 走班教学模式下，您是否经常在课间或课后向老师请教问题？______。

A. 经常请教　　B. 请教过，但比较少

C. 从来不请教

33. 走班教学模式下，您觉得向老师请教问题时是否存在时间上的不便？______。

A. 非常不方便　　B. 有些不方便，但还勉强可以

C. 完全没有不方便

34. 关于走班教学，您觉得总体上是利大于弊，还是弊大于利？______。

A. 利大于弊　　B. 弊大于利　　C. 说不清

35. 您对于学考等级性考试科目实行等级赋分的基本态度是______。

A. 非常赞成，按等级赋分十分科学、合理

B. 比较赞成，等级赋分虽然有弊端，但是一种相对科学、合理的分数制度

C. 不赞成，按等级赋分很不科学、不合理

36. 您觉得新高考综合试点改革背景下，同学之间的竞争意识______。

A. 非常强烈　　B. 比较强烈　　C. 一般　　D. 不强烈

37. 高考统考科目（语数外）每门分值为 150 分，选考（学考等级性考试）科目每门分值为 70 分，您觉得这样设置是否科学？

A. 十分科学，语数外最重要，分值本来就应该更高

B. 不够科学，选考科目分值过低

C. 无所谓科学不科学，反正规则对所有考生都是一样的

38. 您觉得高考数学试卷是否有必要设置不同的难度水平，如区分难度 1、难度 2 等不同水平的试卷？______ 。

A. 有必要，因为偏爱文科与偏爱理科的考生的数学能力不一样，而且大学里不同专业对数学的要求也不一样，不应该使用同一张试卷

B. 没必要，数学作为必考科目至关重要，应该坚持统一的难度与标准

39. 您觉得高考外语可以考试两次的制度设计，______。

A. 非常有价值　　B. 价值不大

40. 您对新高考综合试点改革（包括高中阶段的学习），总体上是否适应？______。

A. 非常适应　　B. 比较适应　　C. 一般　　D. 不适应

E. 非常不适应

41. 总体上，您对于新高考方案是否满意？______。

A. 非常满意　　B. 比较满意　　C. 一般　　D. 不满意

E. 非常不满意

42. 您更喜欢现在的“3+3”高考模式，还是过去的“3+1”模式？

A.“3+3”模式　B.“3+1”模式　C. 没有明显差异

43. 您觉得谁来对您进行综合素质评价比较合适？______。（可多选）

A. 自己　　B. 班主任及任课老师

C. 同学　　D. 高校

E. 其他人或社会机构

44. 您觉得综合素质评价可以反映学生的真实情况吗？

A. 完全可以　　　　　　　B. 部分可以，但不完全

C. 完全不可以

45. 关于综合素质评价，您觉得可信度最高的一个方面是______。

A. 品德发展与公民素养　　　B. 修习课程与学业成绩

C. 身心健康与艺术素养　　　D. 创新精神与实践能力

46. 关于综合素质评价，您觉得可信度低的方面是______。（至少选一项）

A. 品德发展与公民素养　　　B. 修习课程与学业成绩

C. 身心健康与艺术素养　　　D. 创新精神与实践能力

E. 以上几方面都比较可信

47. 您父母对于新高考综合试点改革的基本态度是______。

A. 非常满意　　B. 比较满意　　C. 一般　　D. 不满意

E. 非常不满意　　F. 不清楚他们是否满意

非常感谢您的参与和支持，祝您 2017 年金榜题名，考入理想的大学！